JOSUÉ YRION

Bases sólidas
establecidas en las
Escrituras sobre
las finanzas

«DAD, Y SE OS DARÁ»

Unilit   Sepa

«DAD, Y SE OS DARÁ»
Bases sólidas en las Escrituras sobre las finanzas

Publicado por
Unilit
Miami, FL 33172

Primera edición 2013

Edición: *Rojas & Rojas Editores, Inc.* / *Nancy Pineda*
Diseño de la cubierta e interior: *Ximena Urra*
Fotografías de la cubierta e interiores: ©2013 belozu. Shutterstock.com

Producto 495837
ISBN 0-7899-2107-3
ISBN 978-07899-2107-9

Impreso en Colombia
Printed in Colombia

Categoría: Vida cristiana / Vida práctica / Economía personal
Category: Christian Living / Practical Life / Personal Finance

Contenido

Introducción

Este no es un libro más sobre finanzas. En la actualidad hay muchos y muy buenos libros cristianos sobre este tema, aparte de una infinidad de libros seculares. Sin embargo, en este libro leerás, desde el punto de vista bíblico, sobre lo que dice Dios en cuanto al tema. Los conceptos que vas a examinar te transformarán. Experimentarás un cambio en tu vida en cuanto a manejar tus bienes de la manera que el Señor lo ha establecido en la Biblia.

Una vez leí estas palabras en una placa trasera de un automóvil: «No doy porque no tengo y no tengo porque no doy». Estoy más que seguro de que aquella persona es cristiana, pero quizá le falta sabiduría en cuanto a lo que son las finanzas en la vida del creyente. La mayor parte de la Iglesia del Señor a nivel mundial necesita instrucción, entendimiento y solidez basada en la Palabra de Dios en cuanto a las finanzas.

Este asunto es el que más se menciona en las Escrituras aparte de los conceptos sobre la palabra Dios o Señor. Hay más de dos mil versículos en la Palabra de Dios que hablan de finanzas y están relacionados a ella de una manera u otra. En más de 25 % de las parábolas de Cristo, el Señor habló de finanzas. Entonces debe ser importante, porque Dios no nos lo repetiría tantas veces si no fuera algo de extrema importancia.

En Mateo 6:19-21, el Señor dijo: «No os hagáis tesoros en la tierra, donde la polilla y el orín corrompen, y donde ladrones minan y hurtan; sino haceos tesoros en el cielo, donde ni la polilla ni el orín corrompen, y donde ladrones no minan ni hurtan. Porque donde esté vuestro tesoro, allí estará también vuestro corazón». Cristo hablaba de prioridades, de lo que es más importante en la vida de lo que ocupa el primer lugar en nuestro ser, de cuáles son nuestras metas, objetivos, cual es nuestra causa, de esto Él se refería. Y de esto se trata este libro: **«Dad, y se os dará»**, de principios económicos establecidos en la Palabra de Dios, haciendo de los recursos que Dios te provea una bendición para ti y tu familia, y para la extensión de la obra del Señor a nivel local, nacional y mundial.

Tengo la seguridad de que la lectura de este libro te llevará a un nivel espiritual mucho más alto y destacable, sabiendo que no somos dueños de nada, que solo somos mayordomos y administradores de lo que Dios nos ha dado, y que debemos saber y entender que la bendición económica es sencillamente: «¡No seas dueño de nada y Dios te dará todo!». Además, puedo añadir que, si Dios te va a pedir, es porque Él te va a dar; y si Él te va a dar, ¡es que Él te va pedir! El dinero no es malo como cree la mayoría de los cristianos. El problema es el AMOR al dinero. Tener dinero suficiente para tus gastos personales y ministeriales no es el problema, el problema es cuánto el dinero te tiene a ti. Pablo ya nos decía en 1 Timoteo 6:7-10: «Porque nada hemos traído a este mundo, y sin duda nada podremos sacar. Así que, teniendo sustento y abrigo, estemos contentos con esto. Porque los que quieren enriquecerse caen en tentación y lazo, y en muchas codicias necias y dañosas, que hunden a los hombres en destrucción y perdición; porque raíz de todos los males es el AMOR al dinero, el cual codiciando algunos, se extraviaron de la fe, y fueron traspasados de muchos dolores». De esto trata este libro, **«Dad, y se os dará»**, del cuidado y de la sabiduría necesaria para ser bendecidos económicamente y ser de bendición sin caer en el error de la prosperidad económica sin la sensibilidad del corazón de Dios en nuestras vidas cristianas, de la rectitud, honestidad y de la integridad diaria que necesitamos para no ser engañados por el sistema económico mundano y diabólico de adquirir y acumular riquezas para uno mismo sin un propósito claro, entendible y específico, que es la extensión del Reino de Dios en la tierra. Y para proclamarlo hay gastos y se necesita de finanzas, de dinero, de sembradores, de colaboradores, de aquellas personas maduras como tú, que entienden que nada hemos traído a este mundo y que nada nos vamos a llevar. Sé bendecido en la lectura de este libro que cambiará tu perspectiva y punto de vista en cuanto a este asunto y te bendecirá grandemente en todas las esferas de tu vida.

Presentación

Cuando escribí el primer libro, *El poder de la Palabra de Dios*, mi deseo fue llevar a la Iglesia a un entendimiento teológico más profundo sobre la necesidad de volver a las Escrituras. En el segundo, *Heme aquí, Señor, envíame a mí*, mi pasión fue hablar al pueblo de Dios y a sus ministros en cuanto a reconocer la importancia de las misiones mundiales en sus vidas y hacer de la evangelización una prioridad. En el tercer libro, *La crisis en la familia de hoy*, mi intención fue establecer las bases bíblicas para un matrimonio estable, sólido y santo, teniendo a Cristo como fuente de todas las bendiciones (lo mismo materiales que espirituales), a fin de que el hogar pueda resistir los embates furiosos del enemigo y permanecer hasta el fin. En el cuarto, *La fe que mueve la mano de Dios*, mi propósito fue escribir a los cristianos y ministros para decirles que la fe madura es capaz de llevarlos a niveles espirituales poderosos y a recibir grandes milagros de parte de Dios. Basta con creer lo que ya sabemos y predicamos. En el quinto libro, *El secreto de la oración eficaz*, mi énfasis fue la importancia de mantener o regresar a una comunión íntima con el Señor al obtener el resultado y la respuesta que esperamos de Dios por medio del secreto de una oración específica y de poder a través del Espíritu Santo. En el sexto libro, *La vida espiritual victoriosa*, mi corazón anheló expresar que es posible vivir una vida espiritual plena, abundante y próspera, cuando empleamos las bases de la Palabra de Dios para obtenerla. En el séptimo y el octavo libro (que son los dos tomos de *Espíritu Santo, necesito conocerte más*), mi vida y mi ser escribieron sobre la tercera persona de la Santísima Trinidad, de la cual, creyentes y ministros, necesitamos el respaldo, la ayuda, el poder, la unción y la autoridad en todas los aspectos de nuestra vida personal, privada y pública.

En este noveno libro, *«Dad, y se os dará»*, estoy seguro que el Señor te llevará a un entendimiento claro, sencillo y, al mismo tiempo, profundo en lo espiritual acerca de las finanzas y la necesidad de estar fundamentado en la Palabra de Dios, así como en la aplicación de los principios establecidos en ella como el ser fieles en los diezmos, en las ofrendas y en sostener la obra de Dios en cuanto a la evangelización y las misiones mundiales. Dios quiere bendecirte económicamente en todos los aspectos de tu vida, pero tú necesitas aplicar, memorizar y vivir bajo la guía bíblica para alcanzar un nivel espiritual maduro y para ser bendecido materialmente a la manera que Dios desea. Dios quiere que tú seas «bendecido para bendecir», y ayudes a sostener la obra de Dios en lo que necesite, para el avance de la predicación de la Palabra de Dios y de las misiones mundiales.

Que el Señor te bendiga juntamente con tu familia, tu iglesia y tu ministerio.

Josué Yrion
Noviembre de 2013
Los Ángeles, California

Dedicatoria

Toda organización cristiana y todo ministerio evangelizador y misionero necesita socios, colaboradores y sembradores para cumplir con sus responsabilidades económicas. Necesitan el apoyo de quienes comparten la visión, creen en el trabajo que están haciendo y quieren ser parte del ministerio. Filipenses 4:15 expresa este concepto: «Y sabéis también vosotros, oh filipenses, que al principio de la predicación del evangelio, cuando partí de Macedonia, ninguna Iglesia participó conmigo en razón de dar y recibir, sino vosotros solos». De las centenas y centenas y centenas de Iglesias y eventos en los que he predicado alrededor del mundo, Dios me ha dado un grupo especial de personas que nos ayuda económicamente a sostener este ministerio, nuestras cruzadas, los misioneros y el Instituto Bíblico J.Y. en la India. Los llamo «sembradores», porque lo que uno siembra lo cosecha.

Por lo tanto, deseo de todo corazón dedicar este libro a nuestros sembradores, a esos hombres y mujeres de Dios que con fidelidad y de corazón apoyan mes tras mes con sus recursos este ministerio. Al momento estamos ayudando a sostener a cuarenta misioneros en todos los continentes del mundo y el Instituto Bíblico J.Y. en la India, donde es nuestra responsabilidad respaldar económicamente el lugar, los maestros, los estudiantes y los misioneros que trabajan ahí. Dedico, pues, este libro a esas familias de valientes sembradores que se despojan de lo suyo propio, y dan sin preocuparse de cómo Dios les va a suplir, porque creen en un Dios grande y poderoso que nunca les ha fallado.

En nuestras oraciones diarias y en tiempos de ayunos nos acordamos de ustedes, queridos sembradores. Los dedicamos a ustedes, para que Dios los bendiga de una manera extraordinaria, específicamente la salud de sus familias, en sus vidas personales, sus trabajos, sus finanzas, sus casas, sus hijos, su estatus migratorio en este país y que el Señor les conceda el deseo de sus corazones. Tengan la seguridad de esto, estimados sembradores, que a su tiempo cosecharán lo que han sembrado, pues la Palabra de Dios es clara en Proverbios 11:24-25:

Hay quienes reparten [siembran], y les es añadido más; y hay quienes retienen más de lo que es justo [no dan], pero vienen a pobreza. El alma generosa será prosperada; y el que saciare [sostiene la obra de Dios], él también será saciado.

Sin ustedes, apreciados sembradores, no pudiéramos llevar a cabo lo que estamos haciendo. Ustedes son una parte esencial, importante y necesaria para que podamos seguir cumpliendo el llamado que Dios nos ha concedido. Gracias por sembrar en este ministerio y creer en nuestra integridad, rectitud y honestidad en cuanto a las finanzas. Ustedes han visto los frutos alrededor del mundo y lo que Dios ha hecho con sus ofrendas en cuanto a la salvación de las almas. Sus aportes económicos a nuestro ministerio, a los misioneros, al instituto, a nuestras cruzadas, seminarios y campañas alrededor del mundo, han resultado en la salvación de multitudes de personas. Dios los ha de recompensar por todo su esfuerzo, dedicación, entrega y pasión por la obra de Dios.

En nombre de este ministerio, Josué Yrion Evangelismo y Misiones Mundiales, Inc., les agradezco de todo corazón su ayuda sacrificial. Por mi parte, es mi deseo y oración que a ustedes y sus familias Dios los bendiga y prospere de una manera extraordinaria en todas las esferas de su vida. Ustedes son parte de lo que dice 1 Crónicas 29:6-9:

Entonces los jefes de familia [ustedes y sus familias] [...] ofrecieron voluntariamente [con alegría, gozo y satisfacción]. Y dieron [sus ofrendas] para el servicio de la casa de Dios [para el sostén de este ministerio] [...] Y se alegró el pueblo por haber contribuido voluntariamente [a los misioneros y al instituto bíblico]; porque de todo corazón [con generosidad] ofrecieron [sus vidas y sus finanzas] a Jehová voluntariamente.

Muchísimas gracias, amados sembradores, y sepan que sin ustedes y el Señor no existiría este ministerio que ha sido de bendición a millones de personas en todos los continentes. ¡Esa es la verdad! Oramos por ustedes todos los días. Sepan que el Señor los ha bendecido porque ustedes dan al Señor. Y Él lo prosperará aun más, los sanará, bendecirá mucho más a sus hijos y sus familias. Él también salvará a todos sus familiares, Él bendecirá todavía más sus finanzas, sus trabajos y les concederá todos los deseos de su corazón de acuerdo a su voluntad. Crean en sus promesas que en Él son sí y amén. ¡Él hará!

Que el Señor los bendiga grandemente.

Prólogo

La economía mundial todavía está en crisis. Los periódicos del mundo entero escriben en sus páginas sobre las calamidades que esta recesión ha producido. Su impacto ha sido desastroso en Estados Unidos y en el continente europeo. Los países en vías de desarrollo se han visto muy afectados por el derrumbe económico del viejo continente, que es el mayor importador del mundo.

El corazón de los pueblos todavía desfallece a causa del desconcierto económico mundial. Pero nosotros, la Iglesia del Señor Jesucristo, no necesitamos vivir en el temor y desasosiego en que viven las naciones. Nuestros ojos deben estar puestos en Dios, pues la Biblia dice: «No serán avergonzados en el mal tiempo, y en los días de hambre serán saciados» (Salmo 37:19). Nuestra mirada debe estar puesta en sus promesas, pues Él ha prometido estar con nosotros en todo tiempo. Su deseo como nuestro Padre celestial es que seamos prosperados en todas las cosas así como prospera nuestra alma (3 Juan 1:2).

Por mucho tiempo se ha enseñado que la pobreza es símbolo de humildad y espiritualidad, pero esto no es lo que la Palabra de Dios enseña.

Cuando estudiamos la Palabra encontramos la verdad de Dios acerca de las finanzas. Leyendo las Sagradas Escrituras encontramos que Dios estableció principios básicos para que su pueblo sea bendecido y prosperado. «Dad y se os dará» es el título de este libro que Dios inspiró a mi amado esposo para escribir. En este libro, vas a descubrir que uno de los principios que Dios estableció para que recibamos y seamos prosperados es dar. Muchos piensan que primero tienen que recibir para después dar, y esto sería lo normal si estuviéramos actuando por medio de nuestro propio razonamiento. Lo interesante es que Dios no ve las cosas como nosotros la vemos, y Él estableció que debemos dar primero para después recibir. Dar en fe es lo que Dios quiere. Dar primero es confiar en sus promesas, es creer que Él es fiel y cumplirá lo que ha prometido. Si ponemos atención a todos los casos de personas que en la Biblia recibieron algún milagro de parte de Dios, podemos ver que siempre el denominador común entre todos ellos fue que tuvieron que hacer algo primero. Tuvieron que dar, tuvieron que creer y tuvieron que obedecer lo que se les mando primero antes de ver su prosperidad o salud o milagro. Este es el punto, fe es equivalente a obedecer lo que Dios estableció en su Palabra.

En los doce capítulos de este libro, Josué expone con mucha sabiduría lo que Dios enseña en su Palabra acerca de las finanzas. En cada uno de los capítulos, encontrarás enseñanzas profundas acerca de las bendiciones económicas que seguirán a los que obedecen los principios que Dios estableció en su Palabra. Descubrirás la ley irrevocable de Dios de la siembra y la cosecha, y entenderás de una forma más profunda la bendición que encierra el dar y recibir. Estoy segura que este libro será de enseñanza, bendición y ayuda para muchos. Es tan convincente lo que en este libro se expone acerca de la economía de Dios que tengo la seguridad de que les abrirá los ojos a muchos hermanos y sus familias con relación a las finanzas.

Es por eso que con mucho gusto recomiendo este libro. Deseo que cada capítulo, bajo la dirección del Espíritu Santo, pueda traer discernimiento y luz en cuanto a cuál es la voluntad de Dios para nosotros como creyentes y miembros de la Iglesia de Cristo respecto a la administración y la mayordomía de nuestras finanzas.

¡Que Dios los bendiga!
Dámaris Yrion

CAPÍTULO 1

EL PODER ECONÓMICO MUNDIAL, LA CRISIS Y LA RESPONSABILIDAD DE LA IGLESIA

> Después de esto vi a cuatro ángeles en pie sobre los cuatro ángulos de la tierra, que detenían los cuatro vientos de la tierra. (Apocalipsis 7:1)

Un parámetro es un modelo o ejemplo que se utiliza para reconocer, entender o interpretar la situación mundial. Para nosotros los cristianos no hay otro parámetro como la Biblia. La Palabra de Dios nos ofrece un panorama general para comprender la historia mundial, pasada, presente y futura. Es necesario entender los «cuatro vientos de la tierra» de acuerdo a las Escrituras y cómo han afectado la historia de la civilización mundial. La Biblia es la infalible, perfecta y confiable Palabra de Dios y es por ella que nos guiamos y sabemos las estaciones y los tiempos que estamos viviendo.

En la Biblia los «vientos» son fuerzas o influencias de cambio. Hay cuatro grandes «vientos» o «poderes» de la tierra que han puesto en marcha el curso de la historia humana y de la civilización. Es interesante notar que estos poderes son llamados en Apocalipsis 7:1 de «vientos de la tierra», pues no dicen vientos del cielo, sino «vientos de la tierra», que indica en el sentido literal que son de origen humano y no divino. Por lo tanto se trata de «poderes» que han impulsado la historia de la civilización humana en la «tierra».

Cada uno de estos «poderes» o «vientos» han tenido y tienen actualmente la fuerza, la influencia y el poder de impactar los asuntos y eventos mundiales. El dominio de cualquiera de estos poderes por un tiempo extenso y largo ha impactado y cambiado grandemente la historia de la civilización. Estudiar la historia mundial a la luz de las profecías bíblicas y usar el entendimiento espiritual para ver lo que estos «poderes» o «vientos» han causado, es fundamental para saber y entender lo que sucede hoy en nuestros días en cuanto al panorama mundial en lo cual vivimos.

Los cuatro «vientos» o «poderes»

He aquí los «cuatro poderes» o «cuatro vientos» que la humanidad ha pasado y está pasando. El periodo precedente o anterior al advenimiento de Cristo fue el período del **poder militar.** Este fue un tiempo de conquistas y de grandes conquistadores. Este fue el primer «poder» o «viento» Estudia la historia bíblica y secular desde el sueño de la estatua de Nabucodonosor que el profeta Daniel interpretó y verás las conquistas y hazañas militares desde los babilonios, después de las de Media y Persia, seguidas por los griegos y por último los romanos. Después, el cristianismo se tornó la primera religión que realmente invadió el mundo entero y empezó a desafiar el poder militar que tanto había influenciado la historia y la civilización hasta ese punto. En el siglo IV después de Cristo, el emperador Constantino comprendió que la influencia y el «poder de la religión» sobrepasarían el poder militar. Así que, al darse cuenta de que no podría vencer a la religión, se unió a ella y empezó a sujetar el Imperio Romano al poder de la institución religiosa; es decir, sujetó el imperio al poder de la Iglesia. Entonces, la religión se fortaleció y llegó a ser el poder de influencia absoluta. Durante la Edad Media, el poder militar y el poder imperial estuvieron definitivamente sujetos a la religión cristiana en el occidente y al **poder religioso** del Islam en el oriente. La religión había sido el segundo «poder» o «viento».

En el siglo XVIII, ya otro «viento» o «poder» había surgido: **el poder político**. Este llegó a su auge como la gran influencia del siglo XVIII y el poder militar y el poder de la religión tuvieron que ceder su lugar a las influencias políticas de la época. La política se había tornado poderosa y los poderes anteriores tuvieron que sujetarse durante los siglos XVIII y XIX. Este había sido el tercer «poder» o «viento».

En el inicio del siglo XX llegó **el poder económico y** se constituyó como la influencia central de las naciones. Con el surgimiento del capitalismo y del comunismo que dominaron el siglo pasado, el poder militar, el poder religioso y el poder político tuvieron que ceder sus lugares al gran dominio financiero y económico a nivel global. El poder económico sobrepasó a todos los poderes anteriores y será el poder dominante hasta el final de la historia de la civilización humana tal cual estamos viviendo hoy en el siglo XXI. Es por esto que a diario uno oye del movimiento económico que impulsan las naciones y sus presidentes y expertos en finanzas al hablar de una «economía mundial» que esperan alcanzar algún día al globalizarse el sistema económico. Esto por lo tanto dará lugar a «un gobierno mundial», a «una moneda mundial» y un «sistema económico mundial». Sucederá a su tiempo de acuerdo a las Escrituras, y será el último y «cuarto viento» o «poder» que encerrará la historia de la humanidad.

En las elecciones presidenciales de 1992, en los Estados Unidos, el presidente George Bush (padre) tuvo grandemente el apoyo del poder militar, del poder religioso y del poder político. Sin embargo, Bill Clinton lo venció porque percibió y entendió que el poder económico tenía más influencia y poder en el momento por la crisis económica que la nación estaba atravesando y era más importante para el país entonces que el poder militar, religioso o político puesto juntos. Bill Clinton venció en las elecciones porque él y su equipo de campaña captaron el poder financiero y económico del momento, y si nosotros como Iglesia no lo captamos, fracasaremos como George Bush padre y serenos derrotados por ignorar la importancia de las finanzas y de comprender el fundamento bíblico de estas.

En conclusión, durante el tiempo de la transición del poder militar al poder religioso, la gran prueba de los corazones de la humanidad residió en la influencia religiosa de su fe. Al realizarse el cambio al **poder político** desde el religioso, la influencia divina de Cristo sobre los hombres, y la influencia maligna del diablo sobre los hombres, han tratado de formar la mentalidad de los gobiernos democráticos y capitalistas, como también la de los gobiernos socialistas o comunistas. Los dos reinos espirituales han tratado de ganar terreno e influencia en la humanidad durante este tiempo.

En el siglo XX y básicamente ahora en el siglo XXI, siendo el poder económico la gran fuerza e influencia dominante de los asuntos económicos mundiales, tanto el Señor Jesucristo como el diablo, libran una batalla mortal en el corazón de los hombres para que estos entiendan el significado del poder económico que controla «el viento económico de la tierra». De ahí la necesidad de entender la perfecta voluntad de Dios en cuanto al asunto económico y financiero, pues esta definirá la victoria o derrota en nuestras vidas personales, familiares y ministeriales, tanto en el ámbito espiritual como material. Por esto es que la Bestia, el Anticristo, en el final de los tiempos, después del arrebatamiento de la Iglesia, tendrá el poder económico en sus manos, pues la Biblia nos habla en Apocalipsis 13:16-18 que nadie podrá comprar ni vender si no tiene la marca de la bestia; o sea, el número de la bestia, el 666, que es la marca de su nombre. El mundo se está tornando uno solo. Es el comienzo de la globalización, de lo que está escrito en latín en el billete de un dólar americano que dice: «Novus Ordo Seclorium», que traducido es «Nuevo Orden Social». Apocalipsis 13:11 nos aclara que la Bestia o el Anticristo «subía de la tierra». Será un gobierno humano, pero será un gobierno mundial, una moneda mundial y un sistema económico mundial. ¡Cristo está a las puertas!

La crisis económica actual

Ralph Waldo Emerson dijo cierta vez: «¿Hay alguien que nos pueda decir cuándo los tiempos no eran difíciles y el dinero escaso?». ¡Esto es verdad! Siempre las naciones han tenido tiempos difíciles económicamente en algún momento de su historia. Y los Estados Unidos no es excepción. La economía americana en estos instantes está sufriendo una recesión y muchos han creído que se trata de una depresión, como en la década de 1930. Los economistas dicen que no hay buenas predicciones para el futuro, que podemos esperar dolor, sufrimiento y muchos cambios. Esto empezó desde el 2008 y ya estamos en 2013 y las cosas sigan igual o peor. Ahora es un buen momento para pensar y reevaluar lo que es en realidad el dinero para nosotros. Muchas personas, incluso cristianas, viven más allá de sus posibilidades económicas, y aun a veces sin control absoluto de la razón. No estoy hablando que no podemos pagar la hipoteca de la casa o ni un automóvil ni una universidad, pero muchos están viviendo endeudados completamente.

El uso de las tarjetas de crédito ha hecho de la nación americana unas de las más endeudadas del mundo. Debemos a China, a la Arabia Saudí y a otras naciones millones de millones de dólares. Vivimos en un país donde el entretenimiento es rey y el lujo deseado. Si preguntas a los economistas, te dirán que la mayoría de las personas, en vez de ahorrar, gastan el dinero del futuro de sus hijos y nietos en cosas absurdas. El otro día leí un letrero que decía: «Estoy gastando la herencia de mis nietos», como si fuera algo cómico y divertido. ¡Piense! ¡Qué ridículo! Lo que gastas hoy sin pensar lo necesitarás mañana y no lo tendrás. ¿Cómo responderemos a las emergencias en caso que la bolsa de valores se quebrara como en 1929 donde la gente lo perdió todo? ¿Has pensado que pasaría contigo si los bancos se cerraran hoy? Las noticias nos dicen que estamos en camino a un colapso mundial económico en los próximos años. Sin embargo, no necesitamos las noticias. La Biblia lo dice. Muchos cristianos no quieren oír de esto. Tenemos que fijarnos en los eventos mundiales a la luz de las Escrituras.

Esto no es para infundir miedo. Los expertos seculares en finanzas pueden hablar y predecir, pero nosotros estamos anclados en la Palabra de Dios y sabemos que el justo no padecerá hambre. El Salmo 37:18-19 nos anima: «Conoce Jehová los días de los perfectos [los justos] y la heredad de ellos será para siempre. No serán avergonzados en el mal tiempo, y en los días de hambre serán saciados». Esta es nuestra promesa como creyentes en el Señor Jesucristo. No sufriremos como los demás en el mundo que no conocen al Señor, pues hay una gran diferencia del que sirve a Dios y el que no lo sirve.

Aunque estamos viviendo en tiempos de gran inseguridad económica, inflación, aumento de deudas, desempleo, aumento continuo de la pobreza y más, tenemos la seguridad que Dios no nos desamparará. Las naciones están en conmoción y pánico y el miedo se ha apoderado de muchos corazones, pero el pueblo de Dios seguirá bendecido. Vamos a dar una mirada en cuanto a la situación económica mundial:

Estados Unidos. Está enfrentando su peor crisis económica desde la Gran Depresión de los años 30. Solo por mencionar algunos problemas, consideremos lo siguiente: Desde que empezó la crisis en el año 2008 hasta el final de 2010, más de 2,6 millones de personas perdieron sus trabajos, y más de 2,3 millones de casas se perdieron o expropiaron los bancos. La Bolsa de Valores de Wall Street (el mercado económico estadounidense) bajó alrededor del 34 % en cuestión de los negocios. El país está hundido en una deuda externa alarmante que está destruyendo la economía interna de la nación y que va en aumento cada día. En 2008, Estados Unidos debía diez billones de dólares. Ahora, en 2013, debe cerca de catorce billones. Aunque los contribuyentes pagan miles de millones de dólares de impuestos, el país sigue hundiéndose. Algunos de los programas gubernamentales como el *Welfare* (programa de ayuda a personas en necesidad), *Social Security* (Seguro Social) y *Medicare* (programa de salud para los jubilados y deshabilitados) están en un gran problema. El sistema económico de *Wall Street* (la bolsa de valores o el mercado económico) y los bancos y los préstamos bancarios están en la cuerda floja y pueden desmoronarse a cualquier momento.

Rusia: La nación está experimentando una crisis severa en su economía. Desde que la democracia tomó el mando, su poder económico ha declinado de forma drástica y la calidad de vida ha empeorado de una manera desesperada. Estuvimos allí en 1993 durante nuestra cruzada en Moscú y Ucrania, y muchos deshabilitados pedían ayuda en las calles de rodillas en medio de una nieve de cerca de cuarenta grados bajo cero. ¡Increíble!

África: Muchas naciones africanas le deben miles de millones de dólares al Banco Mundial y el nivel de vida en estos países está entre los peores del mundo.

Asia: Las naciones de este continente están en medio de una increíble recesión económica. Las ventas de los autos y de las computadoras han bajado desde el último terremoto en Japón. Además, su bolsa de valores ha decaído en gran medida y el sistema de bienes raíces está afectado de manera considerable.

Australia: Millones de personas han perdido sus casas y el desempleo es rampante en este continente.

América Latina: Aunque varias compañías grandes y empresarios han invertido en la economía de los países latinos, la pobreza y la corrupción de sus gobiernos impiden un mayor crecimiento en su economía, lo que hace que la tasa de desempleo sea alarmante.

Europa: Muchas naciones están en una gran crisis económica, sobre todo Portugal, España y Grecia. Alemania ha tenido que prestarles miles de millones de dólares a otras naciones europeas, a fin de que logren sobrevivir la crisis. El Banco Mundial ha tenido que concederles préstamos a naciones que antes se consideraban «gigantes económicos» y que hoy están quebradas. Toda esta crisis económica mundial está dando lugar al cumplimiento de las Escrituras.

El futuro propósito de la crisis económica mundial

¿Te has preguntado por qué Dios está permitiendo toda esta crisis y el futuro colapso de la economía mundial? ¡La respuesta es sencilla! Para preparar al mundo para el arrebatamiento de la Iglesia y la venida del gobierno económico mundial de la bestia, del anticristo, del 666. ¡Cristo está a las puertas, Iglesia!

Cuando el anticristo asuma el poder después del rapto de la Iglesia, su método de control absoluto será mundial y forzará a cada persona a registrarse con una marca en la mano derecha o en la frente que lo identificará para siempre como ciudadano de su reino. Nadie escapará de esa marca. ¡Está escrito en Apocalipsis 13!

Los teólogos del pasado especulaban que la marca quizá fuera un tatuaje indeleble de alguna imagen o número. Sin embargo, con el avance de la tecnología moderna, es más probable que la marca sea un microchip insertado en la frente de la persona o en su mano. Entonces, este microchip lo podría escanear con facilidad un aparato electrónico, como está escrito en Apocalipsis 13:16-18 que dice:

> Y hacía [el anticristo] que a todos, pequeños y grandes, ricos y pobres, libres y esclavos, se les pusiese una marca en la mano derecha, o en la frente; y que ninguno pudiese comprar ni vender, sino el que tuviese la marca o el nombre de la bestia, o el número de su nombre. Aquí hay sabiduría. El que tiene entendimiento, cuente el número de la bestia, pues es número de hombre. Y su número es seiscientos sesenta y seis.

Apenas una década atrás, hubiera sido inimaginable que alguien se dejara marcar. En cambio hoy, con la aceptación de las tarjetas de crédito con sus números, códigos y dígitos de seguridad y los microchip de las computadoras, la gente ya estará acostumbrada cuando él asuma el poder. Todos pensarán que solo se trata de un número más.

Es allí donde está el engaño de la bestia. Con la futura economía y el sistema financiero mundial, nadie podrá vender sus propiedades, alimentos y ropas, ni tampoco podrá depositar ni sacar dinero ni cualquier cosa de valor sin tener esta marca. El dinero en efectivo irá tornándose obsoleto y desaparecerá. Todo se procesará de manera electrónica.

Los gobiernos de las grandes potencias mundiales ya están hablando de esto. La transición del dinero en efectivo a las tarjetas electrónicas será fácil y bien aceptada, pues con la desaparición del dinero en efectivo se terminarían los asaltos, los robos y el tráfico de drogas, pues nadie podría utilizar la identificación de otra persona. Será un sistema seguro y de control absoluto.

¿Habías pensado esto? Las máquinas de cajeros electrónicos se usan a diario. Solo aquí en Estados Unidos hay más de mil millones de tarjetas de crédito magnéticas en uso ahora mismo. Hay algunos lugares en Europa en que ya existe una nueva tecnología de «tarjetas inteligentes» que van más allá del microchip. Estas tarjetas son más rápidas que las tarjetas de crédito o de ATM, y pueden almacenar hasta ochocientas páginas de información personal, incluyendo imágenes, fotos, dibujos, rayos X y huellas digitales. Como son minúsculas, toda la información de una persona estará en un microchip más avanzado, el cual es un poco mayor que un grano de arroz, y se insertará en la frente o en una mano. ¿Qué te parece? Prepárate, Iglesia: ¡Jesús está a las puertas!

La responsabilidad de la Iglesia

Como ya dije, la Iglesia ha pasado, y está pasando, por todos estos «vientos» o «poderes» a través de la historia: el poder militar, el poder religioso, el poder político y el poder económico. Por esto es necesario entender y discernir los tiempos, saber que estamos cerca del fin y saber cuál es nuestra responsabilidad en cuanto a las finanzas. Basta con mirar a Israel y la situación actual en el Oriente Medio, así como conocer el cumplimiento de las profecías, para saber que Cristo está a las puertas para buscar su Iglesia.

Como nunca antes, debemos entender las finanzas desde el punto de vista bíblico y actuar con responsabilidad de acuerdo a lo que Dios estableció en las Sagradas Escrituras. Además, debemos conocer cuál es su plan, su propósito, sus designios y su manera de establecer su reino en la tierra a través de las finanzas. Es mediante el financiamiento de la expansión del evangelio que alcanzaremos a las almas perdidas en todo el mundo. Debemos ser cristianos responsables y sabios administradores y mayordomos de lo que Dios nos ha encomendado para poder impactar el mundo a través del entendimiento claro de las finanzas y de cómo utilizar nuestros recursos económicos para la salvación de millones de almas.

Ten en cuenta también que hay grandes compañías, empresas y tiendas, así como personas ricas y de mucha influencia y de gran poder económico que donan sus recursos para el incremento del satanismo, la prostitución, la distribución de drogas, el consumo de alcohol, etc.

Por otro lado, la industria pornográfica, por medio de revistas, discos y de todo material lleno de perversidad, inmoralidad y promiscuidad, está promoviendo la desintegración moral y la destrucción de los valores sagrados del matrimonio y de la familia. Algunos promueven el adulterio y el divorcio como una alternativa para parejas que no «están felices». Otros promueven el aborto, alegando el «derecho de la mujer», aunque es realmente un asesinato. Y otros muchos promueven la legalización de matrimonios del mismo sexo, lo que no solo es contra la naturaleza, sino también una aberración y abominación a los ojos de Dios.

Todo lo anterior se lleva a cabo con recursos económicos de personas comunes y de personas adineradas influyentes, personas perversas sin Cristo, enemigas de Dios, que odian las Escrituras, que disponen de sus finanzas para la destrucción de hogares y familias con la excusa de que así respetan el «derecho de expresión de cada uno». No tienen el mínimo temor a Dios y los mandamientos que estableció en su Palabra para que fueran la base y fundamento de la sociedad y de toda institución humana en la tierra.

Así como tú y yo somos responsables y disponemos de nuestros recursos económicos para la propagación del evangelio de Cristo, para la salvación de las almas, para la restauración de los que son prisioneros de las drogas, el sexo, el alcohol o cualquier otra adicción, para la restauración de familias y matrimonios por el poder de la Palabra, del Nombre de Cristo, de Su Sangre y de Su Espíritu, también hay quienes están disponiendo de sus recursos económicos para la destrucción de las almas de los hombres. Son personas engañadas por el diablo y sus potestades para arrastrarlos a la perdición eterna.

Por tanto, entiende tu papel y responsabilidad como cristiano y el impacto que puedes hacer al ser parte responsable de la Iglesia de Cristo en lo que a las finanzas se refiere. Abre tu corazón y sigamos juntos al entender el significado de las palabras de Cristo en Lucas 6:38: «Dad, y se os dará». Verás que el Dios Todopoderoso te bendecirá como jamás lo habías imaginado. Cree y serás testigo de la mayor bendición económica que has recibido en la vida. ¡Está escrito y es para ti! ¡Y es para que extiendas el Reino de Dios en la tierra! Recuerda las palabras de Cristo: ¡Dad, y se os dará!

CAPÍTULO 2

LA IRREVOCABLE LEY DIVINA DE LA SIEMBRA Y LA COSECHA

> No os engañéis; Dios no puede ser burlado: pues todo lo que el hombre sembrare, eso también segará. (Gálatas 6:7)

El primer paso para salir de la crisis económica es empezar a sembrar en el Reino de Dios. El Señor estableció las leyes de la física que gobiernan el universo, la tierra, los planetas, la luna y el sol. Estableció también para la humanidad leyes espirituales que deben gobernar tu moral, tu conciencia y tu relación con Dios y con los hombres. Y Dios estableció las leyes de la siembra y de la cosecha, tanto en el ámbito de la agricultura, donde establece que «mientras la tierra permanezca, no cesarán la sementera y la siega, el frío y el calor, el verano y el invierno, y el día y la noche» (Génesis 8:22). Y lo mismo sucede en lo económico: «El que siembra escasamente, también segará escasamente; y el que siembra generosamente, generosamente también segará» (2 Corintios 9:6). La ley irrevocable, inmutable, tanto en el nivel natural como en el espiritual, es que todo lo que piensas, dices y haces es una semilla, y cosecharás a su tiempo, según haya sido bueno o malo lo que has pensado, dicho o hecho. Si vives una vida sin

Cristo, cosecharás tu perdición; si vives con Cristo, cosecharás la vida eterna. En tu lengua, en tus palabras, tienes en el poder de la vida o la muerte (Proverbios 18:21). Y en tus finanzas es lo mismo: si siembras en las cosas de Dios para la extensión de Su reino en la tierra, cosecharás grandes bendiciones. Si no das, si no abres tus manos y no colaboras con la proclamación del evangelio, nunca prosperarás en el sentido bíblico y no disfrutarás de lo que Dios tiene reservado para ti.

El resultado de la desobediencia

Israel había sembrado con sus quejas y su desobediencia. Al no creer en las promesas de Dios, cosechó un castigo: permanecer en el desierto por cuarenta años y comer solo maná todos los días. Sin embargo, en Josué 5 Dios le dijo a Israel que iba a cesar el maná que les había estado dando por cuarenta años. Hasta entonces, Dios había sustentado a su pueblo en un nivel: el nivel del maná. Así que era hora de que Israel entrara en otra dimensión, en otro nivel sobrenatural de provisión. Comerían de lo mejor del fruto de la Tierra Prometida. En Josué 5:12 leemos: «Y el maná cesó el día siguiente, desde que comenzaron a comer del fruto de la tierra; y los hijos de Israel nunca más tuvieron maná, sino que comieron de los frutos de la tierra de Canaán aquel año».

Quizá hasta hoy solo has comido maná. Has experimentado la bendición de Dios solo en ese nivel. No obstante, Dios quiere llevarte a otro nivel, a una dimensión de provisión total de todas tus necesidades en todas las facetas de tu vida. Saldrás del nivel del desierto, cruzarás el río Jordán y entrarás en el nivel de la Tierra Prometida. Has estado por muchos años en el «desierto económico», pero Dios ha prometido que entrarás en «la tierra prometida» que fluye leche y miel, un nivel de total provisión económica para ti y tu familia. Dios no quiere que vivas en un constante conflicto económico y de preocupaciones financieras. Desea que descanses en sus promesas, que son verdaderas, y que tengas lo suficiente y entres en un ciclo de victoria económica en el que puedas bendecir a los que no tienen. En otras palabras, te sentirás «bendecido para bendecir».

La provisión de Dios

Cuando el pueblo de Israel entró en la Tierra Prometida, Dios lo bendijo con lo mejor de la tierra. Comieron del fruto que no plantaron. Cosecharon el trigo y lo mejor del grano de campos que no labraron. A medida que iban batallando contra ejércitos enemigos e invadiendo la tierra, Israel no tenía que preocuparse por comida para ellos, sus familias y el ejército, porque Dios proveía, porque las riquezas de las naciones paganas de Canaán cayeron en las manos de Israel.

Dios te quiere decir que cuando la situación económica mundial se deteriore, Él te dará en abundancia cada día. Como Israel, Dios desea que comas lo mejor de la tierra. Basta de maná, basta de padecer necesidad. Vivirás en una dimensión de fe y total bendición de Dios. Esa es su promesa. Esa es tu herencia. Tienes derecho como hijo de Dios. ¡Créelo, pues es para hoy! Deuteronomio 8:6-10 dice:

> Guardarás, pues, los mandamientos de Jehová tu Dios, andando en sus caminos, y temiéndole. Porque Jehová tu Dios te introduce en la buena tierra, tierra de arroyos, de aguas, de fuentes y de manantiales, que brotan en vegas y montes; tierra de trigo y cebada, de vides, higueras y granados; tierra de olivos, de aceite y de miel; tierra en la cual no comerás el pan con escasez, ni te faltará nada en ella; tierra cuyas piedras son hierro, y de cuyos montes sacarás cobre. Y comerás y te saciarás, y bendecirás a Jehová tu Dios por la buena tierra que te habrá dado.

Puedes aprovechar todas estas bendiciones de Dios por medio de tu obediencia al entender la ley de la siembra y de la cosecha en cuanto a tus finanzas. Tienes en la mano una semilla. Si la siembras para Dios, Él te dará una cosecha. Es actuar en fe. Es creer en el poder de Dios. Si obedeces su Palabra, Él cumplirá su parte.

Un amigo y colega, el evangelista internacional estadounidense Daniel King (ambos predicamos en Costa Rica en 2010), quien ha predicado alrededor del mundo en grandes cruzadas y seminarios, y ganado a multitudes para Cristo, presenta en su libro *The Power of the Seed* [El poder de la semilla] una ilustración muy interesante sobre la siembra:

Una vez, un viejo agricultor estaba hablando con su hijo. Extendió las manos arrugadas delante de su hijo y le dijo:

—Hijo, estoy a punto de morir, pero antes de irme quiero dejarte la herencia. Te pido que tomes una decisión y escojas algo que tengo en estas dos manos cerradas.

Abrió muy despacio la mano izquierda y el joven, asombrado, vio el valioso diamante que le enseñaba su padre. El anciano, granjero de mucha experiencia, abrió la mano derecha. De momento, el hijo pensó que la mano estaba vacía, pero luego vio una pequeña semilla en la palma de la mano de su padre. La semilla no le llamó mucho la atención.

—¿Cuál de estas dos cosas es la más valiosa? —le preguntó el anciano.

—Claro —contestó el joven—, el diamante vale mucho más que una simple semilla.

—¡Estás equivocado! —le dijo el padre sin titubear.

—No entiendo —replicó el hijo.

—Déjame explicarte: Si te doy este diamante, podrás pedirle a un joyero que te lo corte en pedazos pequeños y te fabrique un collar lindísimo con muchas piedritas para tu esposa. O podrá hacerte un bello anillo. También puedes vender el diamante por una gran suma de dinero, y tú y tu familia pueden vivir confortablemente por un año. Sin embargo, este diamante nunca crecerá y será siempre lo que es. Podrás dividir el diamante o sustraer de él, pero el diamante nunca crecerá, ni se le podrá añadir ni multiplicarlo.

Y luego continuó:

—He sido agricultor toda mi vida y he observado el poder de una semilla. Esta pequeña semilla que despreciaste podrá no ser muy atractiva ahora, pero si la plantas, producirá una gran cosecha. Si luego la plantas muchas veces, se multiplicará muchas veces. Si sigues plantando y cosechando esta pequeña semilla, serás bien próspero y bendecido. Lo que quiero que entiendas es que esta semilla contiene el poder de alimentar naciones enteras por generaciones.

El joven, después de oír pacientemente la explicación de su padre, puso despacio su mano en la mano de su padre y le dijo:

—¡Escojo la semilla!

Con lágrimas en los ojos, el anciano granjero abrazó a su hijo y le dijo:

—Mañana te enseñaré los principios por los cuales he sido grandemente bendecido. Te enseñaré sobre la siembra y la cosecha y serás prospero toda tu vida.

¡Qué linda ilustración! Yo también diría que en el mundo material las semillas son una gran bendición de Dios. Nos sirven para plantar y cosechar, y volver a plantar y seguir plantando y cosechando por el resto de nuestra vida. Y en lo espiritual, nuestras ofrendas y diezmos son semillas.

La siembra y la cosecha poseen un ciclo de tiempo

Al entrar Israel en la Tierra Prometida, Dios se refirió a la siembra y la cosecha que realizaban los agricultores. Les prometió una abundante cosecha material. La cosecha solía recogerse a mediados de año. Era una época festiva. Había alegría por la abundante provisión que les concedía Dios. No obstante, la Biblia también habla de la cosecha en el sentido espiritual.

En sentido espiritual se refiere a nuestras finanzas. En el sentido material se sembraba y esperaba el momento de recoger la cosecha. En el sentido espiritual sembramos ofrendas y diezmos y cosechamos ricas bendiciones de Dios. Se siembra económicamente y a su debido tiempo se recoge la cosecha.

Dios usa a menudo esta analogía en las Escrituras porque la economía de Israel era agraria. Eran agricultores, plantadores y cosechadores. Entendían los principios de la cosecha en el mundo natural. Dios usó esta analogía para establecer los principios de la siembra y de la cosecha en el mundo espiritual, incluyendo las finanzas.

Las estrategias son principios, métodos y planes que hacen que se alcance una meta. En la Palabra de Dios se nos ofrecen estrategias para la cosecha espiritual y económica semejantes a las de la siembra y la cosecha en el mundo físico. La semilla para la siembra física y natural se ve afectada por el tiempo. En el mundo natural hay que sembrar en cierto tiempo del año para cosechar en cierto tiempo. Lo mismo es verdad en el mundo espiritual y las finanzas. Hay que sembrar en cierto tiempo en ministerios que están dando frutos espirituales y esperar la cosecha en cierto tiempo. La llave para todo este proceso es el tiempo, y cuando entiendas esta ley de la siembra y la cosecha económica, entrarás en un ciclo de continua bendición económica en tu vida física y espiritual.

Así como cada semilla y planta tiene poder de reproducción en el mundo natural, cada semilla económica que uno siembra tiene poder de reproducción y un tremendo potencial cuando uno invierte en el Reino de Dios. Leerás más adelante de las grandes experiencias que Dámaris y yo hemos tenido al sembrar en los demás y cómo hemos sido bendecidos, y también de cómo nuestro ministerio se ha visto grandemente bendecido al sembrar en otros ministerios, organizaciones, misioneros e iglesias. Recuerda Gálatas 6:7 que dice: «No os engañéis; Dios no puede ser burlado: pues todo lo que el hombre sembrare, eso también segará». Observa: (1) Se cosecha lo que siembras; (2) siempre cosechas más de lo que siembras; y (3) solo cosecharás después que siembres.

Alguien dijo: «El que guarda siempre tiene». El problema es que el que guarda siempre tendrá lo mismo que guardó. El que siembra, en cambio, verá crecer y multiplicarse lo sembrado. Debes entrar en este ciclo de sembrar y de cosechar, a fin de entrar en un ciclo de bendición económica como nunca antes lo has experimentado.

He aquí algunas observaciones en cuanto a la semilla, la siembra y la cosecha.

Toda semilla tiene la capacidad de reproducirse

Según Génesis 1:11, Dios dijo: «Produzca la tierra hierba verde, hierba que dé semilla; árbol de fruto que dé fruto según su género, que su semilla esté en él, sobre la tierra. Y fue así». Así como en el mundo natural las semillas se reproducen, tienes un enorme potencial al sembrar y de reproducir y hacer multiplicar tu siembra y cosechar una cosecha para el reino de Dios. Marcos 4:26-29 se refiere a esto:

> Decía además: Así es el reino de Dios, como cuando un hombre echa semilla en la tierra; y duerme y se levanta, de noche y de día, y la semilla brota y crece sin que él sepa cómo. Porque de suyo lleva fruto la tierra, primero hierba, luego espiga, después grano lleno en la

espiga; y cuando el fruto está maduro, en seguida se mete la hoz, porque la siega ha llegado.

En el mundo natural siembras una semilla y cosechas el fruto de tu trabajo. En el mundo espiritual es lo mismo, y Dios es el que suple y hace posible la provisión para que siembres. En 2 Corintios 9:10 encontramos: «El que da semilla al que siembra, y pan al que come, proveerá y multiplicará vuestra sementera, y aumentará los frutos de vuestra justicia». Dios multiplica tus recursos económicos y te proporciona la semilla para que vuelvas a invertir en el Reino de Dios. Sin embargo, Dios NO multiplica tus finanzas para que acumules riquezas.

Hay que sembrar para cosechar

Jim Elliot, quien perdió la vida por la causa de Cristo al tratar de llevar el evangelio a los indios aucas de Ecuador, dijo una gran verdad: «No es necio aquel que da lo que no puede retener para ganar lo que no puede perder». De seguro que Elliot se refería a Juan 12:25 que nos exhorta: «El que ama su vida, la perderá; y el que aborrece su vida en este mundo, para vida eterna la guardará». Después de la muerte de este gran hombre de Dios asesinado por estos indios, su propia esposa y otros misioneros tomaron su lugar y ganaron esta tribu indígena para Cristo. Por medio de la muerte de Jim Elliot, la salvación y la vida llegaron al pueblo auca.

En Juan 12:24 está escrito: «De cierto, de cierto os digo, que si el grano de trigo no cae en la tierra y muere, queda solo; pero si muere, lleva mucho fruto». Jesús dijo que la semilla debe morir primero para después dar fruto. Fue esto exactamente lo que Él hizo en el ámbito espiritual. Murió, dio su vida en la cruz para cosechar millones de millones de creyentes. De la misma manera, nosotros morimos al egoísmo y a la avaricia al dar al Señor de manera sacrificial de nuestras finanzas, y Él nos da vida y la bendición económica que necesitamos.

Este paralelo entre Cristo y nuestras finanzas es una profunda verdad espiritual. El apóstol Pablo afirma en 1 Corintios 15:36: «Lo que tú siembras no se vivifica si no muere antes». Cuando morimos a nosotros mismos al desprendernos con sacrificio de nuestras finanzas, al dar con sacrificio de lo que tenemos para la obra de Dios, Él a su debido tiempo nos da vida, y nos suple más abundantemente de lo que podemos pensar o pedir. Por lo tanto debes sembrar para cosechar. La Biblia es bien clara en 2 Corintios 9:6: «El que siembra escasamente, también segará escasamente; y el que siembra generosamente, generosamente también segará».

No hay que añadir ni quitar de lo sencillo que es lo que hemos expuesto. Quieres la bendición de Dios: ¡siembra! La ley de la siembra y la cosecha es una ley espiritual y universal establecida en la Palabra de Dios. Si deseas bendiciones tendrás que practicarla, obedecerla y ponerla por obra. Verás las bendiciones de Dios llegar a tu vida como nunca antes.

El vaso de leche y el pedazo de pan

Hace muchísimos años atrás, aquí en los Estados Unidos, un joven estudiante de una escuela de medicina andaba tocando puertas en busca de ayuda para costear sus estudios. Llegó a una casa, tocó, y una señora muy joven lo atendió.

—Perdón, señora —le dijo—. Estoy tocando puertas para pedir ayuda para pagar mis estudios universitarios. Esta es mi identificación de la universidad. Está aquí cerca. Seguro que la conoce. Me gustaría saber si podría ayudarme con lo que pueda...

La mujer lo miró, le dio una ayuda monetaria y le dijo:

—Me parece que usted tiene hambre, jovencito. ¿Le gustaría comer algo?

—¡Claro que sí!

La señora le llevó un vaso de leche y un pedazo de pan. El joven comió, le dio las gracias por su cariño y generosidad, y se fue.

El tiempo pasó... pasó... y pasó.

Un día, una señora tuvo un accidente automovilístico y la llevaron deprisa al hospital. El médico la atendió y la pusieron en recuperación por algún tiempo. Cuando se recuperó y estuvo lista para salir del hospital, le presentaron la cuenta. Al verla, la mujer quedó espantada.

—No puedo pagar esto. Es muy caro —le dijo a la enfermera—. ¿Qué voy a hacer?

—El médico que la atendió y le salvó la vida me pidió que le dijera que le dejó una nota en la cuenta para que usted la lea —le dijo entonces la enfermera.

Al virar la hoja, las lágrimas de esta mujer empezaron a rodar por sus mejillas. La nota decía: «No se preocupe, señora. Ya esto usted lo pagó hace muchísimos años con un vaso de leche y un pedazo de pan».

¿No te emocionas al leer esto? Lo que uno siembra lo cosecha, ya sea bueno o malo. Esta es la ley irrevocable de Dios y de la vida misma. Siembra hoy para que coseches mañana.

Tienes que sembrar sin mirar las circunstancias

Cuando teníamos veintisiete misioneros que mantener económicamente, empezó la crisis económica en los Estadios Unidos. Sin embargo, no nos detuvimos y no miramos las circunstancias negativas de la economía. Al contrario, añadimos por la fe muchos más misioneros. Hoy contamos con cuarenta. También tenemos la responsabilidad de sufragar los gastos de nuestra escuela bíblica en la India (los maestros, los alumnos y sostener el edificio). Y en medio de la crisis económica, por fe en un Dios que no falla, aumentamos el número de alumnos, maestros y misioneros que trabajan allí.

Eclesiastés 11:4 nos advierte: «El que al viento observa, no sembrará; y el que mira a las nubes, no segará». Si quitas los ojos de Cristo y de su provisión y oyes a diario las noticias de cual mal está la situación económica, sucumbirás. El diablo te llenará de temor e incredulidad y te derrotará.

Una de las más importantes estrategias para adquirir bendición económica es seguir sembrando sin mirar las circunstancias. Si el diablo consigue llenarte de miedo y temor al porvenir, te paralizará e impedirá que te lleguen las bendiciones que Dios tiene para ti. Isaías 32:20 afirma: «Dichosos vosotros los que sembráis junto a todas las aguas». Las «aguas» a que se refiere Isaías son las circunstancias que puedas estar enfrentando y las excusas que puedas dar para no entregar las ofrendas y los diezmos que le pertenecen a Dios. Tienes que sembrar siempre, en tiempos buenos y en tiempos malos, pues es a través de la adversidad que Dios pone a prueba nuestra fidelidad.

Cuando los «ríos» de las dificultades económicas amenacen con inundar tu vida, debes perseverar sembrando.

Isaac sembró en tiempos de hambre y cosechó una gran cosecha. La viuda solo tenía un poquito de aceite y harina para comer ella y su hijo y después morir, pero Elías le dijo que le sirviera a él primero y que no se preocupara, pues el aceite no escasearía ni la harina se acabaría, y así sucedió. Y recuerda que Jesús alabó a la viuda que dio dos moneditas, que era todo lo que tenía.

Desde que nos casamos hace veinticinco años, Dámaris y yo nunca hemos dejado de sembrar, aun cuando no teníamos absolutamente nada y todas las circunstancias económicas eran negativas. Cuando Dios nos dio más, seguimos sembrando. Hoy tenemos un ministerio mundial, nuestros hijos han estudiado en escuelas cristianas. Kathryn está haciendo su maestría en psicología para después obtener su doctorado, y Joshua ya terminó su universidad de economía con apenas veinte años y después seguirá sus estudios para hacer su maestría y doctorado. Dios nos ha bendecido como familia y como ministerio. ¿Por qué? Porque nunca, jamás, hemos dejado de sembrar, de dar, de ser fieles en nuestros diezmos y ofrendas. Esta es la llave para la bendición económica: perseverancia y fidelidad.

Cosecharás de acuerdo a lo que siembres

Los agricultores expertos saben que para tener una cosecha excelente hay que plantar buenas y abundantes semillas sembradas a cierta distancia una de la otra. Después el agricultor las cuida, arranca las hierbas malas, las protege de las plagas, las abona y las riega. Sabe que va a cosechar de acuerdo a lo que haga. Sabe que si siembra escasamente, cosechará escasamente.

Lo mismo sucede en el mundo espiritual. Hay que sembrar muchas semillas. Debes cuidar tu siembra a través de la oración, arrancando las malas hierbas de la incredulidad mediante la fe, sacando las plagas del campo espiritual de tu mente que te hacen dudar de la Palabra de Dios a través del ayuno, y seguir creyendo que Dios derramará lluvias de bendición de acuerdo a la medida en que hayas sembrado. Mateo 13:18-23 dice al respecto:

Oíd, pues, vosotros la parábola del sembrador: Cuando alguno oye la palabra del reino y no la entiende, viene el malo, y arrebata lo que fue sembrado en su corazón. Este es el que fue sembrado junto al camino. Y el que fue sembrado en pedregales, éste es el que oye la palabra, y al momento la recibe con gozo; pero no tiene raíz en sí, sino que es de corta duración, pues al venir la aflicción o la persecución por causa de la palabra, luego tropieza. El que fue sembrado entre espinos, éste es el que oye la palabra, pero el afán de este siglo y el engaño de las riquezas ahogan la palabra, y se hace infructuosa. Mas el que fue sembrado en buena tierra, éste es el que oye y entiende la palabra, y da fruto; y produce a ciento, a sesenta, y a treinta por uno.

No dejes que el diablo te robe las bendiciones que Dios tiene para ti. Batalla, aprópiate de la herencia espiritual en Cristo que ya te pertenece. Ora, ayuna, medita en la Biblia y sé fiel en tus diezmos y ofrendas. Colabora con la obra de Dios, los misioneros y las organizaciones cristianas, y verás lo que Dios va a hacer contigo.

Espera con paciencia la cosecha

En Juan 15, Jesús dijo cuatro cosas sobre tener fruto: El que (1) «lleva fruto»; tiene (2) «más fruto»; (3) «mucho fruto»; y es para que (4) «vuestro fruto permanezca». Para permanecer y recibir lo que Dios tiene para ti, debes tener paciencia y actuar en fe esperando que Él hará lo que dice en su Palabra. No esperes cosechar cuando es tiempo de sembrar. No habrá cosecha si es tiempo de sembrar.

Muchos quieren recibir, pero no siembran. Viven en un ciclo de derrota en lo económico porque Cristo dijo bien claro: «¡Dad, y se os dará!». Dan y esperan recibir, al otro día el fruto. No es así. Y por eso se desalientan y no siguen sembrando.

Después que plantes, espera con paciencia para ver el fruto. Santiago 5:7-8 ilustra muy bien lo que estoy diciendo: «Por tanto, hermanos, tened paciencia [...] Mirad cómo el labrador espera el precioso fruto de la tierra, aguardando con paciencia hasta que reciba la lluvia temprana y la tardía. Tened también vosotros paciencia». Habrá tiempo de cosechar, pero primero habrá tiempo de esperar, de preparar el terreno, de sembrar, de cultivar. Tu paciencia revela tu fe, carácter, madurez y fundamento en el Señor. ¡Ten paciencia, persevera y Dios lo hará!

Cuando sea el tiempo, cosecharás lo que sembraste

Gálatas 6:7, 9 afirma: «No os engañéis; Dios no puede ser burlado: pues todo lo que el hombre sembrare, eso también segará [...] No nos cansemos, pues, de hacer bien; porque a su tiempo segaremos, si no desmayamos». Ten la seguridad de esto: ¡Vas a cosechar lo que has sembrado, sea algo bueno o sea algo malo! Las palabras y las acciones tienen repercusiones físicas o espirituales, y todo tiene su tiempo establecido por Dios para cosechar lo que hemos hecho. Hay un tiempo para todas las cosas bajo el cielo. Así lo dice Eclesiastés 3:1 y también Eclesiastés 11:1 declara: «Echa tu pan sobre las aguas; porque después de muchos días [mucho tiempo] lo hallarás».

Muchas veces la espera puede ser dolorosa, larga y desalentadora y trae la frustración, el cansancio, el desánimo, la duda, el deseo de desistir, la incredulidad, enojo, criticismo y aun murmuración en contra del Señor. Todo esto puede abortar, desactivar y anular las promesas de las bendiciones de Dios para ti. Lamentaciones 3:25-26 nos anima: «Bueno es Jehová a los que en él esperan, al alma que le busca. Bueno es esperar en silencio la salvación de Jehová». Espera la respuesta de Dios. Podrá demorar, pero de seguro llegará. Eclesiastés 3:2 hace que sigamos el «tiempo de plantar, y tiempo de arrancar lo plantado».

El resumen de lo que hemos hablado sobre la semilla y la siembra es: (1) Cada semilla es capaz de reproducirse; (2) tienes que sembrar para cosechar; (3) tienes que sembrar sin mirar las circunstancias; (4) cosecharás de acuerdo a lo que hayas sembrado; (5) debes esperar con paciencia para cosechar; y (6) cuando sea el tiempo, cosecharás lo que sembraste. Memoriza y aplica a tu vida estas observaciones en cuanto la semilla y su poder reproductivo, sabiendo que también tienes una semilla y la puedes reproducir en las manos de Dios. No olvides que debes sembrar para cosechar lo que Dios ya tiene preparado para ti. Acuérdate que tienes que sembrar siempre, sin importar las circunstancias y la situación económica de la nación. Puedes estar seguro de que cosecharás lo que siembras para el Señor, ya sea en tu iglesia con tus diezmos, en los misioneros con tus ofrendas o en los demás al alimentar al desamparado o al sostener los proyectos de alguna organización involucrada en las misiones. Recuerda que debes esperar con paciencia después que hayas sembrado, y perseverar en fe y confianza hasta que Dios te conteste. Y por último, debes saber que en su tiempo cosecharás todo lo que hayas hecho para la obra de Dios, y tu labor, esfuerzo y dedicación serán recompensados. Estas seis observaciones son la base y el fundamento de la ley de la siembra y la cosecha.

La ley de la siembra y la cosecha actúa en el mundo natural y espiritual

Debes vivir estas leyes espirituales si deseas ser bendecido. Recuerda: Los ciclos de las leyes de la siembra y la cosecha ocurren tanto en el mundo natural como en el espiritual. Génesis 8:22 cita: «Mientras la tierra permanezca, no cesarán la sementera y la siega [cosecha] el frío y el calor, el verano y el invierno, y el día y la noche». Esta es la ley perpetua de Dios en las dos esferas: lo que siembras, cosechas. Lo que siembras, ya sean tus finanzas, tu tiempo, tu amor, tus habilidades, tus talentos para el Señor, tu fidelidad hacia a Dios y los demás, son buenas semillas y las cosecharás. Sin embargo, también hay semillas malas como el odio, la venganza, el resentimiento, la falta de perdón, la raíz de amargura, la rebelión, la desobediencia, la infidelidad en tus diezmos y ofrendas. Todas estas son malas semillas y las cosecharás. Si necesitas cosechar en tus finanzas, debes sembrar primero, y hacerlo en alguna persona o ministerio de tu elección que tenga tierra fértil.

1. Recuerda: La semilla debe morir para producir una cosecha. Jesús, en Juan 12:24, dijo: «De cierto, de cierto os digo, que si el grano de trigo no cae en la tierra y muere, queda solo; pero si muere, lleva mucho fruto». Primero tienes que sembrar en el suelo su semilla; esta muere allí y tiene la capacidad de producir una gran cosecha. Por esto tenemos que morir para nosotros mismos y deshacernos de todo lo que nos ata y nos impide recibir las promesas de Dios. La vida de Cristo fue una preciosa semilla y Él la sembró en nosotros por medio de su muerte y resurrección, y por eso hoy tenemos nosotros vida eterna. Tu vida es una semilla y la tienes que sembrar y solamente dándola la podrás obtener de vuelta.

2. Recuerda: Dios es la fuente de tu cosecha financiera. Hageo 2:8 dice: «Mía es la plata, y mío es el oro, dice Jehová de los ejércitos». Dios tiene recursos ilimitados, infinitos. La estrategia del diablo es hacer que olvides esto y pongas los ojos en tus circunstancias, y es allí donde podrá derrotarte. Confía en el Señor y su Palabra. Él es nuestra fuente de bendiciones temporales o eternas y de todas nuestras necesidades. Si aplicas esto en tu corazón, el miedo y el temor desaparecerán de tu vida en cuanto a tus finanzas, sabiendo que Él te suplirá en abundancia.

3. Recuerda: Dios suplirá tu necesidad de acuerdo a sus ilimitados recursos y a su gran habilidad para suplirte. En el Antiguo Testamento, Dios derramó sus bendiciones a tal punto que Israel fue una de las naciones más ricas del mundo. Hoy, bajo el Nuevo Testamento, Dios sigue bendiciendo a su iglesia financieramente y tenemos acceso directo al Padre por medio de Jesucristo en momentos de necesidad y de pruebas económicas. Filipenses 4:19 nos anima grandemente: «Mi Dios, pues, suplirá todo lo que os falta conforme a sus riquezas en gloria en Cristo Jesús». En este versículo, Pablo se refiere a que Dios suplirá para todas tus necesidades, ya sean físicas, materiales, financieras o espirituales. Se refiere a la completa bendición de Dios en tu alma, cuerpo y espíritu. No importan las necesidades que tengas, el almacén de las riquezas del Señor nunca están vacías. Hay abundancia y total provisión con Él.

4. Recuerda: Cosecharás si no desmayas. Gálatas 6:9 afirma: «No nos cansemos, pues, de hacer bien; porque a su tiempo segaremos, si no desmayamos». ¡No desistas de sembrar! El momento de cosechar llegará. Ten paciencia, perseverancia y determinación. La ley universal de la cosecha es clara: Si siembras, cosecharás. Si siembras maíz, cosecharás maíz; si siembras trigo, cosecharás trigo; si siembras arroz, cosecharás arroz; y si siembras monetariamente, también cosecharás de la misma manera de acuerdo a lo que hayas sembrado. Uno no siembra una cosa y cosecha otra. ¡No! Espiritualmente es lo mismo. Si siembras para el Espíritu, cosecharás vida eterna; si siembras para la carne, cosecharás destrucción. Repito, Gálatas 6:7-8 expresa: «No os engañéis; Dios no puede ser burlado: pues todo lo que el hombre sembrare, eso también segará. Porque el que siembra para su carne, de la carne segará corrupción; mas el que siembra para el Espíritu, del Espíritu segará vida eterna». ¡Está escrito! Muchos de nuestros sembradores dan una sola vez y esperan cosechar. Otros han dado por mucho tiempo y han cosechado. Debes perseverar y ser fiel. No debes desanimarte. El diablo intentará desanimarte si no ves los resultados inmediatos. La Palabra dice que «a su tiempo segaremos». Llegará su momento. Espera con fe y con expectativa. Va a tentarte a dejar de dar a la obra de Dios. ¿Sabes por qué? Porque sabe que cosecharás y no quiere que eso suceda en tu vida y recibas las bendiciones del Señor. Si has desistido y has dejado de dar a Dios porque no has cosechado financieramente, no oigas al enemigo. Vuelve a dar en fe y verás la mano de Dios actuar en tu vida. Deuteronomio 28:12 afirma: «Te abrirá Jehová su buen tesoro, el cielo, para enviar la lluvia a tu tierra en su tiempo, y para bendecir toda obra de tus manos». Dice que «en su tiempo». Créelo. ¡La bendición divina llegará!

La parábola del sembrador

Acerca de esta parábola, el Señor Jesús explicó lo siguiente:

> Oíd, pues, vosotros la parábola del sembrador: Cuando alguno oye la palabra del reino y no la entiende, viene el malo, y arrebata lo que fue sembrado en su corazón. Este es el que fue sembrado junto al camino. Y el que fue sembrado en pedregales, éste es el que oye la palabra, y al momento la recibe con gozo; pero no tiene raíz en sí, sino que es de corta duración, pues al venir la aflicción o la persecución por causa de la palabra, luego tropieza. El que fue sembrado entre espinos, éste es el que oye la palabra, pero el afán de este siglo y el engaño de las riquezas ahogan la palabra, y se hace infructuosa. Mas el que fue sembrado en buena tierra, éste es el que oye y entiende la palabra, y da fruto; y produce a ciento, a sesenta, y a treinta por uno. (Mateo 13:18-23)

También Jesús nos enseña una serie de principios con esta parábola. Sabemos que tiene una aplicación espiritual en cuanto a las almas al oír la Palabra, pero aquí la usaremos para las finanzas:

1. Algunas semillas caen junto al camino y el diablo las roba.

Dios tiene un plan para tus finanzas, pero si no tienes cuidado dónde siembras, el diablo te robará la bendición. Eso depende de las decisiones que tomas. Debes dejar que el Espíritu Santo te guíe y te dé convicción de cómo actuar sabiamente. Cuando lleguen tiempos de crisis financiera a tu vida, la voluntad de Dios te guiará en tus dificultades. Dios te sacará de la crisis, de la recesión y de tu necesidad. El diablo no podrá robarte si eres fiel a Dios en tus diezmos y ofrendas.

2. Algunas semillas caen entre pedregales y no tienen raíces.

Cuando alguien recibe la Palabra y da, siembra para la obra de Dios con gozo, pero si más bien le sobrevienen problemas en sus finanzas, eso constituye un problema, un tropiezo, para esa persona. A pesar de todo, los tiempos difíciles son los que prueban a los cristianos. Quedarías impresionado si vieras cuántos cristianos escriben a nuestro ministerio o envían correos electrónicos hablando de sus problemas financieros pero NUNCA han diezmado, nunca han ofrendado, y sin embargo esperan que Dios los bendiga. ¡Eso nunca sucederá! No vayas en contra de la Palabra de Dios con tu desobediencia. Vívela y obedécela y serás bendecido.

3. Algunas semillas caen entre espinos y ahogan la Palabra.

Si no estás contento con lo que tienes, el diablo te tentará y te engañará con el afán de tornarte rico; te llenará de codicia y quitarás tus ojos del Reino de Dios y lo pondrás en las cosas del mundo. Proverbios 23:5 dice: «¿Has de poner tus ojos en las riquezas, siendo ningunas?». Ten cuidado: la bendición financiera y la prosperidad divina es una cosa, y acumular riquezas y volverse rico y poderoso de acuerdo a lo que el mundo piensa y la prosperidad mundana es otra por completo. ¡Mucho cuidado!

4. En cambio, algunas semillas caen en buena tierra y dan fruto.

Estos son los que «entienden», los que siembran sus diezmos y ofrendas en sus iglesias o ministerios que están alcanzando las almas para Cristo. Recibirán el fruto de acuerdo a lo que han sembrado. Cuando se siembra una semilla, algo sobrenatural sucede y uno recibe treinta, sesenta o cien por ciento de utilidad sobre lo sembrado. La siembra es algo sobrenatural, solo Dios sabe cómo sucede. En Marcos 4:26-29, Jesús lo explica:

Así es el reino de Dios, como cuando un hombre echa semilla en la tierra; y duerme y se levanta, de noche y de día, y la semilla brota y crece sin que él sepa cómo. Porque de suyo lleva fruto la tierra, primero hierba, luego espiga, después grano lleno en la espiga; y cuando el fruto está maduro, en seguida se mete la hoz, porque la siega ha llegado.

Financieramente, uno siembra lo mejor para Dios, no lo que se nos antoja, y Dios nos dará lo mejor financieramente. No des ni ofrendes mezquinamente, porque si lo haces, cosecharás mezquinamente. En la medida que siembres, cosecharás. Ni más ni menos. ¡Esta es la verdad bíblica!

Después que un agricultor siembra su semilla en el suelo, la cuida, le arranca las malas hierbas, la protege de las plagas, la abona y la riega con agua, pues sabe que cosechará de acuerdo a lo que sembró. Los granjeros y los agricultores expertos dicen que para tener una cosecha excelente, hay que escoger muy buenas plantas, a unas siete u ocho pulgadas de distancia una de la otra, en hileras de treinta pulgadas. Saben que un acre de tierra necesita de treinta mil a treinta y dos mil semillas. Sabe que si siembra escasamente, tendrá pocas plantas para cosechar; y que si siembra abundantemente, cosechará abundantemente también. Esta ley rige en el mundo natural y también en el mundo espiritual.

El niño y la monedita

En cierta ocasión, una señora estaba llenando una caja de regalos para los misioneros en la India cuando su niño trajo una monedita para que la enviara como ayuda misionera. La mamá, en vez de enviar la monedita, compró un folleto evangelizador y lo puso en la caja. Cuando la caja llegó a la India, un funcionario aduanal lo leyó y le entregó su corazón a Cristo.

Luego, aquel hombre habló con su familia y sus amigos de cómo el Señor había transformado su vida. Estos también se entregaron a Cristo. Más tarde se construyó una iglesia cerca de sus casas, y un misionero fue a enseñarles la Biblia. Hoy aquella iglesia tiene más de mil quinientos miembros. Todo porque un niño sembró una monedita para la obra misionera y Dios hizo un milagro a través de un folleto evangelizador.

Una oportunidad de dar que se pierde es una oportunidad de recibir que se pierde

Hay cristianos que nunca dan, que nunca siembran para la obra de Dios, y se preguntan por qué sus vidas, sus hijos y sus familiares no reciben bendiciones. Cada vez que tienes la oportunidad de dar, de sembrar, como cuando tu pastor o algún ministerio te pide y tú decides no dar teniendo para dar, estás perdiendo una oportunidad de oro para recibir. ¿Estás listo para cambiar de actitud? ¿Estás listo para recibir el plan financiero de Dios? ¿Estás listo para liberar tus finanzas para la extensión del reino de Dios y dejarle los resultados a Él? ¿Estás listo para recibir una provisión sobrenatural económica en tu vida? ¡Pues empieza a sembrar! No lo olvides: el que siembra, en su tiempo cosechará, y lo que has sembrado es lo que recibirás. Cuando lo hagas, Dios te dará una provisión sobrenatural y una gran multiplicación. Además, te devolverá lo que has sembrado muchas veces más de lo que diste. Ningún granjero siembra el lunes y espera cosechar el martes. ¡No! Hay un tiempo para la siembra y un tiempo para la siega. Hay pastores, iglesias y hermanos que no prosperan financieramente porque no saben sembrar en los ministerios que han sido de bendición para ellos, sus miembros y sus familiares. Por esta razón nunca crecen y nunca son bendecidos financieramente. Bendice a tu pastor, a un ministerio itinerante que visite tu iglesia, a un misionero, a un evangelista, y verás que Dios te lo devolverá, pues Él no se queda con nada. Dámaris y yo nos hemos habituado a dar en cada oportunidad que tenemos, y también hemos recibido de vuelta en cada oportunidad que hemos dado. ¡Tan sencillo como eso! Recuerda las palabras de Pablo en Gálatas 6:10 que nos hace pensar: «Así que, según tengamos oportunidad, hagamos bien a todos, y mayormente a los de la familia de la fe».

Pasos para que Dios bendiga tu siembra

1. Debes dar para recibir.

«No os engañéis; Dios no puede ser burlado: pues todo lo que el hombre sembrare, eso también segará» (Gálatas 6:7).

2. Confía en las promesas de Dios.

«Fiel es el que os llama, el cual también lo hará» (1 Tesalonicenses 5:24).

3. Comparte con los demás lo que tienes.

«Hay quienes reparten, y les es añadido más; y hay quienes retienen más de lo que es justo, pero vienen a pobreza» (Proverbios 11:24).

4. Sé generoso siempre.

«El alma generosa será prosperada; y el que saciare, él también será saciado» (Proverbios 11:25).

5. Planta tu semilla para glorificar a Dios.

«Y todo lo que hagáis, hacedlo de corazón, como para el Señor y no para los hombres» (Colosenses 3:23).

6. A su tiempo cosecharás lo que has sembrado.

«No nos cansemos, pues, de hacer bien; porque a su tiempo segaremos, si no desmayamos» (Gálatas 6:9).

7. Mantente fiel a la Palabra de Dios.

«Multiplicaré tu descendencia como las estrellas del cielo, y daré a tu descendencia todas estas tierras; y todas las naciones de la tierra serán benditas en tu simiente, por cuanto oyó Abraham mi voz, y guardó mi precepto, mis mandamientos, mis estatutos y mis leyes» (Génesis 26:4-5).

8. Sé fiel en lo poco y Él te dará mucho.

«Y su señor le dijo: Bien, buen siervo y fiel; sobre poco has sido fiel, sobre mucho te pondré; entra en el gozo de tu señor» (Mateo 25:21).

9. No cambies de lugar en tiempos de crisis a menos que Dios te hable.

«Después hubo hambre en la tierra, además de la primera hambre que hubo en los días de Abraham; y se fue Isaac a Abimelec rey de los filisteos, en Gerar. Y se le apareció Jehová, y le dijo: No desciendas a Egipto; habita en la tierra que yo te diré» (Génesis 26:1-2).

10. Ora y mantente en el centro de la voluntad de Dios.
«Y esta es la confianza que tenemos en él, que si pedimos alguna cosa conforme a su voluntad, él nos oye. Y si sabemos que él nos oye en cualquiera cosa que pidamos, sabemos que tenemos las peticiones que le hayamos hecho» (1 Juan 5:14-15).

11. Sigue sembrando aun en tiempos de crisis y de hambre.
«Y sembró Isaac en aquella tierra, y cosechó aquel año ciento por uno; y le bendijo Jehová» (Génesis 26:12).

12. El tamaño de tu semilla determina el tamaño de tu bendición.
«Pero esto digo: El que siembra escasamente, también segará escasamente; y el que siembra generosamente, generosamente también segará» (2 Corintios 9:6).

13. Da siempre con alegría.
«Cada uno dé como propuso en su corazón: no con tristeza, ni por necesidad, porque Dios ama al dador alegre» (2 Corintios 9:7).

14. Dios multiplicará tu semilla.
«Y poderoso es Dios para hacer que abunde en vosotros toda gracia, a fin de que, teniendo siempre en todas las cosas todo lo suficiente, abundéis para toda buena obra» (2 Corintios 9:8).

15. No olvides que Jesucristo es el Señor de la mies y de la cosecha.
«Y les decía: La mies a la verdad es mucha, mas los obreros pocos; por tanto, rogad al Señor de la mies que envíe obreros a su mies» (Lucas 10:2).

16. Acostúmbrate a sembrar siempre y a cumplir lo que has prometido.
«Por tanto, tuve por necesario exhortar a los hermanos que fuesen primero a vosotros y preparasen primero vuestra generosidad antes prometida, para que esté lista como de generosidad, y no como de exigencia nuestra» (2 Corintios 9:5).

17. Nada cambiará en cuanto a las finanzas a menos que des.
«Y sabéis también vosotros, oh filipenses, que al principio de la predicación del evangelio, cuando partí de Macedonia, ninguna iglesia

LA IRREVOCABLE LEY DIVINA DE LA SIEMBRA Y LA COSECHA

participó conmigo en razón de dar y recibir, sino vosotros solos»
(Filipenses 4:15).

18. Lo que siembras se te acreditará en su cuenta celestial.

«No es que busque dádivas, sino que busco fruto que abunde en vuestra cuenta» (Filipenses 4:17).

19. Siembra aun estando en necesidad y Dios te honrará.

«Asimismo, hermanos, os hacemos saber la gracia de Dios que se ha dado a las iglesias de Macedonia; que en grande prueba de tribulación, la abundancia de su gozo y su profunda pobreza abundaron en riquezas de su generosidad» (2 Corintios 8:1-2).

20. Siembra durante toda tu vida y no solo una vez.

«Doy testimonio de que con agrado han dado conforme a sus fuerzas, y aun más allá de sus fuerzas, pidiéndonos con muchos ruegos que les concediésemos el privilegio de participar en este servicio para los santos. Y no como lo esperábamos, sino que a sí mismos se dieron primeramente al Señor, y luego a nosotros por la voluntad de Dios» (2 Corintios 8:3-5).

Recuerda que sembrar es algo de siempre: desde el momento que aceptaste a Cristo hasta el final de tu vida. Recuerda también que no solo se siembra dinero. También se siembra tiempo al leer y estudiar la Biblia. Se siembra cuando se busca a Dios en ayuno y consagración. Se siembra al vivir una vida obediente a Cristo. Se siembra cuando le damos ánimo a alguien. Se siembra dándoles cariño a los demás. Se siembras cuando se ora por los necesitados y se les ayuda. Y de todo lo que sembramos cosechamos.

Es triste, pero a veces se siembra todo lo contrario de lo anterior para complacer a la carne. En ese caso se cosecha corrupción y destrucción física, material y espiritual.

¿Quién no ha utilizado las máquinas expendedoras de agua, Coca-Cola o Pepsi que están por todos lados? Basta con echarles algunas monedas y apretar el botón para que caiga la latita de lo que pedimos. Uno puede llegar a golpear y patear la máquina, pero no caerá la latita. En cambio, si depositamos dinero en monedas o en un billete y apretamos el botón, escucharemos caer la latita y la recogeremos para disfrutar del refresco. Lo mismo es con la siembra y la cosecha. Uno siembra, deposita diezmos u ofrendas, aprieta el botón de la fe y espera la bendición de Dios. Uno siembra, y uno cosecha y disfruta. Nada más y nada menos.

Daniel King, en su libro *The Power of the Seed* [El poder de la semilla], escribe también sobre algunas de las excusas que muchos cristianos ofrecen para no sembrar financieramente: «He probado, pero nada ha sucedido», «Todo lo que quiere el predicador es dinero», « No tengo nada que dar», «Dios no necesita de dinero», «Otros darán», «Mi pareja no quiere que yo esté gastando dinero», «Tengo muchas cuentas que pagar», «Daré la semana que viene», «Ya di la semana pasada», «Solo en el Antiguo Testamento se exigían los diezmos», «No puedo permitirme hacer esto», «Estoy cansado de tanto oír sobre esto», «Tengo que ahorrar para lo inesperado», «Estoy pasando por una crisis financiera», etc. Daniel King dice, además, que lo peor que puedes hacer durante una crisis económica es dejar de dar al Señor. Si necesitas un auto para ir al trabajo, lo menos que debes hacer cuando las finanzas están faltando es dejar de hacer los pagos al banco. Si no lo haces, perderás el auto y no podrás ir a tu trabajo y no recibirás salario y lo perderás todo. Es lo mismo en cuanto a dar para el Señor. Si dejas de dar, perderás el vehículo, la manera que Dios tiene de bendecirte que es por medio de tu siembra. . Recuerda las palabras de Cristo: «¡Dad, y se os dará!».

CAPÍTULO 3

LOS DOS CICLOS ESPIRITUALES DE DERROTA O VICTORIA EN CUANTO A LAS FINANZAS

> He aquí vienen días, dice Jehová, en que el que ara alcanzará al segador, y el pisador de las uvas al que lleve la simiente; y los montes destilarán mosto, y todos los collados se derretirán. (Amós 9:13)

En Levítico, capítulo 25, se nos habla de las leyes que Dios estableció en cuanto al año del jubileo. Ocurrirían cinco cosas en el año del jubileo: (1) **Libertad:** los esclavos quedarían en libertad. (2) **Restauración:** la tierra debía volver a manos de su dueño original sin tener en cuenta lo que motivó que la perdiera. (3) **Cancelación:** se debía perdonar a cualquier deudor y su deuda. (4) **Protección:** Dios protegería a Israel de todos sus enemigos. (5) **Multiplicación:** les daría alimentos si por fe no sembraban y dejaban descansar la tierra cada séptimo año.

Como el pueblo de Dios que es, la Iglesia puede experimentar las mismas bendiciones que Israel. Hay dos ciclos espirituales que tienen el poder de afectar nuestras finanzas: el ciclo de la derrota económica según la estrategia del diablo, o el ciclo victorioso de la provisión de Dios. En una de estos dos estás viviendo o vivirás.

Dios se mueve en ciclos. Un «ciclo» es un periodo o una serie de hechos o acontecimientos que se repiten y tienen un principio y un fin. Eclesiastés 3:1 dice: «Todo tiene su tiempo, y todo lo que se quiere debajo del cielo tiene su hora». Es un tiempo determinado, fijo, que Dios ha señalado para llevar a cabo sus propósitos. En el versículo siguiente Salomón dice que hay «tiempo de nacer, y tiempo de morir; tiempo de plantar, y tiempo de arrancar lo plantado». Hay un tiempo para todas las cosas.

Dios estableció la ley de la provisión sobrenatural de sus finanzas en términos de siembra y cosecha. Al darle a Dios estamos sembrando, y él nos lo devolverá multiplicado. ¡Está escrito! Las Escrituras muestran que cuando Israel obedecía a Dios y le presentaba sus diezmos y ofrendas, Dios bendecía grandemente sus ganados, sus casas, sus propiedades, sus hijos y sus familiares. Pero también cuando Israel desobedecía a Dios y le robaba en sus diezmos y ofrendas Dios, cerraba el cielo e Israel empobrecía en gran manera.

El ciclo de la derrota financiera

Cada vez que el diablo ataca tus finanzas, quedas endeudado y empiezas a luchar en contra del miedo y la duda, has entrado en un ciclo de derrota financiera. Él tratará de que mantengas los ojos en la negatividad de las circunstancias, que quites los ojos de Cristo y que, sintiéndote derrotado, dejes de dar para la obra de Dios tus diezmos y ofrendas. Eso hace que el fluir de las bendiciones de Dios cese y tus deudas aumenten.

El diablo sabe inducirte a que dudes de la provisión divina y entres en un ciclo de derrota en tus finanzas al llenarte de preocupación e incertidumbre. Si el diablo consigue que dejes de dar, de sembrar para la obra de Dios, habrá alcanzado su meta en contra tuya, y tratará de controlar tus finanzas hasta derrotarte y dejarte en la miseria. Quiere que no le des a Dios con la excusa de que no tienes y estás endeudado. Sabe que cuanto menos des a Dios, menos tendrás.

Recuerda lo que leí en la placa trasera de un auto: «No doy porque no tengo y no tengo porque no doy». Es allí donde el diablo quiere mantenerte. Millones de cristianos alrededor del mundo viven en esclavitud y derrota económica porque desconocen lo que dice la Palabra de Dios.

Recuerda: El diablo te tentará y tratará de que apartes los ojos del Señor y los pongas en tus circunstancias y te llenará la mente y el corazón de miedo al futuro, temor a la crisis, ansiedad por lo que pasará, preocupación por tus deudas, duda de la Palabra de Dios, cansancio físico, desánimo espiritual, depresión por los ataques satánicos estrés y debilidad física y espiritual, y muchas cosas más, para mantenerte en un ciclo de derrota. ¡No lo permitas!

El ciclo de la victoria en las finanzas

Dios tiene un ciclo de victoria para ti en cuanto a tus finanzas. Dios tendrá un pueblo fiel y obediente, próspero y bendecido en estos últimos días. Quiere, desea, anhela que entres y vivas en ese ciclo de victoria. En medio de la crisis financiera y del colapso económico mundial Dios, bendecirá a los creyentes que vivan de acuerdo a su Palabra. El caos económico no te afectará a ti ni a mí si obedecemos su Palabra. Será un pueblo santo, que teme a Dios, consagrado, que vive en ayuno y oración, llenos del Espíritu Santo, fiel a Dios y que diezma y ofrenda de corazón. Será parte de las promesas de Dios, y será un pueblo exclusivo, diferente y bendecido.

Dios quiere bendecirte. Quiere entrar en una alianza. Sé fiel en tus diezmos y ofrendas. Ninguna de las promesas de Dios quedará sin cumplimiento. No hay nada que el diablo pueda hacer contra ti si estás parado en la Palabra de Dios. ¡Aleluya!

Recuerda: Debes echar fuera en el nombre de Cristo todo miedo, temor, preocupación y duda y empezar a sembrar por fe, no importa cuán endeudado o en problemas financieros te encuentres. Puedes cambiar ahora mismo lo que estás enfrentando y entrar en el ciclo de la provisión sobrenatural de Dios, y alcanzarás la victoria en tus finanzas. Por medio de tu siembra puedes entrar en el ciclo victorioso de Dios y ver ocurrir en tu vida los milagros financieros más grandes. Y no solo serás bendecido financieramente, sino en tu salud, en tu trabajo, en tu familia, en tu hogar, en la salvación de tus familiares, en tu ministerio, etc. Las Escrituras dicen con toda claridad que para para entrar en ese ciclo de victoria debes actuar según en lo que dice Proverbios 11:24-25 que te llevará a la victoria:

Hay quienes reparten [los que siembran], y les es añadido más; y hay quienes retienen más de lo que es justo [no siembran y no dan a Dios], pero vienen a pobreza. El alma generosa [el que da, el que siembra] será prosperada; y el que saciare, él también será saciado.

Das y bendices a los demás, y Dios te bendice. Llegará el día en que Amós 9:13 se cumplirá en tu vida: «He aquí vienen días, dice Jehová, en que el que ara alcanzará al segador, y el pisador de las uvas al que lleve la simiente; y los montes destilarán mosto, y todos los collados se derretirán». Dios nos bendecirá de tal manera que las bendiciones correrán tras nosotros, nos perseguirán. Se llama: La multiplicación de la provisión financiera sobrenatural de Dios y su total bendición. ¡Aleluya! Dice en Deuteronomio 28:2: «Y vendrán sobre ti todas estas bendiciones, y te alcanzarán, si oyeres la voz de Jehová tu Dios». ¡Te alcanzarán! ¡Te buscarán! No tendrás que batallar más financieramente, las bendiciones correrán para alcanzarte, si es que oyes la voz de Jehová tu Dios y le obedeces. Ve además lo que nos promete Deuteronomio 28:8: «Jehová te enviará su bendición sobre tus graneros, y sobre todo aquello en que pusieres tu mano; y te bendecirá en la tierra que Jehová tu Dios te da». ¡Aleluya! Serás bendecido de gran manera, ya lo eres por la fe, y también tus hijos, tu familia, para que disfrutes lo que Dios te da, y para la extensión del reino de Dios en la tierra por medio de la predicación de su Palabra.

Dios siempre tendrá un pueblo fiel

Desde el Antiguo Testamento y desde el Nuevo Testamento, cuando se fundó su Iglesia, siempre ha habido un pueblo fiel. Tú y yo somos parte de ese pueblo de los «últimos días» que marcará una diferencia. Somos parte del pueblo de Dios y del plan que el Señor tiene de bendecirnos y bendecir a la obra de Dios en todo el mundo.

Si hemos de entrar en la tierra prometida de la bendición económica, tenemos que ser un pueblo que vive y respira la provisión sobrenatural de Dios y su victoria en cuanto a nuestra economía. Tal vez tú hayas pasado, o estés pasando, por un «desierto» económico en estos momentos, pero no te desalientes: entrarás en el ciclo de la bendición divina por el resto de tu vida. La tierra de la bendición espiritual y material que fluye leche y miel es para ti. En medio de cualquier crisis económica a nivel nacional o mundial, recibirás bendiciones como nunca, si con fe obedeces la voz de Dios.

Tienes, pues, dos opciones: seguir viviendo en el ciclo de la derrota económica o entrar en el ciclo de la victoria económica de que hemos estado hablando.   Dámaris, nuestro ministerio y yo decidimos un día dar, sembrar, y hemos recibido. Hemos estado sembrando y cosechado de nuevo durante veinticinco años, y hemos recibido grandes bendiciones en lo personal y en nuestro ministerio. Así que pon en tu corazón las palabras de Deuteronomio 30:15-,16, 19 y medítalas:

> Mira, yo he puesto delante de ti hoy la vida y el bien, la muerte y el mal; porque yo te mando hoy que ames a Jehová tu Dios, que andes en sus caminos, y guardes sus mandamientos, sus estatutos y sus decretos, para que vivas y seas multiplicado, y Jehová tu Dios te bendiga en la tierra a la cual entras para tomar posesión de ella [...] os he puesto delante la vida y la muerte, la bendición y la maldición; escoge, pues, la vida, para que vivas tú y tu descendencia.

Está bien claro: Escoge entre la vida o la muerte, la bendición o la maldición, la prosperidad o la pobreza. Escoge entre los dos ciclos. Tú decides... Recuerda las palabras de Cristo: «¡Dad, y se os dará!».

CAPÍTULO 4

SIEMBRA LO MEJOR PARA DIOS Y VERÁS MILAGROS EN TU VIDA

> El que siembra escasamente, también segará escasamente; y el que siembra generosamente, generosamente también segará. (2 Corintios 9:6)

Cierto día, un hombre entró en una tienda para comprar un tipo de semilla de un determinado árbol que deseaba plantar. Quedó sorprendido con una placa que decía: «El mejor tiempo para haber plantado este árbol fue hace quince años atrás». Y la línea que seguía concluía: «El segundo mejor tiempo es hoy, y usted tiene una nueva oportunidad para hacerlo».

Un hermano en Cristo salió temprano un día de su casa para una cita de empleo. Estaba lloviendo y, al conducir, vio a una señora cambiando el neumático de su auto bajo la lluvia. Pensó: «Pudiera ayudar a esta pobre señora. Cambiar un neumático es trabajo de hombre. En cambio, si lo hago, llegaré tarde a la cita. ¿Qué hago, Señor?». Dio entonces la vuelta y regresó para ayudarla. Después que terminó, ella le dio las gracias, y él se fue a buscar una gasolinera para lavarse las manos y arreglarse para ir a la cita.

Cuando llegó, la recepcionista le dijo:

—¿Sabe que llegó muy atrasado?

—Sí —respondió—. Tuve un percance, perdone. ¿Me podrían atender?

—Creo que sí. Espere y le avisaré.

Cuando regresó, le dijo:

—Lo están esperando en esa sala. Que tenga suerte.

Cuando entró, una mujer estaba de espaldas mirando unos archivos.

—¿Sabe que llegó atrasado? —le dijo sin volverse.

—Sí, perdone —le respondió—. Tuve una emergencia que atender...

En eso, la entrevistadora se volvió y, al mirarlo, le dijo:

—¿No fue usted el que me ayudó a cambiar el neumático?

—Ah, sí, señora...

No tuvo que decir más.

—¡El trabajo es suyo! —le dijo la señora—. No necesito ver sus calificaciones. Su actitud al ayudarme bajo la lluvia lo dice todo. Pase a reportarse en la sala de este número y el empleo es suyo... Y, nuevamente, muchísimas gracias por darme una mano...

¿Qué te parece? El hermano sembró, dio, ayudó de la mejor manera que pudo sin saber que era la misma persona que le daría el empleo. ¿Coincidencia? ¡Claro que no! Dios lo planeó, y lo bendijo. Sí no se hubiera detenido a ayudar a aquella mujer, quizá no le hubieran dado el trabajo. Es la ley irrevocable de la siembra y la cosecha. ¡Dad, y se os dará!

Pablo escribió a los creyentes en Corinto sobre una contribución que habían empezado a colectar para los cristianos de Jerusalén pero que no habían terminado todavía. Para alentar a los Corintios para que completara esta ofrenda, Pablo usa las iglesias de Macedonia, Filipo, Tesalónica y de Berea como modelos a seguir. En 2 Corintios 8:1-5 escribió:

Asimismo, hermanos, os hacemos saber la gracia de Dios que se ha dado a las iglesias de Macedonia; que en grande prueba de tribulación, la abundancia de su gozo y su profunda pobreza abundaron en riquezas de su generosidad. Pues doy testimonio de que con agrado han dado conforme a sus fuerzas, y aun más allá de sus fuerzas, pidiéndonos con muchos ruegos que les concediésemos el privilegio de participar en este servicio para los santos. Y no como lo esperábamos, sino que a sí mismos se dieron primeramente al Señor, y luego a nosotros por la voluntad de Dios.

Aquellos cristianos dieron de todo corazón para suplir las necesidades de la iglesia de Jerusalén, pues sabían que Dios proveería para ellos. Los cristianos de Macedonia contribuyeron a pesar de que el país había quedado devastado por los ataques de ejércitos extranjeros, pero su mirada no estaba en sus circunstancias, sino en Dios que todo lo puede. En vez de lamentarse de sus calamidades, ofrendaron. Sabían que Dios supliría.

Una de las más exitosas estrategias del diablo para mantenernos en derrota económica es hacernos creer que no podemos dar. Sabe que si no damos a Dios, no vamos a recibir. Hay algunos principios que la iglesia de Macedonia siguió para dar su ofrenda en que todos podemos aprender de ella.

1. Dieron con liberalidad

Los cristianos de Macedonia dieron con liberalidad, más allá de sus posibilidades. Esto es lo que debes hacer para recibir las bendiciones de Dios. Los cristianos de hoy dan de lo que les sobra, pero dar sacrificialmente es fe, confianza y madurez. Eso fue lo que hizo la viuda que dio las dos monedítas que le quedaban y que Cristo la alabó.

2. Dieron de buena voluntad

Los macedonios dieron más de lo que podían, y lo hicieron de buena voluntad. Muchos que están enfrentando problemas económicos se resienten de que les pidan para la obra de Dios, pero los cristianos macedonios no se resentían. Consideraban un privilegio dar al Señor en agradecimiento por la salvación de sus almas, a pesar de las circunstancias económicas negativas.

En la Iglesia de hoy, la mayoría de los cristianos están acostumbrados que les pidan, que les rueguen, que les supliquen para que entonces dar. ¡Qué triste! Muchos dan a Dios como si le estuvieran haciendo un favor. Olvidan que estarían perdidos si Cristo no los hubiera salvado.

3. Dieron con sacrificio

Los cristianos macedonios dieron con sacrificio porque se habían rendido por completo a Dios. Para entrar en el ciclo de la provisión sobrenatural económica de Dios, primero debes poner tu vida y tus finanzas en el altar, como un «sacrificio vivo, santo, agradable a Dios», como lo dice Pablo en Romanos 12:1.

Hace veinticinco años atrás, cuando Dámaris y yo éramos recién casados, vivíamos en un pequeño apartamento en Downey, California. Yo tenía muy pocas invitaciones para predicar y apenas nos alcanzaba para los alimentos y el alquiler. Un día recibí la llamada de un pastor que conocíamos, brasileño como yo y casado con una cubana como yo. Dámaris y yo habíamos ministrado en su iglesia y cuidado de sus dos hijas pequeñas durante un mes mientras estaban de vacaciones en Brasil. Cuando recibí su llamada, el pastor nos dijo que estaba en California y que deseaba venir a casa a comerse un «arroz frito cubano» que mi esposa cocina muy bien. Teníamos un gran problema. Nos faltaban cuarenta dólares para completar el alquiler que teníamos que pagar el lunes siguiente... y era sábado. Aun así, decidimos invitarlo a comer. No podíamos hacerlo. Lo hicimos por fe. Dimos de lo que no teníamos. Lo hicimos con amor por la amistad que nos unía.

El pastor no sabe de esto (quizá lo esté leyendo ahora). Cuando terminamos y ya se iban, el pastor me dijo: «Josué, tengo que predicar en una iglesia hispana, y yo predico mejor si lo hago en portugués. ¿Podrías servirme de intérprete?».

Acepté con mucho gusto. Al terminar el culto, tomó la ofrenda que le dieron esa noche en un sobrecito, me la puso en un bolsillo y me dijo: «¡Es para ustedes!». Le dije que no, porque no era justo. Él había predicado, yo solo le serví de intérprete. Me dijo de nuevo: «¡Es para ustedes!».

Al llegar a casa, Dámaris y yo quedamos perplejos al contar el contenido del sobre. Había cien dólares. ¡Aleluya! Después de comprar la comida, nos faltaban sesenta dólares para completar el alquiler. Dios nos dio cien. Nos sobraban cuarenta. Exactamente nos sobraron los mismos cuarenta dólares que nos faltaban antes de recibir a aquel pastor en nuestra casa. Dios es fiel y maravilloso. ¡Aleluya!

4. Dieron con alegría

Los creyentes de Macedonia no solo dieron con liberalidad, de buena voluntad y con sacrificio, sino también con alegría. Eso es lo que recomendó Pablo en 2 Corintios 9:7: «Cada uno dé como propuso en su corazón: no con tristeza, ni por necesidad, porque Dios ama al dador alegre». Dar con alegría es dar con devoción, con pasión, con deseo, con aprecio. Es dar con deseos de dar. La palabra griega aquí de dar con «alegría» es «hilaros», que es dar con devoción, con entrega, con pasión, con deseo, con aprecio, con reconocimiento, con regocijo. También «hilaros» es dar con deseos, con buena inclinación, con gozo. La palabra describe un espíritu de alegría al dar que se desembaraza de toda restricción. ¿Das de esta manera?

Nuestro ministerio envía miles y miles de dólares a las misiones mundiales cada mes. Enviamos miles y miles de libros y de Biblias a los presos, y regalamos miles y miles de libros, DVD y CD a todo el mundo de habla hispana. Todo esto lo hacemos de corazón, con alegría, con regocijo, pues sabemos lo que dice Colosenses 3:23-24: «Todo lo que hagáis, hacedlo de corazón, como para el Señor y no para los hombres; sabiendo que del Señor recibiréis la recompensa de la herencia, porque a Cristo el Señor servís». ¡Aleluya!

Da al Señor como los cristianos macedonios y Él te bendecirá mucho en todas las facetas de tu vida. Nunca lo hagas por compromiso, por cumplir con una tradición, a regañadientes. Hazlo con gusto, con un rostro que denote la gloria de Dios en tu vida y que influya en los demás.

5. Dieron basados en el ejemplo de Cristo

La iglesia de Macedonia no solo dio con liberalidad, con voluntad y deseo, con sacrificio, con alegría, sino también basados en el ejemplo de Cristo mismo. En 2 Corintios 8:9, Pablo pone al Señor como el «supremo ejemplo»: «Ya conocéis la gracia de nuestro Señor Jesucristo, que por amor a vosotros se hizo pobre, siendo rico, para que vosotros con su pobreza fueseis enriquecidos». No hay un ejemplo mejor que este. Él dejo su suprema posición en el cielo y sus inmensurables riquezas en la gloria para venir a la tierra y nacer en un pesebre, vivir una vida de renuncia y después morir por nosotros y nuestros pecados para salvarnos. Amor más grande que este no ha habido ni habrá jamás.

6. Dieron porque querían hacerlo

No solo la iglesia de Macedonia había dado con liberalidad, con voluntad y deseo, con sacrificio, con alegría y regocijo, con base al ejemplo de Cristo, pero ellos también dieron, querían hacerlo. Lee 2 Corintios 8:10-11 que nos aconseja: «Y en esto doy mi consejo; porque esto os conviene a vosotros, que comenzasteis antes, no sólo a hacerlo, sino también a quererlo [...] Ahora, pues, llevad también a cabo el hacerlo, para que como estuvisteis prontos a querer, así también lo estéis en cumplir». Cuando des como los cristianos en Macedonia, serás grandemente bendecido. Haciendo esto, nosotros viviremos en el ciclo victorioso de la provisión sobrenatural de Dios donde Él multiplicará tus finanzas y podremos evangelizar el mundo para Cristo.

Da al Señor de estas seis maneras en que la iglesia de Macedonia lo hizo y verás la multiplicación de tus finanzas como nunca antes en tu vida para ti, tu familia y para la proclamación y la extensión del reino de Dios en la tierra por la predicación de la Palabra de Dios de todas las maneras posibles. ¡El tiempo es ahora!

Muchas son nuestras experiencias

Desde la experiencia que tuvimos cuando recibimos a aquel pastor en nuestro apartamentito, Dios nos ha bendecido de forma extraordinaria. Nuestros hijos han sido una bendición. Nuestro ministerio ha crecido en gran manera. Ya hemos predicado en setenta y dos países en todos los continentes del mundo. Dios nos ha prosperado para que podamos predicar su Palabra y ayudar a sostener económicamente a cuarenta misioneros y varias organizaciones cristianas.

A principios de 2012 recibimos una petición del director de nuestro ministerio en la India y de nuestra escuela bíblica, el Rvdo. S. Paul Ibobi, que está en Manipur. Necesitaba un automóvil. Reunimos a la directiva, aprobamos la petición y le enviamos el dinero.

Uno de nuestros obreros en Madrás, India, es el Rvdo. Benjamín Gnanadurai. Tiene a su cargo escuelas primarias y secundarias, casas y albergue para niños y mujeres desamparados, casa para leprosos, además de supervisar a más de cien pastores que nosotros ayudamos a sostener económicamente. Un día nos llamó para decirnos que necesitaban comida, alojamiento y transportación para las cinco mil personas que asistirían a una convención ese fin de semana. Le enviamos el dinero. Y aparte de eso, unas semanas más tarde le enviamos para que se comprara un auto y pudiera continuar yendo de aldea en aldea anunciando el evangelio.

A la semana siguiente, fui a predicar a Belice. El pastor Víctor de la Rosa me fue a buscar en su auto, que ya estaba tan deteriorado que las puertas casi no se abrían. El Señor me apretó el corazón y le pregunté:

—Pastor, ¿está orando por una furgoneta?

—¿Cómo lo sabe, Rvdo. Yrion? —me respondió de inmediato.

—No, no sé nada. Pero mi Dios sí lo sabe —le contesté.

Mientras comíamos, Dios me tocó de nuevo el corazón y le dije sin pensar dos veces:

—Pastor, le voy a comprar la furgoneta que necesita. El lunes por la mañana le daré el dinero de la venta de todo el material que traje a Belice, los libros, los DVD y los CD, para que la compre.

La última noche de la cruzada ya teníamos el dinero para comprar la furgoneta.

Regrese a los Estados Unidos feliz de haber regalado todo el producto de la venta, y pensé: «Vuelvo con las manos vacías, pero tú eres fiel, Señor. Confiaré en ti».

Cuando Dámaris me recogió en el aeropuerto, pasamos por el correo a recoger las cartas. Al llegar a casa y abrir una de ellas, estaba acompañada de un cheque de diez mil dólares para nuestro ministerio. Cuando miré la fecha en el matasellos, vi que hacia algunas semanas que había llegado, que aun antes de yo regalara los dos vehículos a los dos misioneros de la India, antes de haber alimentado, transportado y alojado a cinco mil personas para una convención en la India, y antes de haber regalado la furgoneta en Belice, ya Dios había suplido el dinero. ¡Dios es maravilloso!

Ofrenda a Dios y verás lo que Dios hace contigo, tu familia, tu ministerio y tus finanzas. ¡Él es fiel! Apréndete Proverbios 3:9-10: «Honra a Jehová con tus bienes, y con las primicias de todos tus frutos; y serán llenos tus graneros con abundancia, y tus lagares rebosarán de mosto». Dios quiere suplirte con abundancia, pero tienes que sembrar primero. Hazlo y verás los milagros más grandes que llegarán a tu vida. ¡Aleluya! Recuerda las palabras de Cristo: «¡Dad, y se os dará!».

CAPÍTULO 5

DEBES ACTUAR Y SEMBRAR EN FE SIN MIRAR TUS RECURSOS LIMITADOS

> Aquí está un muchacho, que tiene cinco panes de cebada y dos pececillos; mas ¿qué es esto para tantos? (Juan 6:9)

En Juan 6:1-13 leemos acerca de una multitud hambrienta y un muchacho que ofreció los cinco panes y los dos pescaditos que tenía. Era una situación semejante a tu limitada situación económica. Quizá solo cuentes con tu salario o tu ministerio reciba pocas ofrendas. Aquel muchacho, en cambio, le dio a Cristo sus muy limitados recursos. El Señor los tomó, y no solo alimentó a las cinco mil personas, sino que sobraron doce canastas llenas.

¿Te gustaría experimentar un milagro así? Lo que tienes que hacer es poner tus recursos en las manos de Dios y Él hará el milagro:

> El que da semilla al que siembra, y pan al que come, proveerá y multiplicará vuestra sementera, y aumentará los frutos de vuestra justicia, para que estéis enriquecidos en todo para toda liberalidad, la cual produce por medio de nosotros acción de gracias a Dios. (2 Corintios 9:10-11)

Tienes una semilla en tus manos, así que libera la semilla y Dios te dará una cosecha. Cuando le das a Dios tus recursos limitados, creyendo en su Palabra en cuanto a su provisión sobrenatural, Él multiplicará lo que hayas sembrado y te dará de vuelta muchas veces más en todos los aspectos de tu vida. Dios desea que le traigas tus cinco panes y dos pescaditos en fe, y que creas sin dudar lo que Él puede hacer por ti. Esta es tu prueba de fe. Si lo haces, Dios te bendecirá. Dámaris y yo lo hemos hecho, y Dios siempre ha realizado el milagro. Si actúas de igual manera, en fe, verás el milagro de Dios y entrarás en el ciclo de la provisión sobrenatural continua de Él sobre tu vida.

No temas hacerlo. El maligno quiere alienarte, separarte de las bendiciones de Dios. Además, la incredulidad produce el afán, el afán conduce al temor, y el temor puede dominarte, poseer tu mente, y vivirás en un constante tormento de inseguridad en cuanto a tus finanzas y tu futuro. Pon Filipenses 4:7 en tu corazón, mente y espíritu: «Y la paz de Dios, que sobrepasa todo entendimiento, guardará vuestros corazones y vuestros pensamientos en Cristo Jesús».

No dejes de ser fiel en tus diezmos, en tus ofrendas, en tu siembra. Como escribió Salomón en Eclesiastés 11:6: «Por la mañana siembra tu semilla, y a la tarde no dejes reposar tu mano; porque no sabes cuál es lo mejor, si esto o aquello, o si lo uno y lo otro es igualmente bueno». Siembra. Actúa en fe. Cree lo que dice la Palabra de Dios, y Él te bendecirá en gran medida.

La voluntad de Dios es bendecirnos

Muchos cristianos no creen que sea la voluntad de Dios bendecirlos en su economía. Sin embargo, Deuteronomio 7:12-13 dice:

> Por haber oído estos decretos y haberlos guardado y puesto por obra, Jehová tu Dios guardará contigo el pacto y la misericordia que juró a tus padres. Y te amará, te bendecirá y te multiplicará, y bendecirá el fruto de tu vientre y el fruto de tu tierra, tu grano, tu mosto, tu aceite, la cría de tus vacas, y los rebaños de tus ovejas, en la tierra que juró a tus padres que te daría.

¿Crees, entonces, que Dios quiere verte en necesidad? ¡Claro que no! Cuando Dios nos bendice en nuestra economía, podemos bendecir a los demás. Dios nos quiere ver felices, gozosos, alegres, triunfantes. Como dice Pablo: «El Dios vivo [...] nos da todas las cosas en abundancia para que las disfrutemos» (1 Timoteo 6:17). ¿Quiere Dios verte en necesidad? ¡No! Las cosas son para usarlas y gastarlas, no para amarlas y aferrarnos a ellas.

Por otro lado, muchos libros se han escrito sobre este asunto de la prosperidad y la bendición material. Hemos escuchado muchas predicaciones elocuentes sobre la prosperidad, algunas de ellas bíblicas, otras absurdas, exageradas y sin temor de Dios. Lo triste es que cuando se habla de prosperidad, pensamos en cuestiones económicas. Sin embargo, para los cristianos esta debe abarcar por lo menos cuatro ámbitos: el espiritual, el material, el físico y el ministerial.

El apóstol Pablo nos alertó al respecto cuando escribió que «los que quieren enriquecerse caen en la tentación y lazo, y en muchas codicias necias y dañosas, que hunden a los hombres en destrucción y perdición, porque raíz de todos los males es el amor al dinero, el cual codiciando algunos, se extraviaron de la fe, y fueron traspasados de muchos dolores» (1 Timoteo 6:9-10). Claro, el problema no es el dinero, sino el *amor* al dinero. No hay nada malo en tener dinero, sino en dejar que el dinero lo tenga a uno. Ahí reside el problema.

Definitivamente, Dios quiere bendecirnos

Dios desea bendecir a su pueblo: «Poderoso es Dios para hacer que abunde en vosotros toda gracia, a fin de que, teniendo siempre en todas las cosas todo lo suficiente, abundéis para toda buena obra» (2 Corintios 9:8). Dios no nos da suficiente para que nos volvamos ricos y poderosos. No nos da para acumular riquezas aquí en la tierra, donde los ladrones minan y hurtan, como dijo Cristo. Nos da suficiente y más para que seamos de bendición a otros y extendamos su reino en la tierra. ¡Aleluya!

La prosperidad económica es una de las bendiciones, pero no la única. Dios quiere bendecirnos dentro de lo que dice 3 Juan 1:2: «Amado, yo deseo que tú seas prosperado en todas las cosas, y que tengas salud, así como prospera tu alma». La prioridad de Dios es tu alma. Así que busca en primer lugar el reino de Dios y su justicia, y todas las demás cosas te serán añadidas (lee Mateo 6:33). Dios quiere bendecirte en todo. Quiere que tengas salud, que estés activo, que comas con sabiduría, que hagas ejercicios, que vivas una larga vida.

Hay que disfrutar de todas las bendiciones de Dios, como ya hablé en el segundo capítulo. La bendición espiritual es lo primero. Después es tener suficientes bendiciones materiales para poder bendecir a los menos afortunados, extender el Reino de Dios sobre la tierra a través del ministerio, de la predicación de la Palabra de Dios para la salvación de las almas. Debemos rechazar el concepto mundano de la prosperidad y aceptar lo que dice la Palabra de Dios. Deseamos tener salud y otros bienes, pero no violando los principios establecidos de modestia, sencillez y humildad de la Biblia.

La prosperidad bíblica nace de sembrar para cosechar. No seas dueño de nada y Dios te dará de todo. Consagra a Dios de tus recursos, por pocos que sean, espera en Él y verás el milagro. En el siguiente capítulo hablaremos de cuál es la llave de Dios para que te bendiga en todo: «¡Dad, y se os dará!». Lo que siembres cosecharás. ¡Está escrito!

No dejes de darle al Señor, aun con recursos muy limitados

En 1 Reyes 17:10-16 hay una historia muy interesante de una viuda que no miró sus circunstancias y sus recursos limitados y creyó en la Palabra de Dios y fue bendecida:

> Entonces él se levantó y se fue a Sarepta. Y cuando llegó a la puerta de la ciudad, he aquí una mujer viuda que estaba allí recogiendo leña; y él la llamó, y le dijo: Te ruego que me traigas un poco de agua en un vaso, para que beba. Y yendo ella para traérsela, él la volvió a llamar, y le dijo: Te ruego que me traigas también un bocado de pan en tu mano. Y ella respondió: Vive Jehová tu Dios, que no tengo pan cocido; solamente un puñado de harina tengo en la tinaja, y un poco de aceite en una vasija; y ahora recogía dos leños, para entrar y prepararlo para mí y para mi hijo, para que lo comamos, y nos dejemos morir. Elías le dijo: No tengas temor; ve, haz como has dicho; pero hazme a mí primero de ello una pequeña torta cocida debajo de la ceniza, y tráemela; y después harás para ti y para tu hijo. Porque Jehová Dios

de Israel ha dicho así: La harina de la tinaja no escaseará, ni el aceite de la vasija disminuirá, hasta el día en que Jehová haga llover sobre la faz de la tierra. Entonces ella fue e hizo como le dijo Elías; y comió él, y ella, y su casa, muchos días. Y la harina de la tinaja no escaseó, ni el aceite de la vasija menguó, conforme a la palabra que Jehová había dicho por Elías.

Aquella mujer le dio de comer al profeta Elías primero. Creyó en la palabra del hombre de Dios. Esto es abnegación, renuncia y una demostración de fe increíble. No miró sus limitaciones, lo muy poco que tenía, sino que miró más allá del momento, de su pobreza, de su necesidad. Creyó la Palabra del Dios Todopoderoso que era capaz de suplir sus necesidades de manera más abundante de lo que pensaba que era posible. Tal vez si no hubiera llegado Elías en ese instante, ella y su hijo habrían muerto de hambre. Sin embargo, Dios lo envió allí y sabía que esta mujer tenía un corazón generoso, dadivoso y con una fe extraordinaria. Cree tú también de esta manera. Quita tus ojos limitados y pon tu fe en lo ilimitado del poder de Dios. Tal vez estés pasando por un momento difícil en tus finanzas. Quizá debas mucho dinero en tus tarjetas de crédito o en otras cuentas. Cree que es posible que las pagues. Ora, ayuna, dale al Señor, sé fiel en tus diezmos y ofrendas y verás que Dios te hará el milagro.

El diablo quiere mantenerte fracasado en tus finanzas, y que no puedas pagar tus deudas ni cuidar de tu familia. El miedo es una de los grandes recursos que el maligno usará contra tu vida. Este hará que quites los ojos de Dios, de su Palabra y los pongas en tus recursos limitados. Esta es una de las tácticas que el maligno usa juntamente con tentarte a que dejes de sembrar en la obra de Dios. Te dirá cosas como: «¿Ves cómo estás endeudado? No puedes seguir dándole a tu iglesia. Te dirá: No ofrendes ni diezmes, y paga tus deudas». Otras veces te dirá: «Haz dado a Dios y nada ha sucedido. Desiste *y no* des más. Con este dinero paga tus obligaciones».

¡No creas en la voz del enemigo! ¡El diablo es un mentiroso! El diablo sabe que son momentos de prueba, y que Dios te puede estar probando. Si dejas de sembrar, el diablo sabe que te destruirá por completo. Sabe que Dios dejará de suplir para tus necesidades cuando no le seas fiel al Señor. Dios no puede ir en contra de su Palabra.

Jesús dijo: ¡Dad, y se os dará! Y si no das, no vas a recibir. El miedo y el temor son espíritus que te paralizan para que no des un paso de fe en tus finanzas ni siembres con generosidad en el Reino de Dios. Si el diablo consigue atemorizarte, te mantendrá en un ciclo de derrota continuo; y en vez de vivir en el ciclo de la provisión sobrenatural de Dios en tus finanzas, vivirás en derrota, fracaso y necesidad todos los días.

El Señor restaurará lo que perdiste

Otra gran historia, esta vez con el profeta Eliseo, se encuentra en 2 Reyes 8:1-6, que habla de cómo Dios puede hacer que todas las cosas nos sean restauradas:

Habló Eliseo a aquella mujer a cuyo hijo él había hecho vivir, diciendo: Levántate, vete tú y toda tu casa a vivir donde puedas; porque Jehová ha llamado el hambre, la cual vendrá sobre la tierra por siete años. Entonces la mujer se levantó, e hizo como el varón de Dios le dijo; y se fue ella con su familia, y vivió en tierra de los filisteos siete años. Y cuando habían pasado los siete años, la mujer volvió de la tierra de los filisteos; después salió para implorar al rey por su casa y por sus tierras. Y había el rey hablado con Giezi, criado del varón de Dios, diciéndole: Te ruego que me cuentes todas las maravillas que ha hecho Eliseo. Y mientras él estaba contando al rey cómo había hecho vivir a un muerto, he aquí que la mujer, a cuyo hijo él había hecho vivir, vino para implorar al rey por su casa y por sus tierras. Entonces dijo Giezi: Rey señor mío, esta es la mujer, y este es su hijo, al cual Eliseo hizo vivir. Y preguntando el rey a la mujer, ella se lo contó. Entonces el rey ordenó a un oficial, al cual dijo: Hazle devolver todas las cosas que eran suyas, y todos los frutos de sus tierras desde el día que dejó el país hasta ahora.

Aplica estas palabras de restauración a tu corazón. Sigue sembrando por fe, sigue dando al Señor, sigue fiel en tus diezmos y ofrendas y Dios te restaurará y te devolverá todo lo que el diablo te ha robado espiritual y materialmente. La restauración espiritual es que vuelvas a crecer espiritualmente, que tus familiares acepten a Cristo, o la liberación de tus hijos que están en pecado, en las drogas y en desobediencia al Señor. Material y físicamente, Dios hará que te sean devueltos trabajos, casas, dinero, propiedades, salud y todo lo demás. Recuerda: Dar al Señor es tener a Dios como una garantía, como una inversión; es el antídoto en contra la incertidumbre, el miedo, el temor y la incredulidad.

Si permaneces fiel, Dios promete bendecirte

Si sigues en fe dando al Señor, aun en medio de tu limitada capacidad, en medio de tu prueba financiera, en medio de tus recursos limitados, en medio de tu necesidad, las promesas divinas de bendición serán reales para tu vida. El plan de Dios incluye una provisión económica sobrenatural y milagrosa todos los días de tu vida. Mira la promesa de Deuteronomio 7:13-14 que dice:

> Y te amará, te bendecirá y te multiplicará, y bendecirá el fruto de tu vientre y el fruto de tu tierra, tu grano, tu mosto, tu aceite, la cría de tus vacas, y los rebaños de tus ovejas, en la tierra que juró a tus padres que te daría. Bendito serás más que todos los pueblos; no habrá en ti varón ni hembra estéril, ni en tus ganados.

Serás bendecido grandemente en tu trabajo, tu ministerio, tu familia, tus finanzas. Dios ha prometido sanar tus enfermedades y castigar a tus enemigos, pues el versículo 15 lo confirma:

> Y quitará Jehová de ti toda enfermedad; y todas las malas plagas de Egipto, que tú conoces, no las pondrá sobre ti, antes las pondrá sobre todos los que te aborrecieren.

¡Qué promesa! También Dios prometió ensanchar, hacer crecer, añadir a nuestro territorio. Todo lo que tenemos se multiplicará. Mira lo que Deuteronomio 11:24 nos asegura para nuestra alegría: «Todo lugar que pisare la planta de vuestro pie será vuestro; desde el desierto hasta el Líbano, desde el río Éufrates hasta el mar occidental será vuestro territorio». ¡Será nuestro!

La expectativa de recibir es una motivación válida para dar, pues todos queremos recibir de lo que hemos dado. ¿Trabajarías toda la semana o el mes entero sin esperar que te pagaran? ¿Pastorearía un pastor sin recibir salario? ¿El evangelista dejaría su casa y su familia para ir a ministrar si supiera que no le darían una ofrenda abundante? ¡Claro que no! Todos tenemos gastos personales y ministeriales, además Jesús mismo dijo en Lucas 10:7 que el que trabaja debe recibir, «porque el obrero es digno de su salario». Si damos es porque recibiremos. ¡Es lógico! Recuerda: Si Dios le da es porque le va a pedir y si le pide es porque le va a dar.

Entonces, debemos esperar en expectativa, pues esto es bíblico. Mateo 6:4 dice bien claro: «Tu Padre que ve en lo secreto te recompensará en público». Damos en secreto a quien queremos, al ministerio que deseamos, a la organización de nuestra preferencia. Y daremos la cantidad que Dios ha puesto en nuestro corazón, pero Dios es el que nos da y nos recompensa en público. También Mateo 10:42 nos declara: «Y cualquiera que dé a uno de estos pequeñitos un vaso de agua fría solamente, por cuanto es discípulo, de cierto os digo que no perderá su recompensa». ¡Tú das y la promesa de la recompensa se cumplirá en tu vida! Dios es el que devuelve, recompensa y es galardonador de aquellos que lo obedecen. Hebreos 11:6 nos deja saber: «Sin fe es imposible agradar a Dios; porque es necesario que el que se acerca a Dios crea que le hay, y que es galardonador de los que le buscan». Dios nos dará de acuerdo a lo que damos. Él nos recompensará porque esto es bíblico, Dios se goza en bendecirnos.

Hebreos 11:24-26 también nos habla sobre el galardón: «Por la fe Moisés, hecho ya grande, rehusó llamarse hijo de la hija de Faraón, escogiendo antes ser maltratado con el pueblo de Dios, que gozar de los deleites temporales del pecado, teniendo por mayores riquezas el vituperio de Cristo que los tesoros de los egipcios; porque tenía puesta la mirada en el galardón». ¡Tenía puesta la mirada en el galardón! Nuestra mirada no es solamente dar para recibir, pues damos porque ya hemos recibido. Y si ya hemos recibido damos de vuelta y recibimos de vuelta y damos y recibimos...y el ciclo continuará. No es nada malo esperar recibir finanzas si hemos dado finanzas. Porque el propio Jesús dio su vida en la Cruz esperando recibir una cosecha espiritual de almas para el Reino de Dios, ¿o no es lo que está escrito en Isaías? Lee Isaías 53:10-11:

Con todo eso, Jehová quiso quebrantarlo, sujetándole a padecimiento. Cuando haya puesto su vida en expiación por el pecado, **verá linaje**, vivirá por largos días, y la voluntad de Jehová será en su mano prosperada. **Verá el fruto** de la aflicción de su alma, y quedará satisfecho; por su conocimiento justificará mi siervo justo a muchos, y llevará las iniquidades de ellos» (énfasis añadido).

Jesús vio cumplido su esfuerzo, su sacrificio en la crucifixión al haber cosechado hasta hoy millones y millones de personas para el Reino de Dios.

Esto se aplica en las dos esferas, espiritual y a la material. Si sembramos espiritualmente al predicar, cosecharemos almas. Si sembramos finanzas, también cosecharemos finanzas. Por esto hay que sembrar. Recuerda las palabras de Pablo en 2 Corintios 9:6-8 que son todavía poderosas para hoy:

El que siembra escasamente, también segará escasamente; y el que siembra generosamente, generosamente también segará. Cada uno dé como propuso en su corazón: no con tristeza, ni por necesidad, porque Dios ama al dador alegre. Y poderoso es Dios para hacer que abunde en vosotros toda gracia, a fin de que, teniendo siempre en todas las cosas todo lo **suficiente,** abundéis para toda buena obra (énfasis añadido).

La palabra «**suficiente**», traducida aquí del griego, es «**autarkeia**». Expresa el contentamiento de tener siempre, de que Dios abre sus tesoros celestiales y derrama sus bendiciones más abundantemente para suplir todas nuestras necesidades. Dios ha prometido que si seguimos fiel a Él, su provisión será algo real, de continuo, siempre en nuestras vidas. Debes empezar hoy a caminar en esta provisión y suficiencia sobrenatural y milagrosa de Dios cada día de tu vida. La Palabra de Dios está llena de promesas maravillosas en cuanto a tus finanzas si las obedeces. Dios nunca ha planeado que batalles con sus promesas, que trates de descubrir cómo se harán realidad en tu vida ni que intentes producir más fe para que se cumplan. No hay nada que puedas hacer ni creer, solo es obedecer; eso sí, debes obedecer y actuar en lo que ya sabes: dar, sembrar en tus diezmos y ofrendas, y esperar la respuesta divina. Recuerda: No es creer, es obedecer, pues ya creemos por la fe que está en nuestros corazones, pero muchos no obedecen, no viven, no cumplen, no practican lo que está escrito. Recuerda: Cosechas lo que siembras.

Tus actitudes y palabras también son semillas

Hay un cuento infantil que refleja muy bien lo que es dar y recibir, sembrar y cosechar. Una vez en una granja los dueños de ella recibieron un paquete por correo. El ratoncito de la casa miró atento para ver si era un queso lo que estaba en la caja. Para su sorpresa, al abrirla los dueños sacaron una ratonera. El ratoncito va corriendo y le dice a la gallinita: «Ten cuidado, los patrones compraron una ratonera, ayúdeme a deshacerme de ella». A lo que ella contestó: «Las ratoneras son para ratones como tú. Yo soy una gallina. ¡Nada me sucederá!».

Fue de nuevo el ratoncito corriendo y le dijo al puerquito: «Cuidado, que los patrones tienen una ratonera, ayúdame a deshacerme de ella». El puerquito le dijo: «No tengas cuidado, no es para mí. Un puerquito no puede caer en una ratonera. Ten cuidado tú». Y por último, fue corriendo el ratoncito y le dijo a la vaquita: «Ten cuidado, los patrones tienen una ratonera. Ayúdame a deshacerme de ella». A lo que la vaquita orgullosamente le dijo: «Mira mi tamaño. ¿Crees que yo puedo caer en una ratonera? Ten cuidado tú...».

Después de algunos días, se oye un ruido por la noche y se levantan los patrones de la granja, y en la ratonera había caído una culebra. Al acercarse la señora para sacar la culebra pensando que estaba muerta, recibió una mordida y sale el esposo corriendo al hospital para llevar a su esposa. Después de muchos días esta vuelve a la casa, aún muy débil. El médico había recomendado una buena sopa para su recuperación. Va el esposo y les dice a sus empleados que busquen y maten a la gallinita y que hagan una sopa de inmediato. La ratonera no era para ella, ¿verdad? Pudo haber ayudado al ratoncito a deshacerse de ella, pero no quiso. ¡Qué interesante! Y la señora se recupera en pocos días. Para celebrarlo, el granjero ordena a sus empleados: «Maten al puerco. Vamos hacer una gran fiesta y vamos a invitar los vecinos». La ratonera no era para él, ¿verdad? Pudo haber ayudado al ratoncito a deshacerse de ella, pero no quiso. ¡Qué interesante!

Después de algunos días hubo un cambio drástico. La señora empezó a empeorar y a empeorar y murió. Parece que el veneno de la culebra hizo el efecto más tarde de lo que se esperaba y tristemente ella falleció. Entonces hicieron un gran funeral, y acudieron parientes, amigos y vecinos de todas partes. Para el granjero alimentar a toda aquella gente... ¿qué sucedió? El granjero les ordenó a sus empleados que mataran la vaca... La ratonera no era para ella, ¿verdad? Pudo haber ayudado al ratoncito a deshacerse de ella, pero no quiso. ¡Qué interesante! Lo que uno siembra lo cosecha. Lo que no quieres para ti, no lo desees para los demás.

Cuando estuvimos con toda la familia en Brisbane, Australia, predicando en el año 2003, nos dimos cuenta de la veracidad de lo que se decía del bumerán. Si lo tiras para arriba, el bumerán da vueltas y vueltas y regresa a ti, exactamente al lugar desde donde lo lanzaste. Recuerda: El mundo es redondo y da vueltas y más vueltas. Todo lo que uno dice, siembra y hace, le regresa a uno. ¿Y sabes cuál es la clave bíblica para recibir bendiciones financieras? Recuerda las palabras de Cristo: «¡Dad, y se os dará!».

CAPÍTULO 6

LA FIDELIDAD EN LOS DIEZMOS ES LA LLAVE PARA LA BENDICIÓN ECONÓMICA

¿Robará el hombre a Dios? Pues vosotros me habéis robado. Y dijisteis: ¿En qué te hemos robado? En vuestros diezmos y ofrendas. Malditos sois con maldición, porque vosotros, la nación toda, me habéis robado. Traed todos los diezmos al alfolí y haya alimento en mi casa; y probadme ahora en esto, dice Jehová de los ejércitos, si no os abriré las ventanas de los cielos, y derramaré sobre vosotros bendición hasta que sobreabunde. Reprenderé también por vosotros al devorador, y no os destruirá el fruto de la tierra, ni vuestra vid en el campo será estéril, dice Jehová de los ejércitos. Y todas las naciones os dirán bienaventurados; porque seréis tierra deseable, dice Jehová de los ejércitos. (Malaquías 3:8-12)

Este pasaje nos dice: «Y derramaré sobre vosotros bendición hasta que sobreabunde». La palabra «sobreabunde» en hebreo es **«day»**, que quiere decir ser «bendecido más que suficiente, con plenitud, en gran cantidad, inconmensurablemente». La palabra aparece cerca de cuarenta veces en el Antiguo Testamento. Se observa por primera vez en Éxodo 36:5, que habla de una ofrenda voluntaria de oro y otros objetos. El pueblo ofreció de una manera tan generosa que las Escrituras describen su ofrenda como «más que suficiente». **«Day»** se encuentra en el título de la famosa canción de agradecimiento de Pascua **«Dayenu»,** que significa «sería suficiente para nosotros», y cada verso se refiere a algo que Dios hizo por Israel en el éxodo. Concluye diciendo que si Dios hubiera hecho «solamente eso y nada más», habría sido «suficiente para nosotros». Los diezmos y las ofrendas son la llave para la prosperidad económica del cristiano. Entonces, ¿qué es el diezmo? Es dar al Señor una décima parte de todos nuestros ingresos. Dar una décima parte se conoce teológica y globalmente en todas las iglesias que lo practican como «el diezmo».

Mi esposa Dámaris y yo, con nuestros hijos Kathryn y Joshua, hemos experimentado grandes bendiciones en todas las esferas de nuestras vidas al ser fieles en esto. Tenemos casa propia en un área excelente. Nuestros hijos asistieron a una escuela privada cristiana, y ahora están en la universidad. Kathy se graduó de la Universidad Biola, y ahora está sacando una maestría en la Universidad Pepperdine. Joshua ya terminó sus estudios de economía en la Universidad de California en Los Ángeles (UCLA), un año y medio antes de tiempo. Dámaris y ellos han viajado conmigo a todos los continentes en ocasión de mis cruzadas, y cada año nos vamos de vacaciones a diferentes lugares del mundo, gracias a la acumulación de millas viajadas en la línea aérea Delta (cinco millones de millas). Tenemos dos automóviles. Dios nos ha provisto buena ropa; nunca nos ha faltado alimento (más bien hemos dado a quienes no tienen). Disfrutamos de muy buena salud y mantenemos una relación familiar excelente entre los cuatro. También hemos ayudado a otros económicamente, además del ministerio.

Todo esto ha sido posible porque hemos cumplido la Palabra de Dios en relación con los diezmos y las ofrendas. El plan de Dios para la prosperidad económica para nosotros los cristianos y su bendición económica incluye sin sombras de dudas el diezmo y las ofrendas.

Muchos cristianos no pueden hacerlo porque viven pobreza. Debido a su ignorancia de la Palabra de Dios, viven en desobediencia y le roban a Dios. Malaquías 3:8 lo dice bien claro: «¿Robará el hombre a Dios? Pues vosotros me habéis robado. Y dijisteis: ¿En qué te hemos robado? En vuestros diezmos y ofrendas». La Escritura es clara.

Yo creo, por lo que he visto alrededor del mundo, que robar a Dios en los diezmos es el único delito en la Biblia en que la persona es maldecida dos veces; si no lo crees, lee el versículo 9: «Malditos sois con maldición, porque [...] me habéis robado». La persona ya está maldita en su economía y le vendrá otra maldición. Cuando uno no diezma está faltando a lo que dice la Palabra de Dios, y esta no podrá obrar a su favor.

Dios reprenderá al enemigo por nosotros y nos bendecirá

Ningún cristiano sabio deja de diezmar y ofrendar. Solo dejan de hacerlo los que actúan movidos por la avaricia y la ignorancia de las Escrituras. Las fuerzas del enemigo de las almas atan sus mentes y corazones, y los conducen a la pobreza económica y espiritual. Sé obediente en cuanto a tus diezmos y ofrendas, y verás la mano de Dios moverse a tu favor. Mira lo que Dios hará por nosotros si somos fieles en los diezmos:

> Reprenderé también por vosotros [tú y yo] al devorador [al diablo, al espíritu de miseria y de pobreza], y no os destruirá el fruto de la tierra [tu trabajo y el mío], ni vuestra vid [nuestras casas, vidas, hijos, salud, ministerios] en el campo será estéril [serás prosperado], dice Jehová Dios de los ejércitos. (Malaquías 3:11)

El propio Dios lo dice, y hay que obedecer. El Dios Todopoderoso es quien lo dice, no un hermano, ni un líder, ni un pastor, ni tu denominación. No importa cuál sea la interpretación que alguien te dé ni cómo use las Escrituras para confundirte y persuadirte de que no des el diezmo. Dios promete que no te tocará el devorador. Ser fiel implica que pones a prueba a Dios. Él te abrirá las puertas del cielo y hará que el devorador no pueda atacarte.

Una vez, un hombre de la compañía de cables relacionado con la Internet vino arreglar algo que no estaba funcionando en la casa en relación con la Internet. El hombre se dio cuenta que no teníamos los cables de la alarma para la casa y me preguntó:

—¿No tiene alarma en su casa?

—¡Cómo no! —le contesté al instante—. ¡Tengo la mejor compañía de alarma del mundo!

—¿De veras? No veo los cables. ¿Cómo se llama?

—Se llama Sangre de Cristo —le dije.

El hombre siguió trabajando sin entender hasta que le expliqué que era ministro y le hablé de la protección del Señor sobre nuestra casa.

Al día siguiente un chico de una compañía de alarma vino ofrecerme un sistema de alarma para la casa. Le dije lo mismo y se fue sin entender mucho.

De veras, alguien puede tener el mejor sistema y el más avanzado aparato de alarma, pero si Dios no lo guarda, todo será en vano. Cuando uno entrega sus diezmos al Señor, el Señor se encarga de reprender al devorador, el diablo, y protegerlo de cualquier asechanza del maligno contra su vida. ¡Está escrito! ¡Aleluya!

Él es el que reprende al devorador. ¿Cómo podemos saber esto? El Salmo 127:1 afirma: «Si Jehová no guardare la ciudad, en vano vela la guardia». Dámaris y yo nunca hemos tenido un accidente, nunca hemos ido al hospital, nunca nuestros hijos se enfermaron, nunca nos han robado en la casa. ¿Qué protección es esta? Es una promesa que está en el Salmo 91:10, y que todos conocemos: «No te sobrevendrá mal, ni plaga tocará tu morada». Cuando entregas tus diezmos al Señor, Él automáticamente reprende al devorador, el diablo, y te protege de cualquier asechanza del maligno contra tu vida. ¡Está escrito! ¡Aleluya!

Dios nos invita a probarlo en relación con Malaquías 3:10 por medio de nuestras ofrendas y diezmos para que verifiquemos su fidelidad. ¿Cuáles son los beneficios de esta promesa divina?

1. Habrá «alimento», es decir, «recursos financieros» para la obra de Dios, «en mi casa», o sea, para la congregación, para los ministros, para las misiones, los misioneros, etc.

2. Serán «abiertas las ventanas del cielo», o sea, estarás en posición de recibir grandes y abundantes bendiciones, más de las que pudieras almacenar «hasta que sobreabunde»; o sea, no las podrás sostener en tus brazos.

3. Dios «reprenderá al devorador» por nuestra causa. Él hará que toda bendición financiera que sea destinada para ti no la detenga el devorador (el diablo). Dios reprenderá toda enfermedad, accidente, gastos en hospitales, gastos en medicinas, que roben tu casa, tu automóvil, que te asalten, que te hagan algún daño, ya sea físico o material. Dios te guardará siempre, pues el Salmo 121:3-8 nos promete:

> No dará tu pie al resbaladero [no caerás espiritualmente], ni se dormirá el que te guarda [en todos tus caminos]. He aquí, no se adormecerá ni dormirá el que guarda a Israel [a ti y a mí y nuestras familias]. Jehová es tu guardador [dondequiera que estemos tú y yo]; Jehová es tu sombra a tu mano derecha [la sangre de Cristo nos cubrirá]. Jehová te guardará de todo mal [todo lo que el diablo puede intentar contra ti y contra mí]; él guardará tu alma [de pecar]. Jehová guardará tu salida y tu entrada [viajes constantes, como en mi caso] desde ahora [desde el momento en que le seas fiel en tus diezmos] y para siempre.

¡Aleluya! ¿Quieres alguna otra promesa más grande que esta? ¡Solo nos falta la vida eterna!

Una experiencia inolvidable

Cuando estábamos recién casados, mi esposa Dámaris y yo tuvimos una experiencia inolvidable en relación con los diezmos. Antes de casarme había grabado dos de mis mensajes: uno que había predicado en Nueva York y otro que había predicado en Zurich, Suiza. Puesto que cuando mandamos a reproducir los materiales no teníamos dinero suficiente y el dinero de los diezmos estaba en el banco, decidimos usar los diezmos para reproducirlos y después reponerlo.

Así lo hicimos y fuimos a Los Ángeles a predicar en una campaña. Para sorpresa nuestra, no se vendió ningún casete en todo el fin de semana. La gente se acercaba a la mesa, los miraba, preguntaba por ellos, pero los dejaba. Regresamos a casa decepcionados. Oramos y le preguntamos al Señor qué había sucedido. Dios nos habló por medio de las Escrituras. Habíamos cometido un gran error: no debimos haber usado su dinero para esa reproducción. Si hubiéramos orado, el Señor habría suplido de alguna otra manera, pero no lo hicimos. Entonces, nos humillamos en la oración, y le pedimos perdón y nunca más hemos vuelto a cometer ese gran error. Esto pasó hace unos veinticinco años atrás y desde entonces Él nos ha bendecido extraordinariamente.

No cometas esta misma equivocación. No toques lo que es del Señor. Levítico 27:30 dice: «Y el diezmo [...] es cosa dedicada a Jehová». Lo que es dedicado a Él no podemos usarlo para beneficio personal ni ministerial. Le pertenece, está dedicado a Él. También la Biblia cita en Deuteronomio 12:17: «Ni comerás en tus poblaciones el diezmo». Dios dice que ni aún se debe comer del dinero de los diezmos. Oh Dios, cuántos cristianos viven en miseria y pobreza por tomar a lo que a ti te pertenece. ¡Ay de ellos! Yo he predicado un sermón titulado «Bendecidos para bendecir». Está grabado en DVD y tiene una duración de noventa minutos. Ahí hablo de lo que es la prosperidad bíblica dentro de los parámetros y principios de la Palabra de Dios; está lleno de pasajes bíblicos e ilustraciones verídicas que cambiarán tu vida, te prosperarán y bendecirán si las aplicas. Este mensaje ya ha sido de bendición a muchas personas alrededor del mundo, sus vidas han sido transformadas, sus pensamientos y conceptos cambiados al entender que Dios quiere bendecirnos y prosperarnos en la medida en que nosotros le obedezcamos en los diezmos y ofrendas, pues ellos son la llave para la prosperidad financiera, material y económica. No cometas el mismo error que hicimos Dámaris y yo a tantos años atrás. Quisimos usar los diezmos para producir los casetes y después devolver el dinero al Señor, pero esto no da resultado con Él. No uses lo que no es tuyo. No le robes a Dios, sea la razón que sea. No busques excusas para retener lo que a Dios es debido y recibirás bendiciones.

Las bendiciones del diezmo para nosotros y la Iglesia

Es claro que no todos los cristianos creen que diezmar es la forma bíblica de mantener la obra de Dios. Si pensaran así, muy pocas congregaciones tendrían necesidades económicas y podrían sufragar los gastos del ministerio. Consideremos por un momento qué pasaría si todos creyeran en la práctica del diezmo:

1. La iglesia local nunca tendría necesidad financiera

He conocido demasiadas iglesias que tienen gran necesidad económica porque sus miembros no son fieles en los diezmos. Muchos pastores tienen que buscar otro empleo para sostener a sus familias, y les queda un tiempo muy reducido para atender las obligaciones del ministerio. Desarrollarían mejor sus tareas ministeriales si trabajaran a tiempo completo en la obra de Dios. Sus iglesias crecerían de manera más rápida y eficaz. Muchas congregaciones pasan por tiempos económicos difíciles porque un por ciento muy pequeño de su membresía diezma.

Jesús dijo en Lucas 12:15: «Mirad, y guardaos de toda AVARICIA; porque la vida del hombre no consiste en la abundancia de los bienes que posee» (énfasis añadido). La persona que se percata de las necesidades económicas de la obra de Dios, conoce los principios bíblicos del diezmo y aun así no diezma, es avara. Un avaro es capaz de violar las leyes de Dios y de los hombres para obtener ganancias. Si es cristiana robará a Dios en los diezmos. Se abre paso en la vida a expensas de otros. Es probable que termine en la cárcel por hurtar o no pagar sus impuestos. ¡Ten cuidado! La excusa de que somos salvos por gracia no es excusa para quedarnos con lo que no es nuestro.

Efesios 5:3 nos dice que el avaro es idólatra; la idolatría es una forma aumentada de gratificación propia que responde a los impulsos del egoísmo humano. La palabra «avaro» en griego es **«pleonektes»**, que significa literalmente «tener más»; esta palabra se mueve entre el bien y el mal. **«Pleon»** equivale a más cantidad, calidad y número. **«Pleonazo»** significa hacer más o aumentar. **«Pleonexia»** es AVARICIA. **«Pleonektes»** significa CODICIA grande, tan anhelante de GANANCIA que defraudará a otros. Una persona a quien la **«pleonektes»** la consume, violará leyes espirituales y seculares, es decir, las leyes de Dios y de los hombres para obtener ganancias ilegales.

2. El ministerio de la iglesia local se expandiría

La orden que Cristo le dejó a la Iglesia es que proclame las Buenas Nuevas en todo el mundo, empezando con la comunidad local (Hechos 1:8). Por desdicha, la falta de fondos suele limitar la capacidad de la congregación local para ministrar a su propia comunidad y fuera de ella. Si cada miembro diezmara, sería más que suficiente para el desarrollo del ministerio local y nacional.

3. El trabajo misionero sería expandido a todas las naciones

La tercera parte de Hechos 1:8 dice: «Y hasta lo último [confines] de la tierra». La razón no es que no haya candidatos a las misiones, sino que las finanzas no son suficientes para enviarlos. La falta de fondos para proveer a los misioneros es el problema número uno que las organizaciones misioneras enfrentan cada día; este es el problema. ¿Por qué? ¡Porque muchos cristianos no están cumpliendo con sus responsabilidades financieras en relación con los diezmos! Por causa de muchos de estos «cristianos infieles» la obra y mundial de la evangelización sufre y se detiene en cada nación.

4. Los cristianos recibirían grandes bendiciones económicas

Proverbios 11:24-25 dice: «Hay quienes reparten y les es añadido más; y hay quienes retienen más de lo que es justo, pero vienen a pobreza. El alma generosa será prosperada; y el que saciare, él también será saciado. Nuestro testimonio personal y el de nuestra familia, así como el de los demás hermanos que son files diezmadores, es que Dios honra y bendice con salud y bienestar económico y general a los que obedecen su Palabra. El principio del diezmo trae muchas cosas buenas a la vida de las congregaciones y de sus miembros. Aquí tienes otras perspectivas cuando uno acepta estos principios bíblicos:

a) La iglesia debe ser sostenida por quienes la frecuentan.
b) No habrá necesidad de fondos para sostener a la iglesia y sus ministros si el dinero es encaminado de la manera correcta.
c) Cada cristiano debe ser partícipe en el avance de la obra de Dios por medio de sus diezmos.
d) Seríamos grandemente bendecidos financieramente.

Con los impuestos se construyen hospitales, carreteras, aeropuertos, puentes, edificios del gobierno, armas bélicas, se mantiene el ejército, la marina, la aeronáutica, el departamento de defensa, los gobernantes y todo lo demás. Si el plan del hombre incluye los impuestos para la supervivencia de cada nación, Dios también tiene establecido un plan para sostener su Iglesia, su obra, sus ministros, las misiones y para bendecir a los creyentes también. Los planes de Dios son siempre saludables y buenos. Sería absurdo, sin fundamento e inconcebible que Dios no tuviera un plan para el sostenimiento financiero de su obra y de su Reino en la tierra. Como es lógico, ese plan incluye la recaudación de diezmos y ofrendas. Es la manera en que Dios sostiene su obra. De allí viene la pregunta: ¿Por qué diezmamos? Lo hacemos por muchas razones, entre ellas la extensión del Reino de Dios y para que nosotros los cristianos seamos bendecidos de igual manera. ¿Por qué, entonces, diezmamos?

¿Por qué diezmamos?

Los impuestos constituyen la manera en que toda nación tiene de sufragar los gastos del estado. Repito, si el plan del hombre incluye los impuestos, Dios también tiene un plan para sostener su Iglesia, su obra, sus ministros, las misiones y también para bendecir a los creyentes. Ahora bien, ¿por qué diezmamos?

1. Diezmamos porque Dios dijo a su pueblo que lo hiciera
Deuteronomio 14:22: «Indefectiblemente diezmarás todo». Dios se lo dijo a su pueblo Israel, y nosotros somos su Iglesia, somos su pueblo, el Israel de Dios.

2. Diezmamos porque el diezmo le pertenece al Señor
Levítico 27:30: «El diezmo [...] es cosa dedicada a Jehová». Se dice que la Biblia es el «libro santo»; el templo, «lugar santo»; el Espíritu de Dios, «Espíritu Santo». El diezmo es «santo», o sea, «consagrado, dedicado» a Jehová.

3. Diezmamos porque no queremos robarle a Dios
Malaquías 3:8: «¿Robará el hombre a Dios? Pues vosotros [muchos cristianos] me habéis robado. Y dijisteis: ¿En qué te hemos robado? En vuestros diezmos y ofrendas». Dios me da el 100 % de todo, y pide que le devolvamos el 10 %. Si usamos el 90 % y también el otro 10 % que es de Dios, le estamos robando.

4. Diezmamos porque no queremos perdernos la bendición de Dios
Malaquías 3:9 dice: «Malditos sois con maldición, porque [...] me habéis robado». ¿Te gustaría salir de tus problemas económicos? ¡Paga tus diezmos para que Dios te bendiga!

5. Diezmamos porque creemos en la oración y somos conscientes de que necesitamos a diario sus bendiciones

En 1 Juan 3:22 encontramos: «Y cualquiera cosa que pidiéramos la recibiremos de él, porque guardamos sus mandamientos, y hacemos las cosas que son agradables delante de él». Uno de sus mandamientos es que le devolvamos una décima parte del total que nos dio. En realidad todo es de Dios. No tendríamos nada si no nos lo hubiera dado.

6. Diezmamos porque a Dios hay que pagarle antes de pagar nuestras cuentas

Así lo expresa Éxodo 23:19: «Las primicias de los primeros frutos de tu tierra [los diezmos] traerás a la casa de Jehová tu Dios». Primero pagamos lo que pertenece a Dios, y de lo que queda pagamos nuestras cuentas a nuestros acreedores y cubrimos nuestros gastos. Uno no paga las cuentas y después de lo que le queda da el 10% al Señor. No invierta las cosas.

7. Diezmamos porque Dios es el dueño de todas las cosas

Salmo 24:1: «De Jehová es la tierra y su plenitud; el mundo, y los que en él habitan». El Salmo 50:10 cita: «Porque mía es toda bestia del bosque, y los millares de animales en los collados». Todos los tesoros del mundo pertenecen a Él. Hageo 2:8 dice: «Mía es la plata, y mío es el oro, dice Jehová de los ejércitos». Y también todos los cristianos, le pertenecemos. Eso dice 1 Corintios 6:19: «¿O ignoráis que vuestro cuerpo es templo del Espíritu Santo, el cual está en vosotros, el cual tenéis de Dios, y que no sois vuestros?». Ya que todo le pertenece a Dios, también le pertenecen las finanzas que nos da Él. Por eso le devolvemos el 10 %.

8. Diezmamos porque los patriarcas nos dieron el ejemplo y diezmaron al Señor

Abraham dio sus diezmos a Melquisedec (Génesis 14:20). Isaac seguramente hizo lo mismo, y prosperó. Génesis 26:12-13, 22 dice: «Y sembró Isaac en aquella tierra, y cosechó aquel año ciento por uno; y le bendijo Jehová. El varón se enriqueció, y fue prosperado, y se engrandeció hasta hacerse muy poderoso [...] porque ahora Jehová nos ha prosperado y fructificaremos en la tierra». Jacob también dio el diezmo: «Y de todo lo que me dieres, el diezmo apartaré para ti» (Génesis 28:22). Si somos herederos de las promesas hechas a Abraham (lee Romanos 4) y estas nos pertenecen como lo dicen las Escrituras, debemos hacer lo mismo, y así como ellos fueron ejemplos para nosotros, nosotros también debemos ser ejemplos para los demás creyentes con nuestros diezmos.

9. Diezmamos porque no somos avaros

Colosenses 3:5-6 dice: «Haced morir, pues lo terrenal en vosotros [...] malos deseos y avaricia que es idolatría; cosas por las cuales la ira de Dios viene sobre los hijos de desobediencia». Esto hará que no haya avaricia, y menos por ganancias deshonestas en nuestros corazones, pues la ganancia ilícita, el deseo de tener más es avaricia y ésta es idolatría que traerá castigo de parte de Dios.

10. Diezmamos porque al hacerlo manejamos al dinero y no al revés

Mateo 4:10 dice: «Al Señor tu Dios adorarás, y a él solo servirás». No serviremos al dinero, pues el Señor también dijo: «No podéis servir a Dios y a las riquezas» (Lucas 16:13).

11. Diezmamos porque no amamos al dinero

En 1 Timoteo 6:10 se nos dice: «Porque la raíz de todos los males es el AMOR AL DINERO, el cual codiciando algunos [ministros y otros cristianos], se extraviaron de la fe, y fueron traspasados de muchos dolores» (énfasis añadido). No queremos que el dinero sea nuestro mayor amor en la vida. Muchos cambian el amor a Dios por el amor al dinero y las cosas materiales de este mundo.

12. Diezmamos porque tenemos integridad, rectitud y honestidad

Hechos 23:1: «Entonces Pablo, mirando fijamente al concilio, dijo: Varones hermanos, yo con toda buena conciencia he vivido delante de Dios hasta el día de hoy». Queremos mantener una conciencia intachable delante de Dios y de los hombres, porque conocemos cuáles son nuestras responsabilidades financieras con el Señor. En otra ocasión, Pablo también dijo: «Procuro tener siempre una conciencia sin ofensa ante Dios y ante los hombres» (Hechos 24:16). Sé fiel en tus diezmos y tendrás una conciencia limpia con la aprobación de Dios.

13. Diezmamos porque poseemos temor del Señor

En 2 Corintios 5:11 leemos: «Conociendo, pues, el temor del Señor, persuadimos a los hombres; pero a Dios le es manifiesto lo que somos [Él sabe si das los diezmos o no]; y espero que también sea vuestras conciencias». El temor a Dios es el principio de la sabiduría y sabios son los que obedecen la Palabra de Dios y dan sus diezmos y ofrendas al Señor.

14. Diezmamos porque sabemos que así extendemos el reino de Dios en la tierra

Santiago 4:17 dice: «Y al que sabe hacer lo bueno, y no lo hace, le es pecado». Dar los diezmos es colaborar con el progreso de la obra de Dios y del ministerio de la iglesia para la salvación de las almas. No hacerlo es pasar por alto, rechazar y burlarse uno de la Palabra y, por lo tanto, constituye un pecado. Sé fiel a Dios en tus diezmos, esto te proporcionará la alegría y la felicidad de ver la obra de Dios crecer y ser parte tú de la salvación de miles y miles de personas. Lo contrario te producirá amargura de espíritu, tristeza y dolor al ver las almas perderse por falta de recursos para llevar a cabo la predicación de la Palabra mediante cruzadas, campañas, distribución de libros, Biblias y de toda buena literatura cristiana. Sé parte del crecimiento de la obra de Dios.

15. Diezmamos porque sabemos que esta es la voluntad de Dios

Lucas 12:47: «Aquel siervo que conociendo la voluntad de su señor, no se preparó [no entregó sus diezmos], ni hizo conforme a su voluntad, recibirá muchos azotes». Si conoces tus responsabilidades financieras con Dios y su voluntad y no las cumples, estarás incurriendo en desobediencia y Dios dejará de suplir tus necesidades personales, familiares y ministeriales.

16. Diezmamos porque estamos agradecidos por lo que Dios ha hecho en nosotros

En 1 Corintios 15:10 leemos: «Pero por la gracia de Dios soy lo que soy; y su gracia no ha sido en vano para conmigo, antes he trabajado más que todos ellos; pero no yo, sino la gracia de Dios conmigo». La gracia es un favor inmerecido, y por su gracia nos salvó. Todo lo que somos y seremos se lo debemos a Él y a su gracia. Nuestros diezmos son una expresión de gratitud, de agradecimiento y reconocimiento por lo que Él hizo por nosotros en la Cruz y sigue haciendo a cada día.

17. Diezmamos porque ya no vivimos para nosotros

En 2 Corintios 5:15 vemos: «Y por todos murió, para que los que viven, ya no vivan para sí, sino para aquel que murió y resucitó por ellos». Porque Él dio su vida por nosotros y resucitó por nosotros, le hemos consagrado nuestras vidas. Por tanto, nuestras finanzas y diezmos le pertenecen y están consagrados a Él.

18. Diezmamos porque nuestro tesoro está en el cielo y no aquí en la tierra

Mateo 6:19-21: «No os hagáis tesoros en la tierra, donde la polilla y el orín corrompen, y donde ladrones minan y hurtan; sino haceos tesoros en el cielo, donde ni la polilla ni el orín corrompen, y donde ladrones no minan ni hurtan. Porque donde esté vuestro tesoro, allí estará también vuestro corazón». En el cielo está nuestro banco celestial que nos ofrece total seguridad ante la incertidumbre de la economía terrenal. Allá no llegaremos en bancarrota, porque tendremos depositada allí nuestra fidelidad a Él por toda la eternidad. ¿Qué tienes depositado allá arriba?

19. Diezmamos porque Dios ama al que da con alegría

En 2 Corintios 9:7 vemos: «Cada uno dé como propuso en su corazón: no con tristeza, ni por necesidad, porque Dios ama al dador alegre». Damos nuestros diezmos y ofrendas sin restricciones, con alegría, regocijo y gozo.

20. Diezmamos porque sabemos que cosecharemos lo que hemos sembrado

Gálatas 6:7: «No os engañéis; Dios no puede ser burlado: pues todo lo que el hombre sembrare, eso también segará». Esto se aplica a los diezmos como en todo lo demás en tu vida. Si diezmas, Dios te prospera; si no lo haces, Dios jamás podrá bendecirte como quisiera hacerlo.

21. Diezmamos porque amamos las misiones y la evangelización.

Romanos 10:13-15: «Todo aquel que invocare el nombre del Señor, será salvo. ¿Cómo, pues, invocarán a aquel en el cual no han creído? ¿Y cómo creerán en aquel de quien no han oído? ¿Y cómo oirán sin haber quien les predique? ¿Y cómo predicarán si no fueren enviados? Como está escrito: ¡Cuán hermosos son los pies de los que anuncian la paz, de los que anuncian buenas nuevas!». Sin embargo, ¿cómo serán enviados si no hay recursos económicos para hacerlo? La evangelización y las misiones mundiales solo se pueden llevar a cabo por medio de tus diezmos y ofrendas. Los pasajes de avión, los hoteles, los alimentos, los estadios, los auditorios, los coliseos, las arenas, la radio, la televisión, los satélites, los libros, las Biblias, los DVD, los CD y todo lo demás son pagados, hecho y realizado con dinero, y este dinero sale del pueblo de Dios a través de los diezmos y ofrendas de personas como tú.

22. Diezmamos porque deseamos que en nuestra casa no falte nada

Proverbios 3:9-10: «Honra a Jehová con tus bienes [tus finanzas], y con las primicias [los diezmos] de todos tus frutos [tu trabajo]; y serán llenos tus graneros [tu casa y la mía] con abundancia, y tus lagares rebosarán de mosto». Es decir, nunca tendremos necesidad de nada. Al contrario, podremos bendecir a los menos afortunados y que Dios nos supla más allá de lo que podemos pedir, pensar o imaginar, y que podamos ser de bendición para su honra y su gloria.

23. Diezmamos para que el dinero que recibimos no caiga en bolsa rota

Hageo 1:6: «Sembráis mucho [trabajas mucho], y recogéis poco [por no dar el diezmo]; coméis, y no os saciáis; bebéis, y no quedáis satisfechos [nunca tienes lo suficiente]; os vestís, y no os calentáis; y el que trabaja a jornal [tú] recibe su jornal [salario] en saco roto». Nuestro esfuerzo y trabajo no lo robará el diablo. Sin embargo, sé de hermanos que tienen hasta tres trabajos, y no les alcanza para satisfacer sus necesidades; no tienen tiempo para congregarse porque viven de jornal en jornal y no les es suficiente. ¿Por qué? Porque no diezman y no son fieles a Dios. Todo lo que ganan cae en saco roto (es decir, nunca prosperan, no salen adelante, nunca son bendecidos). Si cambias de actitud, trabajarás menos y cosechará más.

24. Diezmamos porque no deseamos que Dios nos desampare

Salmo 37:25: «Joven fui, y he envejecido, y no he visto justo desamparado, ni su descendencia que mendigue pan». No queremos que nuestra descendencia, la de Kathryn y de Joshua, ni la de los hijos de estos mendiguen pan. En nuestro contexto, ser justo es dar los diezmos y ser injusto es no darlos sabiendo la necesidad de la obra de Dios. La bendición o la maldición en la vida de tus hijos y de su descendencia están en tus manos. Sé sabio, piensa en el futuro de tus hijos, tus nietos y tu descendencia, y da tus diezmos hoy para cosechar y recibir bendiciones en el porvenir.

25. Diezmamos porque sabemos que es Dios quien nos bendice y no los hombres

Proverbios 10:22: «La bendición de Jehová es la que enriquece, y no añade tristeza con ella». Lo que Dios te da es bendición. Nunca desees algo que Dios no quiere para ti, pero sí las bendiciones que Él tiene para ti, tu familia y tu ministerio. Lo que Dios te da no te traerá tristeza, no será de maldición y no te dará problemas. Lo que Dios te da no te lo quita, excepto si lo desobedeces. Si eso sucede, se verá obligado a cumplir lo que ha dicho y dejar de bendecirte.

26. Diezmamos porque Dios utiliza lo que damos para atender las necesidades de los ministros, los ministerios y las organizaciones cristianas

Números 18:21: «Yo he dado a los hijos de Leví todos los diezmos en Israel por heredad, por su ministerio, por cuanto ellos sirven en el ministerio del tabernáculo de reunión». Como ministros, ya tenemos una organización misionera y evangelizadora que sostiene financieramente al Instituto Teológico J.Y. en la India, a otras organizaciones cristianas y a cuarenta misioneros alrededor del mundo. Somos una entidad no lucrativa, y servimos a diario al Señor predicando su Palabra en todos los continentes. Además de eso, somos conscientes de que tenemos el deber de ser fieles en nuestros diezmos y ofrendas a nuestra iglesia y nuestro pastor, porque también nuestra iglesia sostiene financieramente a los misioneros. Haz tú lo mismo y serás bendecido.

27. Diezmamos así como el pueblo de llevaba sus diezmos y ofrendas al templo

En 2 Crónicas 31:5-6, 10 leemos: «Y cuando este edicto fue divulgado, los hijos de Israel dieron muchas primicias de grano, vino, aceite, miel, y de todos los frutos de la tierra; trajeron asimismo en abundancia los diezmos de todas las cosas. También los hijos de Israel y de Judá, que habitaban en las ciudades de Judá, dieron del mismo modo los diezmos de las vacas y de las ovejas; y trajeron los diezmos de lo santificado, de las cosas que habían prometido a Jehová su Dios, y los depositaron en montones [...] Y el sumo sacerdote Azarías, de la casa de Sadoc, le contestó: Desde que comenzaron a traer las ofrendas a la casa de Jehová [hoy, su iglesia], hemos comido y nos hemos saciado, y nos ha sobrado mucho, porque Jehová ha bendecido a su pueblo; y ha quedado esta abundancia de provisiones». Durante la reforma de Ezequías, Dios derramó grandes bendiciones a Israel por su generosidad. Nosotros somos su pueblo, y deseamos hacer y recibir lo mismo. ¡Dios derramará gran lluvia de bendición sobre ti y tu familia!

28. Diezmamos así como Nehemías, su liderazgo y el pueblo de Dios lo hicieron

Nehemías 10:37-38: «Traeríamos también las primicias de nuestras masas, y nuestras ofrendas, y del fruto de todo árbol, y del vino y del aceite, para los sacerdotes, a las cámaras de la casa de nuestro Dios, y el diezmo de nuestra tierra para los levitas; y que los levitas recibirían las décimas de nuestras labores en todas las ciudades; y que estaría el sacerdote hijo de Aarón con los levitas, cuando los levitas recibiesen el diezmo; y que los levitas llevarían el diezmo del diezmo a la casa de nuestro Dios, a las cámaras de la casa del tesoro». Nehemías, su liderazgo y el pueblo de Dios hicieron un pacto con el Señor de bendecir con sus diezmos y ofrendas la casa de Dios. De igual manera nosotros, que somos su pueblo, bendeciremos el ministerio local por medio de nuestros diezmos y ofrendas.

29. Diezmamos porque no queremos ser desobedientes

Mateo 7:21: «No todo el que me dice: Señor, Señor, entrará en el reino de los cielos, sino el que hace la voluntad de mi Padre que está en los cielos». Porque pertenecemos a ese grupo, deseamos hacer la voluntad de nuestro Señor en cuanto al diezmo. No hacerlo es desobediencia y el Señor no bendice a los desobedientes.

30. Diezmamos porque sabemos que todas las bendiciones provienen de Dios

Salmo 116:12: «¿Qué pagaré a Jehová por todos sus beneficios para conmigo?». Paga en parte con tus diezmos y ofrendas todo lo que Él hace por ti.

31. Diezmamos porque Jesús mismo dijo que es mejor dar que recibir

Hechos 20:35: «En todo os he enseñado que, trabajando así, se debe ayudar a los necesitados, y recordar las palabras del Señor Jesús, que dijo: Más bienaventurado es dar que recibir». Por esto damos los diezmos. Este pasaje indica que el dador adopta el carácter de Cristo, cuya naturaleza es dar. Jesús no dijo que sería más fácil dar que recibir, sino dijo que sería más bienaventurado el que da. Por eso somos más que bienaventurados, porque le damos nuestros diezmos.

32. Diezmamos porque el Señor Jesús hizo una separación en cuanto a nuestra responsabilidad secular como ciudadanos con la nación donde vivimos y nuestra responsabilidad espiritual para con Dios

Mateo 22:21 dice: «Dad, pues, a César lo que es de César, y a Dios lo que es de Dios». Las cosas que pertenecen al César, es decir, al gobierno, son los impuestos que hay que pagar; entre las cosas que pertenecen a Dios están los diezmos. La humanidad tiene dos obligaciones: Una es con el gobierno civil de los hombres, y el otro es el gobierno espiritual de Dios. Dios instituyó la manera de que ambas instituciones se mantengan. La civil, mediante los impuestos; y la de Dios, mediante los diezmos. Los impuestos satisfacen las necesidades del gobierno humano, y los diezmos las necesidades espirituales del hombre; de esta manera son satisfechas todas las necesidades humanas, físicas y espirituales. Jesús dijo que se debería dar a los dos gobiernos, al de los hombres y al de Dios. Cumplimos con nuestra responsabilidad ante el gobierno pagando nuestros impuestos y cumplimos con nuestro deber ante Dios diezmando.

33. Diezmamos porque Jesús habló a los escribas y fariseos sobre los diezmos

Mateo 23:23: «¡Ay de vosotros, escribas y fariseos, hipócritas! porque diezmáis la menta y el eneldo y el comino, y dejáis lo más importante de la ley: la justicia, la misericordia y la fe. Esto era necesario hacer, sin dejar de hacer aquello». ¿Qué era ese aquello? ¡Los diezmos! Jesús no les indicó que dejasen de pagar los diezmos. Al contrario, trató de aprovechar la oportunidad para enseñar a sus discípulos que también debían ser fieles en cuanto a los diezmos. La lección es también para nosotros. No dejemos de hacerlo.

34. Diezmamos porque los fariseos eran fieles en sus diezmos, y nosotros debemos ser más fieles todavía

Lucas 18:11-12: «El fariseo, puesto en pie, oraba consigo mismo de esta manera: Dios, te doy gracias porque no soy como los otros hombres, ladrones, injustos, adúlteros, ni aun como este publicano; ayuno dos veces a la semana, doy diezmos de todo lo que gano». Si el fariseo aunque vivía hipócritamente daba sus diezmos, cuanto más nosotros que vivimos una vida íntegra, honesta y recta delante de Dios como cristianos debemos dar el ejemplo en dar (traer) los diezmos al Señor.

35. Diezmamos porque debemos ser mejores que los escribas y fariseos

Mateo 5:20: «Si vuestra justicia no fuere mayor que la de los escribas y fariseos, no entraréis en el reino de los cielos». Si los escribas y fariseos, de todo lo que ellos tenían diezmaban, nuestra justicia, dijo Jesús, debe ser mayor que la de ellos. Si eran fieles en diezmar, mucho más nosotros tendremos que ser fieles a Dios en lo mismo y aún más.

36. Y diezmamos porque los apóstoles y los cristianos de la iglesia primitiva lo hicieron.

Hechos 2:45: «Y vendían sus propiedades y sus bienes, y lo repartían a todos según la necesidad de cada uno». Algunos afirman que lo que entregaban a la iglesia era el diezmo del producto de la venta de sus bienes, para que entonces se repartiera entre los pobres. Otros afirman daban al Señor el 100 % del dinero de la venta de sus propiedades. Hechos 4:34-35, 37 dice: «Así que no había entre ellos ningún necesitado; porque todos los que poseían heredades, o casas, las vendían, y traían el precio de lo vendido [es decir, la totalidad de la venta, no solo el 10 %], y lo ponían a los pies de los apóstoles; y se repartía a cada uno según su necesidad». Entonces Bernabé, «como tenía una heredad, la vendió y trajo el precio y lo puso a los pies de los apóstoles». Fuera el 100 % lo que daban o el 10 %, los cristianos de la iglesia primitiva daban al Señor de corazón... y nosotros debemos hacer lo mismo.

¿Te parecen pocas estas treinta y seis razones para ser fieles en nuestros diezmos y nuestras ofrendas al Señor? De seguro que hay más razones. Sin embargo, ¿necesitas alguna otra para estar convencido bíblicamente de tu necesidad de entender y vivir basado en la Palabra de Dios?

Un ejemplo para todos nosotros

William Colgate, el famoso fabricante de jabón, nació de una familia muy pobre y empezó a trabajar a los dieciséis años. La única cosa que sabía hacer era jabón y velas.

Un día un viejo capitán de barcos le dio el siguiente consejo: «Sé siempre justo, entrégate a Cristo, dale al Señor todo lo que le pertenece en cuanto a diezmos. Sé honesto en la fabricación de tu jabón y estoy seguro que serás un hombre próspero».

El joven Colgate se fue a Nueva York y empezó a trabajar en una fábrica de jabones. Del primer dólar que ganó, le dio el 10 % al Señor. Con el tiempo se convirtió en socio de la fábrica, y después en su dueño. Cuando los negocios crecieron, dio el doble de los diezmos, después el triple, más tarde daba la mitad de sus ganancias, y terminó dando todos sus ingresos al Señor.

William fue fiel y justo con el Señor, su nombre está hasta hoy con nosotros en los tubos de la pasta dental, de los jabones y cientos de productos de la marca Colgate-Palmolive.

Si obedeces, prosperarás

Cierta vez había en una Iglesia un hermano que siempre tenía necesidades económicas y vivía en la pobreza con su familia. Al casi no tener nada que comer, fue hablarle al pastor.

Al explicarle su situación, el pastor le preguntó:

—Hermano, ¿es usted fiel al Señor en sus diezmos?

—No —le respondió de inmediato.

—Ahí reside el problema. Usted le ha robado al Señor. Por esta razón vive en extrema necesidad —le dijo su pastor—. Empiece a dar sus diezmos al Señor, por muy poco que reciba, y verá que será bendecido. Pruebe a Dios y verá que Él no le fallará.

El hermano empezó a dar sus diezmos. Al principio daba muy, pero muy poco, pero el Señor empezó a bendecirle. Con el paso del tiempo, empezó a ganar más y a dar más; y cuanto más recibía, más daba, y más bendiciones recibía. Cambió de barrio, cambió de trabajo, compró una casa, compró un auto nuevo, sus hijos fueron a mejores escuelas, empezaron a vestir y a comer mucho mejor. Ahora recibía mucho más y también daba mucho más al Señor.

Después de algún tiempo, pensó que estaba dando demasiado dinero al Señor. Fue a hablar con el pastor.

—He recibido todo tipo de bendiciones porque he seguido su consejo. Aun así, estoy dando demasiado dinero de diezmo.

El pastor lo miró y le dijo:

—Pero no estás dando nada, sino devolviéndole a Dios una parte de lo que le pertenece a Él. Por lo tanto, si estás dando mucho es porque estás recibiendo mucho.

—Sí —dijo el hermano—, mucho, mucho dinero...

—Pues hay una manera muy rápida y terminante de solucionar este problema —le dijo el pastor—. Vamos orar a Dios que lo lleve de vuelta a la pobreza y a la miseria que usted tenía antes, que lo lleve de vuelta a su antiguo barrio, que le devuelva el carrito viejo que antes tenía, que vuelvan a tener hambre y a padecer necesidad como antes. No hay problema... Si no quiere dar tanto al Señor, te dará menos y dejará de bendecirte... ¿Quiere orar esto conmigo ahora, hermano?

—¡No pastor, no! —dijo sollozando el hermano.

Tú también tienes que decidir, querido lector. Recuerda lo que dice Malaquías 3:8-9:

> ¿Robará el hombre a Dios? Pues vosotros me habéis robado. Y dijisteis: ¿En qué te hemos robado? En vuestros diezmos y ofrendas. Malditos sois con maldición, porque vosotros, la nación toda, me habéis robado.

La decisión es tuya si quieres vivir los versículos 8 y 9, o vivir los versículos 10 y 11 que dicen:

> Traed todos los diezmos al alfolí y haya alimento en mi casa; y probadme ahora en esto, dice Jehová de los ejércitos, si no os abriré las ventanas de los cielos, y derramaré sobre vosotros bendición hasta que sobreabunde. Reprenderé también por vosotros al devorador, y no os destruirá el fruto de la tierra, ni vuestra vid en el campo será estéril, dice Jehová de los ejércitos.

Si desobedeces, sufrirás las consecuencias

Todos sabemos por las Escrituras que por la desobediencia de Israel Dios castigó duramente la nación de varias maneras como el hambre, la pobreza, la destrucción de sus labranzas por medio de insectos, por la invasión de naciones extranjeras, Dios terminó entregándoles en manos de sus enemigos, el templo de Salomón fue destruido y por fin Israel se fue al cautiverio de babilonia por setenta años. Después que regresaron del exilio, Israel estaba viviendo bajo un cielo cerrado nuevamente, porque no estaba dándole a Dios sus diezmos y ofrendas, y la nación estaba bajo maldición como ya vimos arriba. Fíjese que la maldición es doble en Malaquías 3:9: «Malditos sois con maldición». Algunos eruditos dicen que Israel estuvo bajo la maldición de Dios durante más de cuatrocientos años, por su desobediencia en no dar los diezmos al Señor. Es el período que conocemos como «los cuatrocientos años de silencio» que pasaron entre Malaquías y el libro de Mateo.

De la misma manera, hoy hay miles y miles de cristianos bajo «maldición» porque le han robado a Dios sus diezmos. Incluso, muchos llegan a usar el pasaje de Gálatas 3:10-13 como excusa:

> Porque todos los que dependen de las obras de la ley están bajo maldición, pues escrito está: Maldito todo aquel que no permaneciere en todas las cosas escritas en el libro de la ley, para hacerlas. Y que por la ley ninguno se justifica para con Dios, es evidente, porque: El justo por la fe vivirá; y la ley no es de fe, sino que dice: El que hiciere estas cosas vivirá por ellas. Cristo nos redimió de la maldición de la ley, hecho por nosotros maldición (porque está escrito: Maldito todo el que es colgado en un madero).

El problema es que aquí se refiere a que Cristo nos liberó, nos libró de la ley, pero el diezmo fue antes de la ley, pues Abram le dio sus diezmos a Melquisedec (Génesis 14:20), antes de la ley establecida por Moisés... Y, ahora, ¿qué dicen los que usan este pasaje como excusa para no dar sus diezmos?

Por esta razón muchos creyentes están viviendo en un cielo cerrado financieramente debido a su desobediencia. Y se preguntan, ¿Por qué no soy bendecido económicamente como los demás? Sin embargo, no se examinan si están obedeciendo o desobedeciendo la Palabra de Dios. No se preguntan, ¿Por qué no fluyen las bendiciones económicas en mi vida? Le echan la culpa de todo, (al diablo, sus trabajos, la crisis), pero nunca se miran a ellos mismos. Si estás desobedeciendo al Señor, tienes la oportunidad hoy de arrepentirte, confesar tu falta y empezar hoy a ser obediente al Señor con sus diezmos. Verás los cielos abiertos en tu vida. Puedes empezar la restauración de tus finanzas hoy mismo reconociendo tu negligencia y en humildad acercándote a Dios. Puedes vivir bajo un cielo abierto si haces estas cuatro cosas ahora mismo: (1) Considera tus caminos: Evalúa tus motivos, propósitos y metas en cuanto a tus finanzas y pregúntate: «¿Estoy viviendo de acuerdo a la Palabra de Dios?». (2) Arrepiéntete: Pídele a Dios que te perdone por tu egoísmo por no haber dado tus diezmos. (3) Confiesa: Pídele a Dios que te limpie de toda avaricia y de toda actitud equivocada que hayas tomado en contra de la Palabra de Dios. (4) Haz una nueva decisión: Proponte con firmeza poner a Dios en primer lugar en tu vida. Determina que vas a ser fiel al Señor en tus diezmos y ofrendas, y verás que los cielos se abren para ti. Haz de tu vida un acto de adoración al Dios Todopoderoso.

Cuando des estos pasos, prepárate, porque Dios abrirá las ventanas de los cielos y derramará tal bendición en tu vida que no tendrás lugar para ponerlas. ¡Está escrito! Él reprenderá al devorador de tu vida y vivirás en un ciclo de abundancia y de provisión sobrenatural de Dios todos los días de tu vida.

La decisión es tuya

Si eres miembro de alguna iglesia, da tus diezmos a esa iglesia, a su pastor y no a algún otro lugar. Uno no come en un restaurante y paga en otro. Uno lleva sus diezmos donde uno se alimenta de la Palabra de Dios. Si eres creyente y has cambiado de residencia, pero no eres miembro activo todavía de una iglesia, no dejes de diezmar. Envía tus diezmos a algún ministerio que sea de bendición, pero no dejes de diezmar.

Si te congregas en otro lugar, no olvides lo que dice Pablo en Gálatas 6:6: «El que es enseñado en la palabra, haga partícipe de toda cosa buena al que lo instruye». Tu primera responsabilidad es con tu iglesia, con tu pastor, y después con cualquier otro ministerio de tu preferencia. Debes sembrar en tierra fértil, donde se esté ganando almas.

No siembres en terreno estéril, porque no recibirás bendiciones. Siembra en ministros, iglesias y ministerios rectos. ¿Cómo sabemos quiénes son rectos? Cristo nos dio la clave en Mateo 7:16-20 con estas palabras:

> Por sus frutos los conoceréis. ¿Acaso se recogen uvas de los espinos, o higos de los abrojos? Así, todo buen árbol da buenos frutos, pero el árbol malo da frutos malos. No puede el buen árbol dar malos frutos, ni el árbol malo dar frutos buenos. Todo árbol que no da buen fruto, es cortado y echado en el fuego. Así que, por sus frutos los conoceréis.

No olvides lo que Dios ha hecho por ti

Muchos hermanos me preguntan si deben diezmar del monto bruto (antes de pagar las cuentas y los impuestos), o de la cantidad neta que reciben. La cuestión es: ¿pagas a Dios primero, o pagas primero tus cuentas y al gobierno y de que te queda le das a Dios? Si deseas ser bendecido (y creo que esta es la manera adecuada), diezma al Señor de la cantidad bruta que ganaste. Es decir, hazlo antes de pagar tus impuestos y tus obligaciones, porque entonces serás más bendecido aun. Si das de lo que sobra, Dios te bendecirá de lo que sobra. Él debe ser el primero en todas las esferas de nuestra vida. Recuerda: El diezmo prepara la tierra para plantar, tus ofrendas son tus semillas y Dios produce la cosecha. El Señor le dijo a Israel en Levítico 27:30, 32: «Y el diezmo de la tierra, así de la simiente de la tierra como del fruto de los árboles, de Jehová es; es cosa dedicada a Jehová [...] Y todo diezmo de vacas o de ovejas, de todo lo que pasa bajo la vara, el diezmo será consagrado a Jehová». Fíjate que se trata de *todo el diezmo*. Esto es antes de sustraer algo de lo que recibiste, antes de pagar tus cuentas. Él es primero.

El diezmo era una manera de que Israel reconociera que Dios era su fuente, su proveedor y el que suplía todas sus necesidades. Este era el pacto de Dios con su pueblo. Cuando Israel cumplía la Palabra, era bendecido. Cuando Israel desobedecía la Palabra, era maldecido. Hoy para nosotros el diezmo es una forma de reconocimiento y gratitud por lo que Él ha hecho por nosotros y de las bendiciones que nos ha dado de manera física, espiritual, material y financiera. Las Escrituras son claras en Deuteronomio 8:11-20 cuando nos exhorta:

> Cuídate de no olvidarte de Jehová tu Dios, para cumplir sus mandamientos, sus decretos y sus estatutos que yo te ordeno hoy; no suceda que comas y te sacies, y edifiques buenas casas en que habites, y tus vacas y tus ovejas se aumenten, y la plata y el oro se te multipliquen, y todo lo que tuvieres se aumente; y se enorgullezca tu corazón, y te olvides de Jehová tu Dios, que te sacó de tierra de Egipto, de casa de servidumbre; que te hizo caminar por un desierto grande y espantoso, lleno de serpientes ardientes, y de escorpiones, y de sed, donde no había agua, y él te sacó agua de la roca del pedernal; que te sustentó con maná en el desierto, comida que tus padres no habían conocido, afligiéndote y probándote, para a la postre hacerte bien; y digas en tu corazón: Mi poder y la fuerza de mi mano me han traído esta riqueza. Sino acuérdate de Jehová tu Dios, porque él te da el poder para hacer las riquezas, a fin de confirmar su pacto que juró a tus padres, como en este día. Mas si llegares a olvidarte de Jehová tu Dios y anduvieres en pos de dioses ajenos, y les sirvieres y a ellos te inclinares, yo lo afirmo hoy contra vosotros, que de cierto pereceréis. Como las naciones que Jehová destruirá delante de vosotros, así pereceréis, por cuanto no habréis atendido a la voz de Jehová vuestro Dios.

La estrategia del diablo es hacer que te olvides de lo que Dios hizo por ti, sus milagros y maravillas, sus curaciones y provisiones, y que tu corazón se enorgullezca y te olvides de ser fiel en tus diezmos y ofrendas, porque es por tu fidelidad a Dios que hoy eres bendecido. Haciendo esto, vivirás en un cielo abierto de constante provisión sobrenatural de Dios en tus finanzas. La Biblia dice en Mateo 3:16 concerniente a Cristo: «Y Jesús, después que fue bautizado, subió luego del agua; y he aquí los cielos le fueron abiertos, y vio al Espíritu de Dios que descendía como paloma, y venía sobre él». ¡Los cielos le fueron abiertos! ¿Te gustaría que los cielos se mantuvieran abiertos a ti durante toda tu vida? ¿Sí? ¡Entonces diezma, ofrenda, siembra y da al Señor!

El diezmo es un tiempo de regocijo con el Señor

Deuteronomio 14:22-23 dice: «Indefectiblemente diezmarás todo el producto del grano que rindiere tu campo cada año. Y comerás delante de Jehová tu Dios en el lugar que él escogiere para poner allí su nombre, el diezmo de tu grano, de tu vino y de tu aceite, y las primicias de tus manadas y de tus ganados, para que aprendas a temer a Jehová tu Dios todos los días». ¿Cuál era el resultado de la fidelidad del pueblo de Dios al diezmar? ¿Y cuál era su bendición? ¡Él supliría el dinero suficiente para que compraras lo que desearas! Lee los versículos 25 y 26 que dicen:

> Entonces lo venderás y guardarás el dinero en tu mano, y vendrás al lugar que Jehová tu Dios escogiere; y darás el dinero por todo lo que deseas, por vacas, por ovejas, por vino, por sidra, o por cualquier cosa que tú deseares; y comerás allí delante de Jehová tu Dios, y te alegrarás tú y tu familia.

El diezmar y el ser bendecido es un tiempo de alegría, gozo y regocijo por la prosperidad que nos concede Dios. Nunca ha sido la intención de Dios obligarte ni afligirte con el asunto de los diezmos a Él. Por el contrario, debe ser un tiempo hermoso de comunión con Él y una forma de culto, servicio y alabanza por todo lo que Él hace por nosotros. El diezmo es el plan de Dios para bendecir y prosperar a su pueblo y que haya alimento, provisión, salario, finanzas para la casa de Dios, sus ministros, pastores, evangelistas y misioneros.

El Altísimo: *El Elyon*

Cuando Abram (todavía no era Abraham) vivía en Harán, Ur de los caldeos, Dios se le reveló y le dijo que saliera de su casa y de su parentela. Más adelante, en Génesis 12:1-2, dice:

Pero Jehová había dicho a Abram: Vete de tu tierra y de tu parentela, y de la casa de tu padre, a la tierra que te mostraré. Y haré de ti una nación grande, y te bendeciré, y engrandeceré tu nombre, y serás bendición.

Dios se le apareció de nuevo a Abram en Moriah, y le prometió que le daría la tierra de Canaán. Después, en Bet-el, se le reveló como el único y verdadero Dios, y Abram edificó un altar al Señor. Cuenta Génesis 12:8 que «luego se pasó de allí a un monte al oriente de Bet-el, y plantó su tienda, teniendo a Bet-el al occidente y Hai al oriente; y edificó allí altar a Jehová, e invocó el nombre de Jehová».

Por estas revelaciones, Abram entró en una relación personal con Dios. Por la fe escuchó y obedeció la voz del Dios vivo. Años después, cuando regresaba de libertar a Lot y su familia, se encontró con Melquisedec:

Entonces Melquisedec, rey de Salem y sacerdote del Dios Altísimo, sacó pan y vino; y le bendijo, diciendo: Bendito sea Abram del Dios Altísimo, creador de los cielos y de la tierra; y bendito sea el Dios Altísimo, que entregó tus enemigos en tu mano. Y le dio Abram los diezmos de todo. (Génesis 14:18-20)

La bendición no era una expresión vacía de simples palabras. Melquisedec era la representativa autoridad divina y le transmitió a Abram las bendiciones de Dios. *El-Elyon* expresa la fuerza, la supremacía y la soberanía de Dios. *El Elyon* es la misma raíz hebrea de la palabra «Elohim», que es «El Fuerte». *Elyon* describe Dios como el «Altísimo» (Génesis 14:18-20), el «Exaltado» y el «Dios Supremo y por encima de todo». Abram tuvo una gran revelación de Dios ese día. Conoció a Dios por lo que Él es: El Dios Todopoderoso, el Único y Verdadero Dios. Entonces Abram pagó honor y tributo a *El Elyon* y le dio el diezmo de todo. No había ley que lo obligara a diezmar, nadie requería que lo hiciera, pero Abraham dio los diezmos voluntariamente, de corazón, por amor, en reconocimiento y en alabanza al Dios Todopoderoso. Con su diezmo, estaba haciendo un acto de humildad al reconocer que Dios era la Fuente de todas sus bendiciones. El relato escrito lo encontramos en Hebreos 7:1-9:

Porque este Melquisedec, rey de Salem, sacerdote del Dios Altísimo, que salió a recibir a Abraham que volvía de la derrota de los reyes, y le bendijo, a quien asimismo dio Abraham los diezmos de todo; cuyo nombre significa primeramente Rey de justicia, y también Rey de Salem, esto es, Rey de paz; sin padre, sin madre, sin genealogía; que ni tiene principio de días, ni fin de vida, sino hecho semejante al Hijo de Dios, permanece sacerdote para siempre. Considerad, pues, cuán grande era éste, a quien aun Abraham el patriarca dio diezmos del botín. Ciertamente los que de entre los hijos de Leví reciben el sacerdocio, tienen mandamiento de tomar del pueblo los diezmos según la ley, es decir, de sus hermanos, aunque éstos también hayan salido de los lomos de Abraham. Pero aquel cuya genealogía no es contada de entre ellos, tomó de Abraham los diezmos, y bendijo al que tenía las promesas. Y sin discusión alguna, el menor es bendecido por el mayor. Y aquí ciertamente reciben los diezmos hombres mortales; pero allí, uno de quien se da testimonio de que vive. Y por decirlo así, en Abraham pagó el diezmo también Leví, que recibe los diezmos.

Este ejemplo de Abram de dar los diezmos antes de que existiera la ley de Moisés es la base bíblica para dar nosotros los diezmos al Señor. El diezmar es un asunto que no tiene que ver tanto con llevar los diezmos a la casa de Dios, sino con obedecer el principio que hemos estado discutiendo. Diezmar es establecer una relación con Dios de reconocimiento por sus bendiciones. Es estar consciente que Él es la fuente de todas nuestras bendiciones. Es reconocerlo como el dueño de todo. Le entregamos los diezmos con un corazón lleno de alabanza y adoración. No es algo legalista ni obligatorio. Es una gran oportunidad que nos da Dios para nuestra propia bendición. Es una demostración externa un compromiso interno con Él y su Palabra. Jesucristo lo recibe como Melquisedec lo hizo, y lo presenta a Dios de nuestra parte. Y Dios nos bendice como Melquisedec a Abram.

A Abraham se le considera nuestro padre espiritual. Así que somos de la semilla de Abraham, somos sus herederos espirituales por la fe en Cristo. Romanos 4:16 lo dice: «Por tanto, es por fe, para que sea por gracia, a fin de que la promesa sea firme para toda su descendencia; no solamente para la que es de la ley, sino también para la que es de la fe de Abraham, el cual es padre de todos nosotros». El diezmo es basado en establecer una relación personal con Dios de reconocimiento por sus bendiciones. Es ser consciente de que *El Elyon* es la Fuente de todas nuestras bendiciones. Es reconocerlo por ser quien es: el dueño de todo. Por esto le entregamos los diezmos con un corazón que expresa alabanza y adoración a Él.

El diezmo es un plan divino de bendición. No es un rito legalista ni obligatorio, sino es una gran oportunidad concedida por Dios para nuestra propia bendición. Es una demostración externa hacia Dios que expresa un compromiso interno con Él y su Palabra. Es el método de Dios para derramar de sus grandes bendiciones sobre nosotros, nuestras familias y nuestros ministerios. Cuando damos nuestros diezmos, no lo hacemos a una iglesia, concilio, denominación, organización, ni ministerio, sino al Señor Jesucristo, nuestro gran Sumo Sacerdote. Él lo recibe como lo hizo Melquisedec. Cristo se lo presenta a Dios de nuestra parte. Entonces, Dios nos bendice con sus bendiciones como Melquisedec lo hizo con Abram.

Tu bendición depende de lo que hagas

Si deseas prosperar, ser bendecido, triunfar, ser exitoso en tu vida, tu familia, tu trabajo y tu ministerio, debes desear serlo y hacer tu parte, tomar acción y Dios hará la que a Él le corresponde. Esto no sucederá por accidente. Los demás verán tus intenciones y los planes de tu vida por lo que planeas, cómo lo planeas y por qué lo planeas. Empieza a honrar a Dios en tus diezmos y verás a dónde te llevará Dios. Todo empieza con un paso de fidelidad y confianza: «¡Lo haré! ¡Está escrito! Por lo tanto, ¡obedeceré y recibiré bendiciones!».

Lee lo que dice Génesis 28:20-22, que es un ejemplo para todos:

> E hizo Jacob voto, diciendo: Si fuere Dios conmigo, y me guardare en este viaje en que voy, y me diere pan para comer y vestido para vestir, y si volviere en paz a casa de mi padre, Jehová será mi Dios. Y esta piedra que he puesto por señal, será casa de Dios; y de todo lo que me dieres, el diezmo apartaré para ti.

¿Y quién fue Jacob por su fidelidad en los diezmos? Su nombre se le cambió a Israel, fue el padre de las doce tribus de Israel, y por los judíos vino Cristo a salvarnos a ti y a mí.

Mira lo que pasó en el tiempo de Ezequías, rey de Judá, según 2 Crónicas 31:5-10:

> Los hijos de Israel dieron muchas primicias de grano, vino, aceite, miel, y de todos los frutos de la tierra; trajeron asimismo en abundancia los diezmos de todas las cosas. También los hijos de Israel y de Judá, que habitaban en l.,s ciudades de Judá, dieron del mismo modo los diezmos de las vacas y de las ovejas; y trajeron los diezmos de lo santificado, de las cosas que habían prometido a Jehová su Dios, y los depositaron en montones. En el mes tercero comenzaron a formar aquellos montones, y terminaron en el mes séptimo. Cuando Ezequías y los príncipes vinieron y vieron los montones, bendijeron a Jehová, y a su pueblo Israel. Y preguntó Ezequías a los sacerdotes y a los levitas acerca de esos montones. Y el sumo sacerdote Azarías, de la casa de Sadoc, le contestó: Desde que comenzaron a traer las ofrendas a la casa de Jehová, hemos comido y nos hemos saciado, y nos ha sobrado mucho, porque Jehová ha bendecido a su pueblo; y ha quedado esta abundancia de provisiones.

Tú has de comer, te saciarás y te sobrará si obedeces lo que está escrito en cuanto a traerle tus diezmos y ofrendas al Señor.

Nuestra responsabilidad según Malaquías

Como ya hemos visto, Israel había robado a Dios. El pueblo estaba bajo maldición. Lo mismo sucede hoy en día con muchos cristianos. ¿Cómo puede alguien robar a Dios y ser bendecido? ¡Imposible! Por eso, debemos cambiar de actitud y hacer del diezmo una forma de adoración a Dios. Después todo, ¿quién es el dueño de todo lo que tenemos si no Dios? Entonces ¿cuál es nuestra responsabilidad según la Biblia?

1. Aceptar nuestra relación con Dios

Mateo 6:33: «Buscad primeramente el reino de Dios y su justicia, y todas estas cosas os serán añadidas». Dios es nuestra prioridad y siempre debe ocupar el primer lugar en todo. Como la verdadera adoración brota del corazón, tal vez tienes que confesar, arrepentirte y volver a una relación de intimidad con Cristo.

2. Aceptar a Dios como el Creador de todo

Salmo 50:10-12: «Mía es toda bestia del bosque, y los millares de animales en los collados. Conozco a todas las aves de los montes, y todo lo que se mueve en los campos me pertenece. Si yo tuviese hambre, no te lo diría a ti; porque mío es el mundo y su plenitud». Cuando reconocemos que Dios es el creador de todo y lo adoramos con los diezmos, estamos reconociendo que a Él todo le pertenece.

3. Aceptar a Dios como el dueño de todo

Job 41:11: «¿Quién me ha dado a mí primero, para que yo restituya? Todo lo que hay debajo del cielo es mío». Graba este versículo en tu corazón y acepta que Dios es el dueño supremo de todas las cosas. Tienes que aceptar esta realidad te guste o no. De todo lo que existe el dueño es Dios.

4. Aceptar el cuidado de Dios, sus directrices y su amor

Salmo 32:8: «Te haré entender, y te enseñaré el camino en que debes andar; sobre ti fijaré mis ojos». Hacemos del diezmo un acto de adoración porque estamos reconociendo la provisión diaria de Dios, su cuidado, sus directrices y su amor hacia nosotros. Con un corazón agradecido aceptamos que Él está en control de todas las cosas y de nosotros.

5. Aceptar que somos llamados a la consagración y santificación

1 Pedro 1:16: «Escrito está: Sed santos, porque yo soy santo». ¿Dónde está escrito? En Levítico 20:26. En este mismo libro (27:30-32), está escrito que el diezmo debe ser apartado y consagrado al Señor al igual que nuestras vidas deben ser apartadas y consagradas en santidad a Él. El diezmo y la santificación están muy relacionados en el libro de Levítico. Por lo tanto concluimos que el diezmar es un acto de santidad de un cristiano, de una vida recta, íntegra y santa delante del Señor.

Un muchacho cristiano, de unos doce años de edad que vivía en una de las islas del Pacífico, nos demuestra una actitud de adoración en cuanto al diezmo. Le llevó a su pastor un gran pez que pescó como diezmo y este lo felicitó por haber pescado diez peces y haberle traído uno al Señor. «Ah no», dijo el muchacho, «yo solo pesqué uno y le traje el primero al Señor. Los otros diez están todavía en el mar y voy en busca de ellos ahora». Creo que todos podemos aprender de este muchachito. Él no había pescado diez todavía y le llevó uno al Señor. ¡Qué va! Pescó el primero y se lo llevó al Señor. Luego, se fue a buscar los otros diez. Diezmó un pescado antes de pescar los otros diez. ¡Esto es fe! Entrega tu sobre del diezmo en fe y en comunión con Dios creyendo que Él suplirá todas tus necesidades, y verás la mano de Dios moverse a tu favor. Por todo esto y mucho más, le regresamos a Él una décima parte de todo lo que nos da.

6. Dios sobreabundará en tu vida

Malaquías 3:10 dice: «Derramaré sobre vosotros bendición hasta que sobreabunde». Uno de los nombres de Dios es «El Shaddai», «el Dios más que suficiente». Sé fiel en tus diezmos y tendrás más que lo suficiente. Va a sobrar, superabundar en todas las áreas de tu vida.

Las bendiciones de Malaquías

Malaquías 3:10-12 dice: «Traed todos los diezmos al alfolí y haya alimento en mi casa; y probadme hora en esto, dice Jehová de los ejércitos, si no os abriré las ventanas de los cielos, y derramaré sobre vosotros bendición hasta que sobreabunde. Reprenderé también por vosotros al devorador, y no os destruirá el fruto de la tierra, ni vuestra vid en el campo será estéril, dice Jehová de los ejércitos. Y todas las naciones os dirán bienaventurados; porque seréis tierra deseable, dice Jehová de los ejércitos». Muchas son las bendiciones del diezmo, por citar algunas:

1. Dios nos dice lo que se debe hacer

Malaquías 3:10 dice: «Traed todos los diezmos al alfolí [...]». Si Dios no hubiera hablado, no tendríamos la responsabilidad y podríamos dar la excusa. Sin embargo, desde el momento en que sabemos lo que tenemos que hacer, debemos actuar en fe y obedecerle. La bendición está en la obediencia. Debemos traer nuestros diezmos a la casa de Dios, a su iglesia, a su pastor.

2. Dios habla que debe haber alimento en su casa

Malaquías 3:10 dice: «[...] y haya alimento en mi casa [...]». Los diezmos sostienen a los obreros, ministros, predicadores, pastores, evangelistas y misioneros, la obra de Dios y las misiones, sean locales, nacionales o mundiales. La próxima vez cuando lleves tus diezmos a la casa de Dios, piensa en esto: Si cuidas de la obra de Dios, Él cuidará de ti.

3. Dios pide que le probemos
Malaquías 3:10 dice: «[...] y probadme ahora en esto, dice Jehová de los ejércitos [...]». Aquí es el único lugar en la Biblia que Dios nos dice que debemos probarle. Ponga a Dios en la prueba. Traiga sus diezmos a la casa de Dios y pruébale para ver si Dios es fiel o no. ¡Hazlo! Quedarás sorprendido de la fidelidad de Dios. Él nunca te fallará.

4. Dios abrirá la vía de comunicación entre tú y Él
Malaquías 3:10 dice: «[...] os abriré las ventanas de los cielos [...]». Cuando diezmas fielmente, la vía de comunicación entre tú y Dios estará abierta y estarán disponibles todas sus bendiciones para tu vida. En Mateo 3:16 dice lo que sucedió cuando Jesús fue bautizado: «[...] y subió luego del agua; y he aquí los cielos le fueron abiertos [...]». De la misma manera se abrirán los cielos financieramente para ti cuando seas fiel en tus diezmos.

5. Dios derramará su bendición
Malaquías 3:10 dice: «[...] y derramaré sobre vosotros bendición [...]». Esta es su promesa. Está garantizada. Dios dijo: «Derramaré [...] bendición». Cree en Él y su Palabra. Él no miente.

6. Dios superabundará en tu vida
Malaquías 3:10 dice: «[...] y derramaré sobre vosotros bendición hasta que sobreabunde». Uno de los nombres de Dios es «El Shaddai», que es «El Dios más que suficiente». Sé fiel en tus diezmos y tendrás más que suficiente. Te va a sobrar, te va a superabundar en todas las esferas de tu vida.

7. Dios reprenderá al enemigo por robarte y te protegerá
Malaquías 3:11 dice: «Reprenderé también por vosotros al devorador [...]». El diablo es el devorador, el ladrón de las bendiciones de Dios a tu vida. Si no eres fiel en tus diezmos, trabajarás y no tendrás nunca. Pondrás tu dinero y ahorros en un saco roto. Ganarás y perderás. ¿Por

qué? Porque el diablo tendrá el derecho legal dado por ti mismo para robarte al no cumplir la Palabra de Dios. El diablo no tiene poder sobre ti a menos que le des el poder, la puerta abierta, el derecho legal, un aspecto de tu vida. Cuando das tus diezmos, es automático. Al momento, al instante, Dios reprende al «devorador», el diablo, en tu vida, tus finanzas, tu salud, tu trabajo, etc.

8. Dios te dará sabiduría en cuanto a tus finanzas

Malaquías 3:11 dice: «[...] y no os destruirá el fruto de la tierra, ni vuestra vid en el campo será estéril [...]». Dice que lo que hemos trabajado, el fruto de nuestra labor no será destruido. La vid, o sea, nuestro trabajo y ministerio no será estéril, dará su fruto a su tiempo. Dios nos dará entendimiento de las estaciones en cuanto al tiempo en relación a nuestra vida y trabajo. Él nos dará sabiduría de trabajar, sembrar y esperar. Él nos enseñará cuando debemos actuar, hablar, invertir, dar, tomar, construir sea materialmente o espiritualmente o destruir algo que no es de edificación. Él nos dará conocimiento de cómo dar fruto todo el tiempo y sabiduría en cuanto a nuestras finanzas, sean personales o ministeriales.

9. Dios aumentará tu reputación

Malaquías 3:12 dice: «Y todas las naciones os dirán bienaventurados [...]». El cristianismo no es honrado en el mundo hoy. Nuestras creencias y valores son burlados diariamente porque nos oponemos al estilo de la vida mundano y secular de la actualidad. Sin embargo, la gente del mundo se da cuenta y sabe cuándo un verdadero cristiano es bendecido y prosperado, y ellos lo envidian. Tú serás prosperado más de lo que piensas o crees cuando obedezcas la Palabra de Dios.

10. Y Dios te va a mejorar tu estilo de vida

Malaquías 3:12 dice finalmente: «[...] porque seréis tierra deseable, dice Jehová de los ejércitos». Tú serás bendecido, los demás lo verán y sabrán que es por tu fidelidad en los diezmos y por la gracia y la misericordia de Dios que eres bendecido. Dios desea que tu vida sea bendecida y abundante, como Jesús mismo dijo que Él vino a dar vida y vida abundante. Tu vida va a mejorar, tu trabajo va a mejorar, tus finanzas van a mejorar, tu ministerio va a mejorar. Todo lo que hagas va a mejorar. ¡Está escrito! Basta obedecer.

Excusas y preguntas generales sobre el diezmo

Hay muchos que dan sus excusas y puntos de vista teológicos contrarios a la Palabra de Dios con la única intención de no diezmar. Lo hacen porque tienen el corazón lleno de avaricia y desobediencia. Hablan que el diezmo es parte de la ley, pero olvidan que Abraham dio sus diezmos a Melquisedec en Génesis 14 antes de la ley. Una pregunta tenemos que hacer: ¿Cómo sabemos que Dios no volverá a destruir al mundo por medio de un diluvio? La respuesta se encuentra en Génesis 9:11 que dice: «Estableceré mi pacto con vosotros, y no exterminaré ya más toda carne con aguas de diluvio, ni habrá más diluvio para destruir la tierra». Si Dios prometió esto en el Antiguo Testamento, ¿por qué tendría que decírnoslo de nuevo en el Nuevo Testamento? El diezmo es lo mismo.

Dios ya nos habló de sus promesas de bendición en el Antiguo Testamento. ¿Por qué Dios necesita repetir de nuevo las mismas cosas en el Nuevo Testamento? Además, Pablo nos dice en 2 Timoteo 3:16 lo siguiente: «Toda la Escritura es inspirada por Dios, y útil para enseñar, para redargüir, para corregir, para instruir en justicia». ¿A cuál Escritura se refería? Sin duda, no era al Nuevo Testamento, pues no existían todavía los Evangelios, ni las epístolas paulinas y generales, y mucho menos el Apocalipsis. Entonces Pablo se refería al Antiguo Testamento. ¿Y por qué los diezmos estarían excluidos si Pablo dijo que «toda la Escritura es inspirada por Dios»? Si es toda, los diezmos están incluidos. Luego, entonces, la Escritura es útil:

- «Para enseñar»: ¿Enseñar qué? ¡Que debemos ser fieles en los diezmos!
- «Para redargüir»: ¿Redargüir qué? Redargüir y exhortar a los que no dan sus diezmos y le roban al Señor.
- «Para corregir»: ¿Corregir a quién? A los desobedientes que se atreven a usar la Biblia para excusar sus avaricias.
- «Para instruir»: ¿Instruir qué? A que sigamos fieles en obedecer lo que está escrito.
- «Para instruir en justicia»: ¿En qué justicia? En que seamos honestos y justos, en dar a Dios y devolverle los diezmos que le pertenecen a Él.

Abraham dio sus diezmos antes de la ley, Isaac hizo lo mismo en Génesis 26:12-13, donde dice: «Y sembró Isaac en aquella tierra, y cosechó aquel año ciento por uno; y lo bendijo Jehová. El varón se enriqueció, y fue prosperado, y se engrandeció hasta hacerse muy poderoso». ¿Cómo Isaac se tornó rico, próspero, engrandecido y muy poderoso? ¡Por la bendición del Señor y dando sus diezmos y ofrendas! Y Jacob hizo lo mismo, según Génesis 28:22: «Y esta piedra que he puesto por señal, será casa de Dios; y de todo lo que me dieres, el diezmo apartaré para ti». Abraham, Isaac y Jacob dieron sus diezmos, y todo esto fue antes de la ley.

1. ¿Diezmaba Jesús?

Algunos eruditos dicen que Jesús llevaba sus diezmos al ir a la sinagoga. Él apoyaba el diezmo. En Mateo 23:23, Jesús no les dijo a los escribas ni a los fariseos que no diezmaran, sino que no olvidaran una parte tan importante de la ley como la justicia, la misericordia y la fe. Esto era necesario hacer, «sin dejar de hacer aquello». ¿Aquello qué? Seguir diezmando al Señor.

Además, dijo: «Dad, pues, a César lo que es de César, y a Dios lo que es de Dios» (Mateo 22:21). Él también daba sus diezmos. ¿Iba acaso a pagar los impuestos sin haberle dado a Dios primero? ¡Claro que no!

2. ¿Recibió Jesús el diezmo?

El Señor tenía un tesorero, Judas Iscariote, quien robaba el dinero. Juan 12:6 dice: «Pero dijo esto, no porque se cuidara de los pobres, sino porque era ladrón, y teniendo la bolsa, sustraía de lo que se echaba en ella». Si Jesús tenía un tesorero es porque recibía ofrendas y daba ofrendas, y de seguro también daba sus diezmos cuando iba a la sinagoga. Nadie tiene un tesorero si no hay entrada y salida de dinero. Judas era el tesorero del equipo de Cristo. Juan 13:29 dice nuevamente: «Algunos pensaban, puesto que Judas tenía la bolsa, que Jesús le decía: Compra lo que necesitamos para la fiesta; o que diese algo a los pobres».

Algunos eruditos dicen que de la misma manera que Jesús pagaba los impuestos en Mateo 22:21 porque dijo: «Dad, pues, a César lo que es de César, y a Dios lo que es de Dios», Él también pagaba sus diezmos. ¿Cómo iba el Señor a pagar los impuestos sin haber dado a Dios primero? ¡Imposible!

3. ¿Diezmaban los apóstoles?

Más que diezmaban. Dice Hechos 2:44-45 que «todos los que habían creído estaban juntos, y tenían en común todas las cosas; y vendían sus propiedades y sus bienes, y lo repartían a todos según la necesidad de cada uno».

Cuando vendían sus propiedades, de seguro traían los diezmos de la venta a los apóstoles, ¿Si daban todo lo que tenían de qué iban a vivir? Todo lo compartían, según nos dice Hechos 4:32: «Y la multitud de los que habían creído era de un corazón y un alma; y ninguno decía ser suyo propio nada de lo que poseía, sino que tenían todas las cosas en común». Poseían todas las cosas en común, o sea, daban sus diezmos de las ventas de sus propiedades y ofrendaban también para ayudar a las necesidades de los demás. Hechos 4:34-37 afirma:

> Así que no había entre ellos ningún necesitado; porque todos los que poseían heredades o casas, las vendían, y traían el precio de lo vendido, y lo ponían a los pies de los apóstoles; y se repartía a cada uno según su necesidad. Entonces José, a quien los apóstoles pusieron por sobrenombre Bernabé (que traducido es, Hijo de consolación), levita, natural de Chipre, como tenía una heredad, la vendió y trajo el precio y lo puso a los pies de los apóstoles.

Todos los estudiosos del Nuevo Testamento y de la iglesia primitiva, así como los eruditos, dicen que al vender las propiedades daban los diezmos. Aunque la Escritura no lo menciona, se lo daban a los apóstoles. Bernabé de seguro cuando vendió su terreno, o casa o heredad, y puso el dinero a los pies de los apóstoles fue el diezmo. Nuevamente pregunto: Si daban todo el dinero, ¿de qué iban a vivir después? La prueba que eran los diezmos se encuentra en Hechos 5:1-4 con relación a la venta de la propiedad de Ananías y su mujer, Safira:

> Pero cierto hombre llamado Ananías, con Safira su mujer, vendió una heredad, y sustrajo del precio, sabiéndolo también su mujer; y trayendo sólo una parte, la puso a los pies de los apóstoles. Y dijo Pedro: Ananías, ¿por qué llenó Satanás tu corazón para que mintieses al Espíritu Santo, y sustrajeses del precio de la heredad? Reteniéndola,

¿no se te quedaba a ti? y vendida, ¿no estaba en tu poder? ¿Por qué pusiste esto en tu corazón? No has mentido a los hombres, sino a Dios.

¿Cuál dinero sustrajeron? De seguro que de los diezmos de la venta de la propiedad. La heredad era suya, así que no tenían por qué mentir. Los eruditos dicen que si fue el precio total de la venta o los diezmos, de cualquier manera mintieron, no actuaron en verdad y honestidad en cuanto a sus finanzas. Esto debe ser un ejemplo para todos nosotros. Ananías mintió y su esposa también. Lee los versículos 5 al 10 que nos exhorta:

Al oír Ananías estas palabras, cayó y expiró. Y vino un gran temor sobre todos los que lo oyeron. Y levantándose los jóvenes, lo envolvieron, y sacándolo, lo sepultaron. Pasado un lapso como de tres horas, sucedió que entró su mujer, no sabiendo lo que había acontecido. Entonces Pedro le dijo: Dime, ¿vendisteis en tanto la heredad? Y ella dijo: Sí, en tanto. Y Pedro le dijo: ¿Por qué convinisteis en tentar al Espíritu del Señor? He aquí a la puerta los pies de los que han sepultado a tu marido, y te sacarán a ti. Al instante ella cayó a los pies de él, y expiró; y cuando entraron los jóvenes, la hallaron muerta; y la sacaron, y la sepultaron junto a su marido.

Si esto pasara en nuestros días hoy en cuanto a los diezmos y ofrendas, nuestras iglesias estarían casi vacías... Hemos perdido el respeto, el temor, la dignidad, la integridad y la rectitud, por eso hay tantos cristianos viviendo en pobreza y necesidades, pues no son rectos para con Dios en sus finanzas.

Fíjate en el versículo 11 de este relato: «Y vino gran temor sobre toda la iglesia, y sobre todos los que oyeron estas cosas». Vino temor. ¿Temor de qué? De hacer las cosas bien, de dar sus diezmos como es debido y sus ofrendas legítimas al Señor. ¡Te cuidado en ocultar lo que es de Dios! No des excusas en cuanto al diezmo. Quizá las personas que hagan esto no mueran de manera física, pero le habrán faltado a Dios.

4. ¿Aceptaban los apóstoles diezmos y ofrendas?

Basta con leer 2 Corintios 8:1-7 y veremos que la iglesia de Macedonia daba de sus diezmos y ofrendas para sostener la obra de Dios y el ministerio de Pablo. También en 2 Corintios 9:1-13, Pablo habla de la generosidad, de las ofrendas y de los diezmos.

5. ¿Habla el Nuevo Testamento de los diezmos?

Hebreos 7 habla de las grandes bendiciones del diezmo basado en el ejemplo de Abraham.

6. ¿Se puede usar el dinero del diezmo para otras cosas?

¡No! Deuteronomio 12:17 advierte: «Ni comerás en tus poblaciones el diezmo de tu grano, de tu vino o de tu aceite, ni las primicias de tus vacas, ni de tus ovejas, ni los votos que prometieres, ni las ofrendas voluntarias, ni las ofrendas elevadas de tus manos». El diezmo es sagrado, es del Señor. ¡No lo toques! Si lo tocas, le estás robando al Señor.

7. ¿Es correcto dar los diezmos para el sostenimiento de los ministros y de la iglesia local?

¡Sí! Números 18:21 nos dice: «Y he aquí yo he dado a los hijos de Leví todos los diezmos en Israel por heredad, por su ministerio, por cuanto ellos sirven en el ministerio del tabernáculo de reunión». Los diezmos son para para cubrir los gastos del ministro, del ministerio y también de la iglesia. Malaquías 3:10 dice sin rodeos: «Traed todos los diezmos al alfolí y haya alimento en mi casa; y probadme ahora en esto, dice Jehová de los ejércitos, si no os abriré las ventanas de los cielos, y derramaré sobre vosotros bendición hasta que sobreabunde».

La persona que diezma

El Dr. Yader Emanuel Simpson (conocido como el «pastor YES»), en su magnífico libro llamado *La bendición que enriquece*, escribió estas hermosas y profundas palabras sobre lo que está reconociendo una persona fiel que diezma:

1. Está reconociendo su dependencia de Dios; esto se llama humildad.
2. Está reconociendo el señorío de Dios sobre su vida; esto se llama dependencia.

3. Está reconociendo que sus prioridades están bien ordenadas; esto se llama sumisión.

4. Está mostrando sometimiento a las leyes de Dios; esto se llama obediencia.

5. Está siendo fiel con lo que Dios le da; esto se llama lealtad.

6. Está adaptándose al modelo de vida de Dios; esto se llama piedad.

7. Está abriendo su corazón para compartir de lo que Dios le da; esto se llama generosidad.

8. Quiere entregarle cuentas claras a Dios cuando se encuentre con Él; esto se llama pureza.

9. Está reconociendo que Dios sabe más de finanzas que él; esto se llama respeto.

10. Está haciendo las cosas como Dios dice; esto se llama sabiduría.

11. Está poniendo a Dios en primer lugar en su vida; esto se llama temor de Dios.

12. Está impulsando el reino de Dios en la tierra; esto se llama compasión por los menos afortunados.

13. Está reconociendo que lo que recibe procede de Dios; esto se llama agradecimiento.

14. Está permitiendo al Espíritu Santo gobernar su vida; esto se llama ser sensible.

15. Está haciendo lo correcto; esto se llama integridad.

16. Está sembrando parte de lo que cosechó, y no se come todo el producto porque quiere seguir cosechando; esto se llama visión.

17. Es porque cree que el sistema económico de Dios es mejor que cualquier otro sistema humano; esto se llama fe.

18. Está honrando a Dios con sus bienes; esto se llama adoración.

19. Le está entregando a Dios lo que es de Dios y no quitándole a Dios para darle al césar; esto se llama orden.

20. Cree que es mucho más importante quedar bien con Dios que quedarse con dinero; esto se llama honestidad.

21. Está eligiendo no ser avaricioso; esto se llama abnegación.

22. Sabe que las promesas de Dios se cumplirán en su vida; esto se llama esperanza.

23. No lo hace porque le sobra, sino porque su pasión por Dios es muy grande; esto se llama amor.

24. Quien diezma le está despejando el camino al Señor para que prospere su vida, y es allí donde comienza «la bendición que enriquece».

Lo que escribió aquí el Dr. YES es extraordinario. Las enumeré para que las memorices y las grabes en tu corazón por número y las apliques cada día en tu vida. Si las vives, estas bellas palabras te serán de gran bendición para ti y para tu familia. Mis felicitaciones al Dr. YES por su excelente libro.

Obedece y serás bendecido

Espero que, activado por el Espíritu Santo, este capítulo sobre los diezmos haya cambiado tu manera de pensar si no has sido un fiel diezmador. Ahora puedes tener una mentalidad bíblica y rechazar toda mentira del enemigo. No creas a quienes dicen que no tenemos que diezmar. Sus excusas teológicas no son más que avaricia o ignorancia. Pablo dice bien claro en 2 Timoteo 3:16 que «toda la Escritura es inspirada por Dios, y útil para enseñar, para redargüir, para corregir, para instruir en justicia». Ya vimos que Pablo se refería al Antiguo Testamento (lo único que existía en su tiempo), y en él se nos enseña a ser fieles en los diezmos. Así que obedece y recibirás bendiciones. Recuerda las palabras de Cristo: «¡Dad, y se os dará!».

CAPÍTULO 7

LA FORMA ADECUADA DE OFRENDAR DE ACUERDO A LA BIBLIA

> **Dad, y se os dará; medida buena, apretada, remecida y rebosando darán en vuestro regazo. (Lucas 6:38)**

Los diezmos son la llave para la bendición económica, y ofrendar al Señor de acuerdo a su Palabra también lo es. Cuando diezmamos, estamos dando a Dios lo que le pertenece. Cuando ofrendamos le damos al Señor de lo que ya nos pertenece, y es una demostración de gratitud y agradecimiento porque nos ha bendecido más de lo normal.

Muchos ofrendan, pero no de una manera bíblica, y por eso no reciben lo que promete la Palabra de Dios. De las treinta y ocho parábolas de Cristo, dieciséis hablan de una forma u otra de principios relacionados con las finanzas y la importancia del dinero y de su mayordomía o administración. Es bien importante y debemos poner atención a sus enseñanzas. Y la Biblia está llena de ejemplos de cómo debemos dar al Señor y de cómo nos bendice y prospera si lo hacemos de la manera adecuada.

No olvides que no podemos dar más que Dios. Jamás será así porque si damos es porque ya hemos recibido de Él. Damos de lo que tenemos. Claro, lo que leí en la parte trasera de un auto es cierto: «No doy porque no tengo y no tengo porque no doy».

A propósito, Jesús dijo en Lucas 6:38: «Dad, y se os dará; medida buena, apretada, remecida y rebosando darán en vuestro regazo». Aquí vemos que hay por lo menos hay cinco maneras de cómo Dios nos bendice si damos a Él y somos fieles en las ofrendas:

1. **«Dad y se os dará»**. Damos y Dios siempre nos devuelve.
2. **«Medida buena»**. Quizá damos más, menos, pero Dios nos dará lo debido.
3. **«Apretada»**. Dios nos da para que la «maleta» quede apretada.
4. **«Remecida»**. Dios la mueve, la ajusta, para que quepa mucho más.
5. **«Rebosando»**. Dios le dará para que sobreabunde, para que sobre, para que se desborde. ¡Lluvia de bendiciones! ¡Aleluya!

Cuando comenzamos a dar en obediencia a la Palabra de Dios, entramos en un ciclo económico de una provisión sobrenatural que nunca antes has recibido. ¿Cómo podemos entonces dar, ofrendar de la manera correcta y basada en la Palabra para ser prosperados y bendecidos?

1. Ofrenda y da honrando a Dios ante todo y ponlo a Él en primer lugar

Proverbios 3:9-10: «Honra a Jehová con tus bienes, y con las primicias de todos tus frutos; y serán llenos tus graneros con abundancia, y tus lagares rebosarán de mosto». ¿No son similares estas palabras a las de Cristo en Lucas 6:38? Debemos honrar al Señor dándole nuestros diezmos, lo que a Él le pertenece, y nuestras ofrendas antes gastar en nuestra familia, nuestros hijos, nuestros intereses, nuestros deseos y voluntades. A Dios se le da primero, porque Él es el dador de la vida. Sin Él no somos nadie ni nada ante su presencia. Debemos honrarlo con nuestros bienes, con todo lo que tenemos... con las primicias. Es decir, lo primero de nuestro salario o las ofrendas, de todos nuestros frutos, de todo lo que hayamos recibido.

¿Y cuál es la respuesta divina? «Serán llenos tus graneros con abundancia y tus lagares rebosarán de mosto» (Proverbios 3:10). ¿Notas alguna similitud con Lucas 6:38? ¡Claro que sí! Fíjate: «Dad, y se os dará; medida buena, apretada, remecida y rebosando darán en vuestro regazo». ¿Estaría el Señor pensando en este versículo de Proverbios cuando dijo esto? ¡Es exactamente lo mismo, aunque en otras palabras! Si pones a Dios sobre todas las cosas, Él te bendecirá. Mira lo que el Señor nos dice en Mateo 6:33: «Buscad primeramente el reino de Dios y su justicia, y todas estas cosas os serán añadidas». ¡Y todas estas cosas! ¿No es lo que dijo Juan? «Amado, yo deseo que seas prosperado en todas las cosas». ¿No es lo mismo? ¿Estaría Juan pensando en este versículo cuando dijo estas palabras en 3 Juan 2? ¿Y qué cosas serán añadidas? ¡Todas! ¿Y en qué cosas serás prosperado? ¡Todas! De manera material, física, espiritual y ministerial.

Hace algún tiempo, Dámaris y yo tuvimos una experiencia tremenda. Estábamos orando y ayunando por algunas necesidades y desafíos que teníamos en lo personal y en lo ministerial. Dios nos enseñó una lección tremenda en cuanto a darle primero a Él por fe. Al tercer día, mientras orábamos, el Señor nos dijo a través de Dámaris: «Josué, el Señor me dijo que sacaras dos mil quinientos dólares y los envíes inmediatamente, al Pr. Benjamín a la India.

—¿Ahora mismo? —le pregunté—. ¿Estás segura, Dámaris, de que fue Dios?

—¡Claro que sí! ¡Hazlo y verás!

Fui al banco, saqué el dinero y lo envié por *Western Union*. En quince minutos ya estaba allá. Más tarde llamé al pastor Benjamín, uno de los muchos misioneros que tenemos en la India y el que organizó nuestra cruzada en Madrás en 1999.

—Pastor —le dije—, acabo de enviarle dos mil quinientos dólares a usted, a su familia y a su ministerio. No sabemos su situación, pero hemos obedecido a Dios.

Puse el teléfono en altavoz para que Dámaris oyera la conversación. Se oyó un silencio en la línea y el pastor empezó a sollozar.

—Hermano Yrion —me dijo—, hace más de dos semanas que no tenemos casi nada que comer.

Cuando Dámaris lo escuchó, me dijo emocionada:

—¡Dios es fiel! Él habló, obedecimos y suplió así la necesidad de esta familia en la India.

Esto ocurrió un viernes. Paso el fin de semana y el miércoles fuimos a Seattle a predicar. En el primer día de la campaña, antes de que empezara el culto, una hermana entró en la iglesia, se me acercó y puso un cheque en mi mano y me dijo: «¡El Señor me dijo que le diera esto!».

Cuando miré, era un cheque cinco mil dólares. El Señor nos devolvió el doble de lo que dimos. Dejamos nuestras necesidades a un lado y le dimos al Señor y a su obra primero. Lo honramos y Él nos lo devolvió con creces. Honra a Dios y Él te honrará. ¡Él es fiel! ¡Aleluya!

2. Ofrenda y da según tus ingresos, según Dios te haya bendecido

Deuteronomio 12:6-7 nos enseña lo siguiente:

> Y allí llevaréis vuestros holocaustos, vuestros sacrificios, vuestros diezmos, y la ofrenda elevada de vuestras manos, vuestros votos, vuestras ofrendas voluntarias, y las primicias de vuestras vacas y de vuestras ovejas; y comeréis allí delante de Jehová vuestro Dios, y os alegraréis, vosotros y vuestras familias, en toda obra de vuestras manos en la cual Jehová tu Dios te **hubiere bendecido** (énfasis añadido).

Dámaris y yo, así como nuestra organización y ministerio, no damos para que Dios nos bendiga. Damos porque Dios ya nos ha bendecido.

Números 29:39 nos aconseja: «Estas cosas ofreceréis a Jehová en vuestras fiestas solemnes, además de vuestros votos, y de vuestras ofrendas voluntarias, para vuestros holocaustos, y para vuestras ofrendas, y para vuestras libaciones, y para vuestras ofrendas de paz». Dice: «ofrendas voluntarias». A Dios se le ofrenda por voluntad propia, sin presión, sin angustia, sin tristeza, con pasión, con gozo, por todo lo que Él ya nos ha dado. Deuteronomio 16:10 dice: «Y harás la fiesta solemne de las semanas a Jehová tu Dios; de la abundancia voluntaria de tu mano será lo que dieres, según Jehová tu Dios te hubiere bendecido». ¿Cuánto te ha bendecido Dios? ¿Le has sido fiel y le has dado a medida que te ha dado Él? ¿Le has ofrendado a Dios después de todo lo que te ha bendecido en cuanto a salud, trabajo, familia, finanzas y ministerio? ¿Cuánto puedes dar hoy para la causa del Señor, para el avance de la evangelización y las misiones mundiales? Pon a prueba a Dios, y verás que jamás podrás dar más que Él. ¡Imposible!

El problema siempre ha sido el amor al dinero, como ya vimos en los capítulos anteriores. Muchos cristianos todavía traen esto del mundo, se aferran a las cosas materiales y por eso no prosperan.

Hace mucho tiempo atrás en Londres, Inglaterra, la esposa creyente de un hombre rico siempre le decía: «Ven conmigo a la iglesia para que oigas a Juan Wesley». Por mucho tiempo no accedió. Sin embargo, un día, como la esposa insistía, decidió ir a la iglesia. Ese domingo Juan Wesley habló sobre las finanzas.

«En primer lugar», dijo, «gana todo el dinero que puedas». Al oír esto, el esposo le dijo a su señora: «Me gusta este pastor. Debí haber venido antes».

«En segundo lugar», dijo el predicador, «ahorra todo el dinero que puedas». De nuevo, el esposo se entusiasmó y le dijo a la esposa: «Me gusta este hombre. Vendré contigo todos los domingos». ¡Es obvio que no sabía el siguiente y final punto!

Juan Wesley concluyó diciendo: «Ya sabes que debes ganar todo el dinero que puedas. Ya sabes que debes ahorrar todo el dinero que puedas. En tercer y último lugar, ofrenda todo el dinero que puedas a la obra de Dios y tendrás tesoros en el cielo». Allí se acabó el entusiasmo de aquel hombre. Se levantó para salir y le dijo a su esposa: «Vámonos... ya no me gusta este predicador».

Este siempre ha sido el problema de las personas sin Cristo, pero también de las que ya tienen a Cristo. Ya hemos hablado del amor al dinero, pero añado: No seas dueño de nada y lo tendrás todo. Sostén la obra de Dios y Dios te sostendrá a ti.

3. Da con liberalidad, sin reservas

Mateo 10:8 dice: «De gracia recibisteis, dad de gracia». Como ya sabes, nuestro ministerio regala cada año miles y miles de Biblias, libros y otros materiales a todas las prisiones de Estados Unidos que los solicitan. También enviamos material gratuito a todo el mundo de habla hispana. Y Dios nos ha bendecido.

4. Ofrenda con liberalidad, con sencillez, con humildad y sin ostentación

En 2 Corintios 9:11-13 encontramos: «Para que estéis enriquecidos en todo para toda liberalidad, la cual produce por medio de nosotros acción de gracias a Dios. Porque la ministración de este servicio no solamente suple lo que a los santos falta, sino que también abunda en muchas acciones de gracias a Dios; pues por la experiencia de esta ministración glorifican a Dios por la obediencia que profesáis al evangelio de Cristo, y por la liberalidad de vuestra contribución para ellos y para todos».

Uno ofrenda al Señor con liberalidad, de corazón y sin ostentación cuando reconoce que Él es nuestro proveedor, el que nos da la vida y el que es el dueño de todo. Como ya he relatado, Dámaris y yo lo hemos comprobado.

5. Ofrenda y da sin falta cada mes, cada semana y en cada oportunidad

En 1 Corintios 16:1-2 leemos: «En cuanto a la ofrenda para los santos, haced vosotros también de la manera que ordené en las iglesias de Galacia. Cada primer día de la semana cada uno de vosotros ponga aparte algo, según haya prosperado». Cada oportunidad que Dios te concede para dar es una oportunidad que le das de bendecirte. Tienes una semilla en la mano, lánzala y Dios te dará una cosecha. Muchos rehúsan a obedecer a Dios y a su Palabra y después se preguntan por qué no prosperan.

No necesito conocerte en persona para percibir tu nivel de madurez espiritual. Me basta que me hables de tu estado de cuenta bancario mensual. Mira, si vas a la iglesia siempre, cantas, alabas y oras, pero en tu cuenta bancaria aparece cero diezmo, cero ofrendas a los misioneros, cero patrocinio de proyectos de tu iglesia o algún ministerio, eres un cero a la izquierda (a menos que esto se deba a que no tengas trabajo, estés enfermo y no tengas entradas). No debemos amar solo de palabras sino de hechos.

Yo doy en cada oportunidad que tengo. También recibo constantemente. Nuestro ministerio da en cada oportunidad que tiene. También recibe constantemente. Sin embargo, hay muchos, muchísimos cristianos, que no lo hacen y, como resultado, no son bendecidos.

Se dice que un hermano se murió y fue al cielo. Al llegar lo recibió un ángel que anunció:

—¡Llegó el hermano de la casa 44!

—Vamos a llevarlo a su casa eterna —le dijeron.

Empezaron a caminar y el hermano comienza a mirar grandes casas, grandes mansiones y se dice: «Seguro que una de estas casas es mía».

—¿Quién vive en estas casas? —le pregunta al ángel.

—Aquí viven los mártires de Cristo —le responde el ser angelical—, los que dieron su vida por Él y por su causa.

Y siguieron caminando. Entraron por unas calles y las casas ya no eran tan grandes y espaciosas, pero eran muy buenas. Preguntó la segunda vez el hermano:

—¿Y quiénes viven aquí?

—Aquí viven los grandes hombres de Dios, los misioneros —le respondió—, los que fueron grandes ganadores de almas, muchos ministros.

Y seguían adelante. Doblaron en una esquina y el hermano se vio delante de algunas casas, pero ya no tan atractivas como las primeras o las segundas.

—¿Y quiénes viven aquí?

—La mayoría de los cristianos, los que sirvieron a Dios de alguna manera y fueron fieles a Él, pero no lo sirvieron como los anteriores.

Y, al final, el ángel le dice:

—Ah, ¡ya llegamos!

Y el lugar ni se comparaba a los anteriores. Eran casitas pequeñas, sin atractivo y apariencia. El hermano se alarmó y preguntó con voz temblorosa:

—Entonces, ¿dónde está mi casa?

—Ah, ¿ves aquella casita de paja allá debajo de aquel puentecito? —le preguntó el ángel.

—Sí, sí, ¿pero esa es mi casa? Debe haber alguna equivocación

A lo que el ángel le dijo:

—Este es el cielo, no hay equivocaciones, todo es perfecto. Sí, aquella es tu casa, sí lo es...

—Pero... pero... ¿por qué? —preguntó el hermano por última vez.

—Porque tú nunca fuiste fiel en tus diezmos, nunca ofrendaste como debería ser, nunca sostuviste a los misioneros, nunca diste a los proyectos de tu iglesia. Sin embargo, como eres salvo, por gracia estás aquí. Lo muy poco de todo lo que diste para Dios y su obra durante toda tu vida cristiana apenas alcanzó para comprar los materiales para edificar esa casita de paja allá abajo... ¡Bienvenido! ¡Disfrútala!

Estimado lector, ¿cuál es el tamaño de tu casa eterna en los cielos? ¿Cuánto has depositado aquí en la tierra en diezmos y ofrendas? ¿Qué material están usando para edificarla? Debes estar pensando y me preguntarás: «Pero somos salvos por gracia, ¿no?». ¡Sí, en efecto! Pero Pablo dijo que en aquel día sabremos de qué material es nuestra casa, nuestro galardón. En 1 Corintios 3:12-13 se habla exactamente de esto:

> Y si sobre este fundamento alguno edificare oro, plata, piedras preciosas, madera, heno, hojarasca, la obra de cada uno se hará manifiesta; porque el día la declarará, pues por el fuego será revelada; y la obra de cada uno cuál sea, el fuego la probará.

¿De qué material estás edificando tú? ¿Oro, plata, piedras preciosas, madera, heno u hojarasca? Pablo se refiere aquí a nuestros galardones, lo que hemos hecho o dejado de hacer para Dios. Nuestra obra saldrá a la luz en aquel día y será revelada delante de los ojos de todos. Invierte hoy en el Reino de los cielos para disfrutar mañana.

De cualquier manera cada cristiano será salvo, porque es por gracia, por la obra de Cristo en el Calvario, no de lo que damos a Él depende nuestra salvación, pero en cuanto a los galardones sí, de lo que hacemos para Dios y de lo que damos, porque Pablo termina diciendo en 1 Corintios 3:14-15 sin sombras de dudas:

> Si permaneciere la obra de alguno que sobreedificó, recibirá recompensa. Si la obra de alguno se quemare, él sufrirá pérdida, si bien él mismo será salvo, aunque así como por fuego.

¿Qué reconocimiento tendrás de parte de Dios al llegar al cielo? Los aplausos, títulos y pompa del hombre aquí abajo no me importan para nada, pero sí me importa lo que Dios dirá de mí. Mis ojos están en las cosas eternas y no pasajeras y temporales de aquí de abajo. Y tú, ¿dónde tienes tus ojos? Por esto debes dar con regularidad en cada oportunidad que tengas. Haz tesoros en los cielos y no en la tierra.

Dice la Biblia que «donde esté vuestro tesoro, allí estará también vuestro corazón». ¿Cuánto has depositado aquí en la tierra en diezmos y ofrendas? ¿Qué material estás usando para edificar tu morada celestial? ¿No somos salvos por gracia? ¡Claro que sí!

6. Ofrenda y da con gozo, alegría y regocijo

«Cada uno dé como propuso en su corazón: no con tristeza, ni por necesidad, porque Dios ama al dador alegre. Y poderoso es Dios para hacer que abunde en vosotros toda gracia, a fin de que, teniendo siempre en todas las cosas todo lo suficiente, abundéis para toda buena obra; como está escrito: Repartió, dio a los pobres; su justicia permanece para siempre. Y el que da semilla al que siembra, y pan al que come, proveerá y multiplicará vuestra sementera, y aumentará los frutos de vuestra justicia» (2 Corintios 9:7-10).

Dar con gozo es dar con un espíritu de alegría, libre de toda restricción. Dios ama al dador alegre, y aborrece el que da con tristeza, por obligación, por cumplir. Tales personas esperan recibir bendiciones, que Dios las prospere. ¡Eso no sucederá! He visto hermanos tener automóviles buenos, ropas buenas, casas buenas, trabajos buenos; pero cuando llega la hora de la ofrenda, le dan a Dios de lo que les sobra. ¿Es eso justo después de todo lo que el Señor los ha bendecido? ¿A quién están engañando? ¿Será que han olvidado que Dios no puede ser burlado, que todo lo que el hombre sembrare, eso también segará? (Gálatas 6:7).

Por otro lado, hay hermanos que dan con alegría al Señor. Conocemos una fiel sembradora de nuestro ministerio que una vez nos envió cinco mil dólares. Después nos escribió una carta relatando las grandes bendiciones que Dios le había concedido por ese gesto. La carta llegó acompañada de otro cheque, que esta vez era de diez mil dólares. ¡Aleluya!

Después del terremoto de Chile, nuestro ministerio envió con mucha alegría una ofrenda de cinco mil dólares a un pastor muy querido para ayudarlo a reconstruir su casa. No mucho después un hermano de Miami, Florida, que también conocemos, nos llamó para decirnos que Dios lo había conminado a vender algunas joyas que ya no usaba y enviar el dinero a los misioneros. Las vendió y depositó en la cuenta nuestra del ministerio seis mil dólares. ¿No es Dios fiel? ¿Quién podrá ganarle? Uno da y Dios le devuelve. Recuerda: «¡Dad, y se os dará!».

7. Ofrenda para los ministros y ministerios que de veras proclaman la Palabra

«Porque en la ley de Moisés está escrito: No pondrás bozal al buey que trilla. ¿Tiene Dios cuidado de los bueyes, o lo dice enteramente por nosotros? Pues por nosotros se escribió; porque con esperanza debe arar el que ara, y el que trilla, con esperanza de recibir del fruto. Si nosotros sembramos entre vosotros lo espiritual, ¿es gran cosa si segáremos de vosotros lo material? Si otros participan de este derecho sobre vosotros, ¿cuánto más nosotros? Pero no hemos usado de este derecho, sino que lo soportamos todo, por no poner ningún obstáculo al evangelio de Cristo. ¿No sabéis que los que trabajan en las cosas sagradas, comen del templo, y que los que sirven al altar, del altar participan? Así también ordenó el Señor a los que anuncian el evangelio, que vivan del evangelio» (1 Corintios 9:9-14).

Hemos recibido centenares tras centenares de correos electrónicos de personas alrededor del mundo que se alimentan espiritualmente de nuestras predicaciones por YouTube, y el Señor las ha llevado a enviar ofrendas a nuestro ministerio y a nuestros misioneros. Lo hacen porque conocen nuestro testimonio, integridad y honestidad. No solo damos a nuestros misioneros y al instituto bíblico en la India, sino también a muchas organizaciones cristianas como, por citar algunas, Evangelismo Mundial de Morris Cerullo (ministerio que ha ganado a millones de personas para Cristo alrededor del mundo), *Jew for Jesus* (que están alcanzando a la comunidad judía para el Señor) y la *Fred Jordan Mission* (que alimentan y visten a miles y miles de personas pobres y desamparadas cada año). Todos estos ministerios son de gran reputación y testimonio y sabemos que estamos sembrando en tierra fértil. Y lo que hacemos con otros ministerios, muchos lo hacen con nosotros.

Abundando sobre el pasaje que cité arriba, Pablo dice en 1 Timoteo 5:17 algo que nos hace pensar y tener conciencia en cuanto al sostén económico de los ministros y de los ministerios y cómo debemos honrar a esos hombres y mujeres que predican la Palabra de Dios:

Los ancianos [ministros] que gobiernan bien, sean tenidos por dignos de doble honor, mayormente los que trabajan en predicar y enseñar.

¡Doble honor! Debemos bendecir doblemente, de todas las maneras posibles, a los hombres y las mujeres que sirven al Señor, y Dios sabrá recompensarnos. En el versículo 18, el apóstol añade:

La Escritura dice: No pondrás bozal al buey que trilla; y: Digno es el obrero de su salario.

Es digno, lo merece, porque se esfuerza, trabaja, sirve, se cansa físicamente, lo critican, sufre fatiga mental, rechazo, abandono, traición, soledad en sus muchos viajes (dímelo tú...). ¡Es digno! Pagamos un precio increíble por ser ministros. La gente viene a oírnos predicar y oyen un sermón de cuarenta y cinco minutos a una hora que nos llevó horas, días y semanas para hacerlo. Para prepararlos hay que investigar, buscar las ilustraciones, orar, ayunar. A pesar de todo esto, la gente murmura, nos ofende, nos critica, nos difama, nos calumnia... Fíjate lo que dice Gálatas 6:6:

> El que es enseñado en la palabra, haga partícipe de toda cosa buena al que lo instruye.

De veras, no tienes idea de lo que le cuesta a tu pastor llevarte bendiciones espirituales al predicar. Bendícelo, ámalo, llévale un buen regalo en su cumpleaños, en ocasiones especiales. Hazlo mientras vivas. Las palabras que se pronuncien al lado del ataúd salen sobrando. ¡Hazlo ahora! Hoy mismo llámalo y dile lo cuanto lo aprecias y le agradeces su cuidado, su amor y sus oraciones a tu favor.

He conocido en muchas partes del mundo a pastores, evangelistas y misioneros a quienes han abandonado familiares y miembros de sus iglesias, y hoy viven tristes y olvidados en asilos de ancianos. Por nuestra parte, damos y honramos a nuestros cuarenta misioneros, verdaderos héroes del evangelio de Cristo que están en las trincheras de las misiones mundiales. Ellos y nosotros podemos decir como Pablo en 1 Tesalonicenses 2:9: «[Gracias] porque os acordáis, hermanos, de nuestro trabajo y fatiga; cómo trabajando de noche y de día, para no ser gravosos a ninguno de vosotros, os predicamos el evangelio de Dios». Por lo tanto, haz como lo hacemos nosotros: bendice a los ministros y sus ministerios, y Dios también te bendecirá grandemente.

En cierta ocasión, me faltaban mil cuatrocientos y treinta dólares para completar el dinero de los misioneros. Oré al Señor y hablé con Dámaris y le dije: «Iré al correo en Los Ángeles a buscar la correspondencia. Me faltan mil cuatrocientos y treinta dólares para completar el dinero mensual para los misioneros». Dámaris, que estaba en la cocina haciendo un sabroso arroz con pollo cubano, me dijo: «Ve en fe. El dinero está allá. El mismo Dios poderoso que nos sacó a mí y a mi familia de Cuba te hará el milagro». Fui orando en la carretera y le

123

dije a Dios en mis pensamientos: «No me vayas a fallar hoy. ¿Cómo voy a predicar esta noche de tu poder si no se ha completado lo que siempre envío?».

Al llegar, tenía muchas cartas en la caja postal, pero había una en particular que nunca antes había llegado. La abrí con mucha expectativa. La carta decía: «Hermano Yrion, cuando estuviste en nuestra iglesia de las Asambleas de Dios, hablaste de las misiones con una pasión increíble. Dios habló a mi corazón. Soy dueño de una pequeña fábrica de piezas de repuesto para automóviles. Aquí le envío mi primera ofrenda a sus misioneros, mil cuatrocientos y treinta dólares». ¡Aleluya! ¡Dios es fiel! Así como nosotros damos a los demás, los demás nos dan a nosotros. Por esto Jesús dijo: «¡Dad, y se os dará!».

8. Ofrenda y da de corazón para el servicio del Señor

«Entonces los jefes de familia, y los príncipes de las tribus de Israel, jefes de millares y de centenas, con los administradores de la hacienda del rey, ofrecieron voluntariamente. Y dieron para el servicio de la casa de Dios cinco mil talentos y diez mil dracmas de oro, diez mil talentos de plata, dieciocho mil talentos de bronce, y cinco mil talentos de hierro. Y todo el que tenía piedras preciosas las dio para el tesoro de la casa de Jehová [...] Y se alegró el pueblo por haber contribuido voluntariamente; porque de todo corazón ofrecieron a Jehová voluntariamente» (1 Crónicas 29:6-9). Este pasaje dice dos veces que dieron «voluntariamente» y «de todo corazón». Es decir, porque quisieron dar, por amor, con cariño, no por obligación, sino con empeño. Nota que los primeros que dieron fueron los líderes, «los jefes de familia, y los príncipes de las tribus de Israel, jefes de millares y de centenas, con los administradores». Nosotros los ministros (los pastores, los evangelistas, todos los que estamos en posición de liderazgo) debemos dar el ejemplo. Alguien me dijo una vez que los ministros saben pedir, pero son los que menos dan. Será cierto en muchos casos, pero la mayoría de los ministros dan y conocen el secreto de dar y recibir.

Éxodo 36:3-7 contiene una gran lección para nosotros:

Y tomaron de delante de Moisés toda la ofrenda que los hijos de Israel habían traído para la obra del servicio del santuario, a fin de hacerla. Y ellos seguían trayéndole ofrenda voluntaria cada mañana. Tanto, que vinieron todos los maestros que hacían toda la obra del santuario, cada uno de la obra que hacía, y hablaron a Moisés, diciendo: El pueblo trae mucho más de lo que se necesita para la obra que Jehová ha mandado que se haga. Entonces Moisés mandó pregonar por el campamento, diciendo: Ningún hombre ni mujer haga más para la ofrenda del santuario. Así se le impidió al pueblo ofrecer más; pues tenían material abundante para hacer toda la obra, y sobraba.

¿Cuándo sucederá esto con los cristianos de habla hispana? ¿Por qué no? ¡Yo lo creo!

Un día, recibí un cheque de mil ochocientos cuarenta y ocho dólares de la editorial Thomas Nelson, la que editó nuestros primeros seis libros. Sabía que este cheque no era mío, que me lo enviaron por error. Llamé al departamento de crédito y hablé con ellos. El hermano me dijo que iría a verificar y que al final del día me contestaría. En efecto, antes que terminara ese día me envió un correo electrónico diciéndome: «Lo felicito, Rvdo. Yrion, por su integridad. Sí, fue un error. Escriba cancelado en el cheque y nos lo envía de regreso». Y lo hice.

Al día siguiente, nos llama una fiel colaboradora del ministerio y nos dijo: «Saquen de mi tarjeta de crédito tres mil dólares. Quiero ofrendar para los misioneros más de lo que yo he ofrendado regularmente». ¿No es increíble esto? Fuimos íntegros al devolver un cheque que no era nuestro y de inmediato Dios nos bendijo con una ofrenda voluntaria y abundante como aquella.

No me cansaré en decir: ¡Dios es fiel! ¿No es lo que está escrito en Deuteronomio 10:12-13 sobre vivir rectamente para ser bendecido?:

Ahora, pues, Israel, ¿qué pide Jehová tu Dios de ti, sino que temas [ser íntegro, recto, honesto] a Jehová tu Dios, que andes en todos sus caminos, y que lo ames, y sirvas a Jehová tu Dios con todo tu corazón y con toda tu alma; que guardes los mandamientos de Jehová y sus estatutos, que yo te prescribo hoy, para que tengas prosperidad?

Para que tengas prosperidad, para que seas bendecido. ¡Está escrito!

9. Ofrenda y dale con generosidad al Señor

«Pero esto digo: El que siembra escasamente, también segará escasamente; y el que siembra generosamente, generosamente también segará» (2 Corintios 9:6). Cuanto más des, más recibirás. Cuanto más sean las semillas que plantes, mayor será tu cosecha: «¡Dad, y se os dará!».

Éxodo 35:5 dice: «Tomad de entre vosotros ofrenda para Jehová; todo generoso de corazón la traerá a Jehová». ¿Eres generoso? Fíjate en lo que sucedió en la reforma que el rey Ezequías llevó a cabo, según nos cuenta 2 Crónicas 29:31: «Y respondiendo Ezequías, dijo: Vosotros os habéis consagrado ahora a Jehová; acercaos, pues, y presentad sacrificios y alabanzas en la casa de Jehová. Y la multitud presentó sacrificios y alabanzas; y todos los generosos de corazón trajeron holocaustos». Todos los generosos de corazón. La generosidad involucra el corazón, la mente y la voluntad del ser humano. ¡De corazón!

En 1 Timoteo 6:18, Pablo nos dice esto en cuanto a la generosidad: «Que hagan bien, que sean ricos en buenas obras, dadivosos, generosos». Dios permita que seamos así todos los días de nuestra peregrinación como cristianos en esta tierra. No hay nada que satisfaga más ni más maravilloso para mí en particular que dar y ser de bendición a los demás. Por eso prediqué sobre esto en un sermón que está en el DVD titulado: «Bendecidos para bendecir». Es un tremendo mensaje sobre la mayordomía y la administración de nuestras finanzas (lo puedes adquirir en www.josueyrion.org).

Mira el extraordinario mensaje de Isaías 32:8: «El generoso pensará generosidades, y por generosidades será exaltado». ¡Será exaltado, será bendecido, será prosperado!

Se cuenta la anécdota de tres ministros que una vez se reunieron para conversar. A uno de ellos se le ocurrió preguntarles a los demás cómo ofrendaban al Señor. Los dos le dijeron:

—Dinos tú primero como lo haces. ¿Cómo ofrendas?

—Bueno —les dijo—, yo hago una raya en el piso de tierra, y le digo al Señor: "Voy a lanzar el dinero hacia arriba. Lo que cae en el lado derecho de la raya es tuyo, pero lo que cae del lado izquierdo es mío".

—Pues yo hago un círculo en la tierra —dijo el otro ministro—, y le digo al Señor: "Lanzaré el dinero el dinero para arriba. Lo que cae en el círculo es tuyo y lo que cae afuera es mío".

—Bueno, yo soy más práctico —dijo el último—. Yo lanzó el dinero para arriba y le digo al Señor: "Agarra lo que es tuyo, porque lo que cae es mío...".

No es para reírse, hermanos. ¡No! ¡Es para llorar! Aunque es cómico, esta no es la manera de dar generosamente al Señor después de todo lo que Él nos ha dado. Dios es el dador más grande que jamás existió, porque el versículo más conocido de la Biblia dice: «De tal manera amó Dios al mundo, que ha dado a su Hijo unigénito, para que todo aquel que en él cree, no se pierda, mas tenga vida eterna» (Juan 3:16). Dios dio a su hijo. No lo prestó, no lo alquiló, no lo vendió. Lo dio. Pon esto en tu corazón: ¡Él dio! ¡Aleluya! Da, ofrenda de la manera en que Dios los hizo al dar a su Hijo Jesucristo para morir por nosotros y verás las bendiciones fluir en tu vida.

10. Ofrenda y da con sacrificio, abnegación y renuncia

«De hacer bien y de la ayuda mutua no os olvidéis; porque de tales sacrificios se agrada Dios» (Hebreos 13:16). Esto se refiere a ayudar a los demás, a los que tienen necesidad, a los menos afortunados. Es dar con sacrificio, como la viuda que Jesús alabó porque dio sus únicas dos monedas. De esto «se agrada Dios».

Dios se siente honrado y alabado cuando nosotros actuamos de esta manera. ¿Por qué? Porque al hacerlo cumplimos con su Palabra que dice: «no os olvidéis». Cuando no olvidas a los demás, Dios no se olvidará de ti. ¿Qué sucede cuando uno ayuda económicamente a los demás? La Palabra de Isaías 30:23 se cumplirá en nuestra vida:

> Entonces dará el Señor lluvia a tu sementera, cuando siembres la tierra, y dará pan del fruto de la tierra, y será abundante y pingüe; tus ganados en aquel tiempo serán apacentados en espaciosas dehesas.

¿Quieres ser bendecido? ¡Aleluya! ¡Créelo! Te sucederá como a la viuda de Sarepta de Sidón. Dice la Biblia que el Señor le dijo al profeta Elías:

> Levántate, vete a Sarepta de Sidón, y mora allí; he aquí yo he dado orden allí a una mujer viuda que te sustente. Entonces él se levantó y se fue a Sarepta. Y cuando llegó a la puerta de la ciudad, he aquí una

mujer viuda que estaba allí recogiendo leña; y él la llamó, y le dijo: Te ruego que me traigas un poco de agua en un vaso, para que beba. Y yendo ella para traérsela, él la volvió a llamar, y le dijo: Te ruego que me traigas también un bocado de pan en tu mano. Y ella respondió: Vive Jehová tu Dios, que no tengo pan cocido; solamente un puñado de harina tengo en la tinaja, y un poco de aceite en una vasija; y ahora recogía dos leños, para entrar y prepararlo para mí y para mi hijo, para que lo comamos, y nos dejemos morir. Elías le dijo: No tengas temor; ve, haz como has dicho; pero hazme a mí primero una pequeña torta cocida debajo de la ceniza, y tráemela; y después harás para ti y para tu hijo. Porque Jehová Dios de Israel ha dicho así: La harina de la tinaja no escaseará, ni el aceite de la vasija disminuirá, hasta el día en que Jehová haga llover sobre la faz de la tierra. Entonces ella fue e hizo como le dijo Elías; y comió él, y ella, y su casa, muchos días. (1 Reyes 17:9-15)

Por la gran fe de una viuda ella, su hijo y el profeta Elías comieron por muchos días. Alguien hizo la cuenta y dijo que si ella, su hijo y Elías comieron tres veces al día cada uno hasta que la seca se terminó y el hambre cesó, comieron siete mil seiscientos ochenta veces. ¿Qué te parece? Tal vez la matemática no sea muy exacta, pero los eruditos dicen que todavía faltaban dos años y medio de hambre.

Aunque en otro nivel, en cierto sentido el rey David hizo lo mismo que aquella viuda. Cuando Arauna quiso regalarle todo lo que necesitaba para ofrecer el sacrificio que debía ofrecer, David le contestó:

No, sino por precio te lo compraré; porque no ofreceré a Jehová mi Dios holocaustos que no me cuesten nada. Entonces David compró la era y los bueyes por cincuenta siclos de plata. (2 Samuel 24:24)

Todo lo que se le da a Dios debe costarnos y ser lo mejor. Él dio en sacrificio lo mejor: a Jesucristo su Hijo.

Una hermana en Brasil, una fiel cristiana muy pobre que siempre daba al Señor de lo que no tenía, en una ocasión tuvo una gran experiencia con Dios. Estaba pasando una gran necesidad, pues su esposo había muerto y ella se había quedado sola con sus hijos. Mientras ayunaba y oraba el Señor le dijo que fuera a la casa de la vecina y llamara a la radio cristiana explicando su situación y que Él haría el milagro. Lo hizo. Llamó humildemente, explicó su situación, dio su nombre, dirección y el nombre de su pastor e iglesia y pidió que si alguien pudiera ayudarla con alimentos que por favor lo hiciera.

Un líder de una religión falsa y contraria al evangelio estaba oyendo el programa. Llamó a dos de sus ayudantes y les dijo:

—Vayan al mercado y compren de todo los alimentos que puedan encontrar. Después vayan a la casa de esa cristiana, toquen a la puerta y bajen todo lo que hayan comprado. Cuando terminen y le pregunten quién enviaba aquello, le dirán: "¡El diablo se los envía, señora!". Hoy vamos avergonzar a Cristo.

—¿Por qué vamos a molestar a los cristianos? —les dijeron los dos jóvenes—. Ellos no se meten con nadie.

—Vayan y hagan lo que les he dicho —les contestó el hombre.

Así lo hicieron. Llegaron al mercado y compraron de todo. La camioneta casi tocaba el piso de tan pesada que estaba. Cuando llegaron a la casa de la señora, tocaron el timbre, y cuando esta abrió la puerta, empezaron a bajarlo todo. Ella y los niños se sintieron contentos. Pusieron todo arriba de la mesa, debajo de la mesa, en el sofá, en la sala. Cuando terminaron, uno de los jóvenes le dijo al otro:

—Pregúntale.

—No, pregúntale tú —dijo el otro.

Por fin uno se atrevió y le dijo:

—¿No va a preguntar, señora, quién le envió todo esto?

—No, ¿para qué? —contestó sin vacilar—. Cuando Dios manda, ¡hasta el diablo obedece!

Intentaron burlarse de ella, pero el Señor usó al propio diablo para suplir las necesidades de la sierva de Dios. ¡Dios es fiel, y también puede hacerte un milagro cuando le eres fiel!

11. Ofrenda y da lo que le prometiste al Señor

«Cuando haces voto a Jehová tu Dios, no tardes en pagarlo; porque ciertamente lo demandará Jehová tu Dios de ti, y sería pecado en ti. Mas cuando te abstengas de prometer, no habrá en ti pecado. Pero lo que hubiere salido de tus labios, lo guardarás y lo cumplirás, conforme lo prometiste a Jehová tu Dios, pagando la ofrenda voluntaria que prometiste con tu boca» (Deuteronomio 23:21-23).

Muchos hermanos prometen ayudar a diferentes ministerios y después no cumplen. La gente juega con las cosas espirituales y no saben que se están enlazando ellos mismos. Es mejor no hablar, no prometer, que después dejar de hacerlo. «Cuando te abstengas de prometer, no habrá en ti pecado». Mejor no lo digas para después no cumplirlo. Deuteronomio 12:11 también se refiere a esto: «Y al lugar que Jehová vuestro Dios escogiere para poner en él su nombre, allí llevaréis todas las cosas que yo os mando: vuestros holocaustos, vuestros sacrificios, vuestros diezmos, las ofrendas elevadas de vuestras manos, y todo lo escogido de los votos que hubiereis prometido a Jehová». Y Deuteronomio 12:17 dice: «Ni comerás en tus poblaciones el diezmo de tu grano, de tu vino o de tu aceite, ni las primicias de tus vacas, ni de tus ovejas, ni los votos que prometieres, ni las ofrendas voluntarias, ni las ofrendas elevadas de tus manos».

Mira lo que dice Eclesiastés 5:4-6 al hablar sobre lo mismo:

> Cuando a Dios haces promesa, no tardes en cumplirla; porque él no se complace en los insensatos. Cumple lo que prometes. Mejor es que no prometas, y no que prometas y no cumplas. No dejes que tu boca te haga pecar, ni digas delante del ángel, que fue ignorancia. ¿Por qué harás que Dios se enoje a causa de tu voz, y que destruya la obra de tus manos?

Está bien claro el mensaje. Te aconsejo que medites en él y que si has prometido ofrendar a tu iglesia, pastor o al ministerio que sea, cumple lo que dijiste para no estancar las bendiciones de Dios a tu vida. Proverbios 20:25 de nuevo nos advierte: «Lazo es al hombre hacer apresuradamente voto de consagración, y después de hacerlo, reflexionar». Piensa antes de hacer un voto. No lo hagas basado en tus emociones, sino en tu madurez, fe y confianza en el Señor.

Desde luego, hay muchos hermanos que cumplen sus votos. Muchas cartas que recibimos llegan acompañadas de un cheque o giro postal a nombre del ministerio. David siempre cumplió sus votos al Señor. El Salmo 22:25 él dijo: «De ti será mi alabanza en la gran congregación; mis votos pagaré delante de los que le temen».

Un hermano que reside en los Estados Unidos había prometido una ofrenda de dos mil dólares al Señor. Cuando iba a cumplir la promesa, su familia lo llamó desde su país para decirle que su madre estaba enferma y que necesitaban dinero para para una operación a la que debían someterla. Él se mantuvo firme en su propósito de dar al Señor lo que había prometido. Llamó a su familia y pidió que pusieran a su madre en el teléfono para orar por ella. Dios la sanó. Si se deja llevar por sus emociones y hubiera enviado el dinero a su familia, el diablo le hubiera robado la bendición y su madre hubiera seguido enferma. Como fue fiel a sus votos, recibió dos bendiciones: La curación de su madre y la bendición económica después que él cumplió con el Señor.

Recuerda: «¡Dad, y se os dará!».

12. Ofrenda y da con solicitud, entrega y pasión a los ministerios ganadores de almas

«En gran manera me gocé en el Señor de que ya al fin habéis revivido vuestro cuidado de mí; de lo cual también estabais solícitos, pero os faltaba la oportunidad [...] Sin embargo, bien hicisteis en participar conmigo en mi tribulación. Y sabéis también vosotros, oh filipenses, que al principio de la predicación del evangelio, cuando partí de Macedonia, ninguna iglesia participó conmigo en razón de dar y recibir, sino vosotros solos; pues aun a Tesalónica me enviasteis una y otra vez para mis necesidades. No es que busque dádivas, sino que busco fruto que abunde en vuestra cuenta. Pero todo lo he recibido, y tengo abundancia; estoy lleno, habiendo recibido de Epafrodito lo que enviasteis; olor fragante, sacrificio acepto, agradable a Dios. Mi Dios, pues, suplirá todo lo que os falta conforme a sus riquezas en gloria en Cristo Jesús» (Filipenses 4:10, 14-19). ¿Quién cuida de los hombres de Dios y sus ministerios? ¡Dios y por medio de ti!

Pablo dijo que ninguna iglesia había participado con él en razón de dar y recibir, sino aquella iglesia. En verdad he predicado en miles de iglesias por más de treinta años alrededor del mundo y solo unas pocas colaboran con nosotros, aunque saben de nuestro testimonio y nuestra integridad. Si todas las iglesias en que he predicado se comprometieran a ofrendar a los misioneros treinta dólares al mes, un dólar al día, ¿cuántos misioneros más pudiéramos respaldar económicamente?

Pablo aclara: «No es que busque dádivas, sino que busco fruto que abunde en vuestra cuenta». Y es muy cierto. No estás dándole a un ministerio, sino a Dios y tu ofrenda es «olor fragante, sacrificio acepto, agradable a Dios». ¡Aleluya! ¿Qué sucederá contigo? ¿Qué resultado obtendrás? Lo que dijo el apóstol: «Mi Dios, pues, suplirá todo lo que os falta conforme a sus riquezas en gloria en Cristo Jesús». Esta promesa no es para cualquiera, sino para los cristianos que son fieles en sus diezmos y ofrendas. Alguien que no da no puede usar este versículo como magia y citarlo para que Dios le oiga.

Cuando Kathryn y Joshua eran pequeños, les enseñé lo que eran los diezmos y las ofrendas. Me parece verlos todavía sentados los dos en el piso. Les dije:

—Cuando alguien les dé un dólar —puse el dólar en el suelo y las diez monedas, una al lado de la otra—, diez centavos son del Señor. Fíjense: estas diez monedas juntas valen igual que un dólar.

Me volví entonces a Kathryn y le dije:

—Te voy a dar una regalito de un dólar —y puse en sus manos las diez monedas; acto seguido le saqué una—. ¡Esta es del Señor!

Les expliqué que cada vez que les dieran un dólar, debían darle al Señor diez centavos; o sea, una de las diez monedas que vale el dólar. Y tomé un sobrecito blanco y chiquito y escribí: «Diezmos de Kathryn».

—¿Me quedo con todas estas, papi?

—¡Sí! Te quedas con nueve y le das una al Señor.

—¡Mira, Joshua, me quedé con todas estas moneditas!

Después hice lo mismo con Joshua.

El domingo llevaron con alegría sus sobrecitos a la iglesia.

Aquel domingo después del culto, mis suegros quisieron quedarse con los niños. Al llegar a la casa, la abuelita les dio veinte dólares para que se compraran algo. En seguida, Kathryn le pidió a su abuela que llamara a casa.

«Mami», le dijo emocionada a Dámaris, «es verdad que Dios prospera. Abuela nos dio veinte dólares».

Dios permitió esto para que quedara grabada en sus tiernas mentes la enseñanza que les di. Estoy seguro de que Kathryn y Joshua les enseñarán esto a sus hijos, mis nietos... y así hasta que Jesús venga. Alabado sea Dios. ¡Aleluya!

13. Ofrenda y da con perseverancia y fidelidad en todo tiempo

«Hay quienes reparten, y les es añadido más; y hay quienes retienen más de lo que es justo, pero vienen a pobreza. El alma generosa será prosperada; y el que saciare, él también será saciado» (Proverbios 11:24-25).

Si «repartes» y das a los demás de lo que Dios te ha dado, te será «añadido más». Dios siempre multiplicará lo que siembres. Y lo contrario también es cierto: lo que siembras, cosechas. «El alma generosa será prosperada» no solo materialmente. Es decir, «la persona recibirá bendiciones materiales, físicas, económicas y espirituales, y también en su ministerio. Esto es lo que dijo Jesús en Juan 10:10 y que nos hace saltar de alegría: «He venido para que tengan vida, y para que la tengan en abundancia». Abundancia, plenitud, salud y prosperidad en todos los aspectos de nuestra vida, con bendiciones espirituales para nosotros, nuestros familiares y nuestro ministerio. ¡Aleluya!

Todo esto es reservado a aquel que es generoso. Y termina diciendo: «El que saciare, él también será saciado». Si tú bendices a otros, serás bendecido. Es la ley irrevocable de la siembra y de la cosecha, como ya vimos en los capítulos anteriores. ¿Ya dejaste de preguntarte por qué Dios no hace que un millonario dé millones de dólares a nuestro ministerio o a alguna otra organización? ¿O por qué no va una persona millonaria enferma a algún culto, se ora por ella, se sana y le da al ministerio y a la persona que oró por ella millones y millones de dólares? Para Dios no habría problema en hacerlo. ¿Por qué Dios no lo hace? Porque tú y yo no daríamos y no seríamos bendecidos. El plan de Dios es usar su Iglesia y a través de ella sostener su obra, porque esta es nuestra responsabilidad de hacerlo.

Cuando comenzó la llamada «crisis financiera» aquí en los Estados Unidos, millones de personas perdieron sus trabajos. Millones de familias perdieron sus casas porque no pudieron seguir pagándolas. La bolsa de valores de Nueva York cayó y lo mismo las ventas de todo tipo. Fue al inicio de esta crisis que nuestro ministerio incrementó el número de los misioneros y la ayuda económica a estos en todos los continentes. Cuando muchos ministerios, concilios, denominaciones, iglesias y organizaciones cortaron la ayuda económica o la redujeron a sus misioneros, nosotros la aumentamos. ¿Y cuál ha sido el resultado? Hemos prosperado y hemos sido bendecidos de forma considerable como ministerio. Al inicio de la crisis teníamos veintisiete misioneros, ahora tenemos cuarenta.

¿Por qué nos ha bendecido Dios? Porque seguimos dando constantemente, con perseverancia, fe, confianza y creyendo que Él siempre proveería. Muchos de nuestros sembradores dejaron de ayudarnos a sostener los misioneros porque ya no podían. Hemos orado por ellos a diario porque muchos han tenido problemas económicos al cambiar de trabajo, otros problemas migratorios y siempre en nuestras oraciones y ayunos ellos están presentes. La mayoría de nuestros sembradores son fieles, han seguido sembrando a pesar de la crisis. Los que no pudieron seguir también eran fieles, pero tuvieron problemas económicos. Pero hay aquellos que sencillamente empiezan con treinta dólares al mes y esperan que Dios les dé tres mil la semana siguiente. Esto no es así, hay que sembrar y esperar, como dijo Pablo en 2 Timoteo 2:6: «El labrador, para participar de los frutos, debe trabajar primero». Tú debes trabajar, sembrar y esperar, como Santiago 5:7 nos dice: «Mirad cómo el labrador espera el precioso fruto de la tierra, aguardando con paciencia hasta que reciba la lluvia temprana y la tardía». Ofrenda, espera con paciencia y Dios te contestará.

Testimonios de la bendición de dar al Señor

Brevemente deseo hablarte de algunas de las muchas cartas que recibimos de sembradores que han recibido grandes bendiciones al seguir ayudando a nuestro ministerio y seguir siendo fieles a Dios en sus diezmos y ofrendas. No citaré sus nombres por cuestión de privacidad.

1. Un hermano nos cuenta que perdió su casa debido a cuestiones de trabajo y de la crisis. El Señor le dijo que llamará al banco y explicara su situación. En resumen, el banco le devolvió la casa, le perdonó una deuda de noventa mil dólares y le bajó los pagos del préstamo de la casa de dos mil seiscientos a ochocientos dólares.

2. Gracias, hermano Yrion, por sus oraciones. Nuestra oración ha sido contestada. Reciba usted muchas bendiciones de parte de nuestro Señor Jesucristo. Modificaron la hipoteca de nuestra casa y ya no

vamos a perderla. Ya es nuestra de nuevo. «Gracias, Señor, porque sé que *eres real en tus promesas*».

3. Hermano Yrion, en todos los aspectos de mi vida ha sido una bendición apoyar su misión, y hasta este momento Dios ha sido fiel. Estaba a punto de perder la casa, y cuando solo faltaban unas horas para que la vendieran mandé a su misión tres meses por adelantado, aun sabiendo la situación de la propiedad. Con un hijo en las drogas y en el alcohol, y yo con un trabajo que solo alcanzaba para las cuentas, siempre confié que la victoria llegaría y llegó. Dios me rescató la propiedad, Dios libró a mi hijo de las drogas y el alcohol y Dios abrió grandes puertas para mi trabajo, donde el sueldo es ahora el triple de lo anterior.

4. Hermano Yrion, le escribo para decirle que mi niño de ocho años de edad ha visto que yo contribuyo cada mes estos veinticinco dólares para su ministerio. En su cumpleaños le regalaron unos dólares y también desea dar su ofrenda de diez dólares. Le ruego que ore por mi niño para que este deseo de contribuir para la obra de Dios esté siempre en él y que conforme crezca, también crezca su deseo de contribuir para la obra de Dios y pueda algún día llegar a ser un siervo de Dios. Dios le bendiga. Sus hermanos en Cristo...

5. Este mismo niño después me escribió en inglés y me dijo: «Querido J.Y. Soy hijo de... y he decidido que cada vez que reciba más de un dólar, le enviaré algo para que pueda continuar con las misiones que Dios le llamó a hacer. Siga adelante. Dios lo ha llamado para que haga aun más. Dios lo bendiga...

6. Mi testimonio es que cuando llegué a los caminos de Dios, le pedí que yo fuera una persona de un corazón dadivoso para la obra de Dios. Tengo trece años de andar en los caminos de Dios. Vivía en un apartamento de dos dormitorios. En uno dormían mis tres hijos pequeños, mi esposo y yo, y en el otro mi hijo mayor y mi cuñada. Sin embargo, en mi caminar con el Señor aprendí que debía hacer tesoros en el cielo. Empecé a sembrar en su ministerio y a traer mi diezmo y mis ofrendas, y ahora he cosechado lo que he sembrado.

Por la gracia de Dios, ahora vivo en uno de los barrios más caros. El Señor me dio una casa de dos pisos con seis cuartos, uno para cada uno de mis hijos, y me ha bendecido con dos autos y uno de ellos del modelo más reciente...

En medio de esta crisis económica que todavía estamos pasando, estos hermanos han sido fieles al Señor, y Dios los ha bendecido. ¿Por qué? Porque siempre han ofrendado con perseverancia y fidelidad. ¡Esta es la clave!

El presidente Nixon dijo: «Cuando se escribe en chino la palabra "crisis", está compuesta de dos caracteres. Uno representa el peligro y el otro representa la oportunidad. ¿Cómo las enfrentas tú?». Alguien definió una vez lo que es el dinero. Dijo: «El dinero sirve para dos cosas básicamente. La primera es que con dinero tienes opción y la segunda es que con dinero tienes oportunidad». Opción, por ejemplo: Puedes viajar en avión en la clase turística o en primera. Oportunidad, por ejemplo: Puedes desear acumular y enriquecerte tú mismo al acumular las riquezas en tu egoísmo personal, o puedes tener el gozo de dar, de contribuir, de ser parte del avance de la obra de Dios al acumular tu tesoro en el cielo. Recuerda el versículo del gozo del boxeador, ¿sabes cuál es? Está en Hechos 20:35 que dice:

> En todo os he enseñado que, trabajando así, se debe ayudar a los necesitados, y recordar las palabras del Señor Jesús, que dijo: Más bienaventurado es dar que recibir.

Para el boxeador es mejor dar que recibir. Debemos ser como ellos en cuestiones espirituales. La opción y la oportunidad son tuyas en cuanto al dinero. Hay que usarlo sabiamente, ofrendando y dando al Señor y disfrutando también de las bendiciones del Señor en nuestras vidas. En 1 Timoteo 6:17 se nos dice que el Dios vivo «nos da todas las cosas en abundancia para que las disfrutemos». Las cosas son para disfrutarlas y no para que nos aferremos a ellas.

Pon los ojos en Cristo

Si somos fieles y seguimos dando al Señor sin poner los ojos en las circunstancias negativas, la promesa de Romanos 8:32 es que Él nos bendecirá en todo, pues ya nos lo dio todo en su Hijo: «El que no escatimó ni a su propio Hijo, sino que lo entregó por todos nosotros, ¿cómo no nos dará también con él todas las cosas?». ¡Todo! Basta pedirle, pues Juan 14:13-14 nos anima: «Y todo lo que pidiereis al Padre en mi nombre, lo haré, para que el Padre sea glorificado en el Hijo. Si algo pidiereis en mi nombre, yo lo haré». ¡Él hará! Basta obedecerle y pedirle con fe y confianza, todo lo que necesitamos y Él nos contestará. ¿Por qué? Su promesa está escrita también en Juan 16:23-24, palabras que nos alegran el corazón: «De cierto, de cierto os digo, que todo cuanto pidiereis al Padre en mi nombre, os lo dará. Hasta ahora nada habéis pedido en mi nombre; pedid, y recibiréis, para que vuestro gozo sea cumplido».

Nada vamos a llevarnos

Se dice que Alejandro el Grande, en su lecho de muerte, mandó a llamar a todos sus generales y les dijo:

—Tengo tres peticiones que hacerles antes de morir.

—Díganos —respondieron sus generales.

—Cuando me muera, quiero que todas las piedras preciosas, todo el tesoro y todo lo que tengo de valor lo vayan tirando al suelo desde aquí hasta el cementerio. En segundo lugar, quiero que los mejores médicos lleven mi caja. Y tercero, quiero que mis manos vayan colgando de la caja.

—¿Pero por qué desea eso, su excelencia? —le preguntó uno de sus generales.

A lo que contestó Alejandro:

—Quiero que todos vean que no me llevo nada conmigo después de muerto, y que se sepa que los mejores médicos no tienen poder sobre la muerte. Además, que toda la gente vea que mis manos están colgadas hacia afuera, pues nada traje a este mundo, así que nada me podré llevar.

¡Cuánta verdad hay en estas palabras! Eso es exactamente lo que dice la Biblia en 1 Timoteo 6:7-10:

Nada hemos traído a este mundo, y sin duda nada podremos sacar. Así que, teniendo sustento y abrigo, estemos contentos con esto. Porque los que quieren enriquecerse caen en tentación y lazo, y en muchas codicias necias y dañosas, que hunden a los hombres en destrucción y perdición; porque raíz de todos los males es el **amor** al dinero, el cual codiciando algunos, se extraviaron de la fe, y fueron traspasados de muchos dolores.

Nada hemos traído. Todo es de Dios. Desiste de intentar ser rico y poderoso, no vaya a ser que caigas en lazos del diablo. Acumula riquezas en el cielo. Dios puede bendecirte materialmente, pero el dinero corrompe. Como ya dijimos en otro capítulo, el problema no es el dinero en sí, sino el AMOR al dinero, y este es el gran problema de la humanidad.

CAPÍTULO **8**

CONCEPTOS, IDEAS Y MITOS EQUIVOCADOS SOBRE EL DINERO

> Porque escudo es la ciencia, y escudo es el dinero; más la sabiduría excede, en que da vida a sus poseedores.
> (Eclesiastés 7:12)

Todos sabemos que el libro de Job es el más antiguo de la Biblia. Incluso, algunos teólogos dicen que se escribió antes del libro de Génesis, que Job fue contemporáneo de Moisés. Desde entonces, el hombre ya poseía una forma de transacción comercial, la que todavía llamamos de moneda. Job 42:11 dice: «Y vinieron a él todos sus hermanos y todas sus hermanas, y todos los que antes le habían conocido, y comieron con él pan en su casa... y cada uno de ellos le dio una pieza [moneda] de dinero y un anillo de oro». El dinero siempre existió. Desde antes de empezar a ser escritas las Sagradas Escrituras, estuvo allí desde el principio, desde la cuna de la civilización.

Génesis 17:12 también cita las palabras del propio Dios a Abram: «Y de edad de ocho días será circuncidado todo varón entre vosotros por vuestras generaciones; el nacido en casa, y el comprado por dinero a cualquier extranjero, que no fuere de tu linaje». Por lo tanto, el propio Dios estableció esta forma financiera desde el principio donde los hombres harían sus compras y ventas por medio de monedas, o sea, del dinero. Génesis 20:16 también habla lo que dijo Abimelec: «Y a Sara dijo: He aquí he dado mil monedas de plata a tu hermano». Entonces el dinero que es mencionado tanto en la literatura sagrada como en la secular desde el principio y era y es algo común, una forma de establecer un fundamento económico y financiero para las actividades diarias en cuanto a obtener, vender, adquirir, dar, gastar, invertir, poseer, etc.

El dinero y la Biblia

Jesús dijo en Mateo 22:19-21: «Mostradme la moneda del tributo. Y ellos le presentaron un denario. Entonces les dijo: ¿De quién es esta imagen, y la inscripción? Le dijeron: De César. Y les dijo: Dad, pues, a César lo que es de César, y a Dios lo que es de Dios». De esto deducimos que el dinero no es malo, ni perverso, ni un antagonista de Dios, como muchos piensan.

Como ya dijimos, la Biblia habla unas dos mil veces de dinero, finanzas, plata u oro. Habla más de este asunto que de cualquier otro asunto (incluyendo la oración, el ayuno, la fe, la justificación, la salvación, la Iglesia, los dones espirituales, la familia, la evangelización, la eternidad, el cielo y el infierno. Jesús hablo más de la importancia de la fidelidad, la integridad y la honestidad en cuanto a las finanzas que de cualquier otro tema de sus enseñanzas (igualado quizá en veces a las parábolas sobre el Reino de Dios). Entonces, como ya dijimos antes, debe ser algo importante, ¿no lo crees tú? Si no lo fuera, no se mencionaría tantas veces en las Sagradas Escrituras. Dios no está en contra del dinero, sino de la manera en que los hombres lo usan, se relacionan con él y se ofuscan en buscarlo y tenerlo de cualquier forma en vez de buscarle a Él, la fuente de todas las bendiciones. Solo Dios, a través de su Palabra, puede decirnos cómo actuar con el dinero y la manera apropiada de usarlo para su honra y su gloria. Dios no puede hablar, ser en contra del dinero, porque como ya dijimos antes, Él fue el que creó las riquezas, el oro, la plata, el petróleo, los diamantes, las piedras preciosas, etc. Por cierto, Hageo 2:8 dice sin rodeos: «Mía es la plata, y mío es el oro, dice Jehová de los ejércitos». Si le pertenecen, ¿cómo puede estar en contra? ¡Imposible!

Sin embargo, hay algunos conceptos que tienen muchas personas que están en contra de la Palabra de Dios, y sería bueno aclararlas para que no estés confundido y no permitas que el diablo te robe la bendición económica de Dios en tu vida.

Muchas personas están equivocadas y esta es una de las razones porque no son bendecidas y prosperadas a la manera de Dios. Descarta cualquier pensamiento preconcebido, cualquier opinión, ya sea personal o tradicional, y abandona estos conceptos, ideas y mitos equivocados en cuanto al dinero que casi siempre usa la gente. Prepárate para ver lo que dice la sólida y rocosa Palabra de Dios que está por encima de cualquier definición humana y rechaza toda mentira del diablo que tal vez lo haya puesto en tu mente y que te esté impidiendo ser bendecido financieramente. Algunos de estos conceptos, ideas y mitos equivocados sobre el dinero son:

Primer concepto errado: El dinero es mundano

Hay cristianos que dicen que si un creyente es de veras «espiritual» no se ocupa de asuntos como ahorrar, invertir o planear para el futuro. Nada puede estar más lejos de la verdad. El tema del dinero y las finanzas es tan importante que la Biblia está llena de instrucciones sobre cómo manejar el dinero para prosperar y cómo comportarnos para no caer en la tentación de enriquecernos sin pensar en la expansión del Reino de Dios sobre la tierra.

Deuteronomio 14:24-26 nos dice cómo podemos disfrutar de lo que Dios nos ha dado y alegrarnos en su presencia cuando nos bendice con dinero: «Y si el camino fuere tan largo que no puedas llevarlo, por estar lejos de ti el lugar que Jehová tu Dios hubiere escogido para poner en él su nombre, cuando Jehová tu Dios te **bendijere,** entonces lo venderás y guardarás el **dinero** en tu mano, y vendrás al lugar que Jehová tu Dios escogiere; y darás el **dinero** por todo lo que deseas, por vacas, por ovejas, por vino, por sidra, o por cualquier cosa que tú deseares; y comerás allí delante de Jehová tu Dios, y **te alegrarás tú y tu familia**» (énfasis añadido).

Este es el concepto bíblico: Él te bendecirá con dinero y «te alegrarás tú y tu familia». Es lo que sucede cuando Dios lo bendice a uno por serle fiel en cuanto a los diezmos y a las ofrendas.

Segundo concepto errado: No se puede tener dinero, pues nos esclavizaría

Cuando Jesús enseñó sobre el dinero, usó la palabra del arameo *mamón*, *mamona*, que significa dinero, riquezas o recibir beneficios en gran cantidad.

En Mateo 6:24, Jesús afirmó: «Ninguno puede servir a dos señores; porque o aborrecerá al uno y amará al otro, o estimará al uno y menospreciará al otro. No podéis servir a Dios y a las riquezas». Jesús no hablaba en contra del dinero, sino de la actitud del avaro, del codicioso, para quien el dinero es lo más importante en la vida. Por esto Jesús llamó «señor» al dinero y explicó la manera en que muchos son esclavos del dinero en sus vidas y son capaces de cualquier cosa por obtenerlo. Pero Jesús no declaró que el dinero era malo. El cristiano que sirve al Señor con integridad y honestidad no tiene por qué preocuparse de que Dios lo bendiga económicamente porque su corazón no está atado al dinero.

Tim Redmond dijo: «Recibir dinero debe ser un resultado, no una búsqueda. Cuando empiezas a correr tras el dinero, este se convierte en el señor, en el amo de tu vida. El dinero es bueno como seguidor, pero pésimo como amo». Ningún cristiano o ministro recto y fiel a Dios es siervo del dinero. Lo usará como un recurso y no como un «amo que se enseñorea» de su vida. Ningún cristiano maduro y espiritual sirve al dinero, sino a Dios con su dinero.

Tercer concepto errado: El dinero es una cosa y nuestra vida espiritual es otra

Algunos cristianos creen que el dinero debe estar «desconectado» de nuestra vida espiritual. Han creado una separación artificial de algo que Dios mismo creó (la bendición económica) y han puesto una barrera imaginaria y tratan el dinero como un enemigo. Creen que de alguna manera es fanático o extremista involucrar las cosas sagradas con el dinero y las finanzas. Se olvidan que todo lo que tenemos pertenece a Dios y que no puede separar el dinero del que tanto se habla, discute y utiliza en las Escrituras y tratarlo de esta manera. El dinero está tan conectado con nuestra vida espiritual que en la parábola de los talentos el Señor mismo pide cuenta de su dinero a sus siervos y alaba a dos y reprende a uno (Mateo 25:14-27). El dinero era del

«Señor» y el siervo malo y negligente debería haberlo depositado en el banco para que ganara interés o debería haberlo invertido. ¿Eso es estar desconectado de la vida espiritual?

Cuarto concepto errado: El éxito económico es algo mundano

Otros sugieren que el éxito económico es contrario a la Palabra de Dios o viceversa. Creen que la verdadera prosperidad es ser miserables y que los que han triunfado deben haberlo logrado de manera indebida. ¡Eso no es verdad! Mi familia y yo nos sentimos bendecidos como familia y en el ministerio a nivel global, y todo lo hemos hecho con rectitud, integridad y honestidad. Hemos pagado los impuestos y hemos sido fieles en nuestros diezmos y ofrendas. El concepto de que cuando un cristiano o ministro prospera económicamente es que hizo algo indebido, dudoso, malo o sucio está fuera de orden.

Nicodemo y José de Arimatea tenían una buena posición económica y eran seguidores de Cristo. Casi todos los personajes bíblicos (como Abraham, Isaac, Jacob, Job y muchos otros) prosperaron muchísimo. Como dijo Johnny Carson una vez: «La única cosa que da el dinero es la libertad de no preocuparse más por el dinero». Isaac fue muy exitoso en cuanto a sus finanzas. ¿Y a quién no le gustaría serlo? Lee lo que dice Génesis 26:12-13: «Y sembró Isaac en aquella tierra, y cosechó aquel año ciento por uno; y le bendijo Jehová. El varón se enriqueció, y fue prosperado, y se engrandeció hasta hacerse muy poderoso». ¿A qué cristiano y ministro que ama a Dios y las almas no le gustaría ser como Isaac para poder ayudar a la obra de Dios, las misiones mundiales y extender el Reino del Señor por toda la tierra?

Quinto concepto errado: Planear nuestras finanzas es falta de fe

Los que son muy espirituales dicen que debemos dejarlo todo en las manos de Dios, pues Él lo hará todo por nosotros, y que por eso no hace falta planear de manera financiera el futuro. ¡Esto no es verdad! Jesús estaba delante de la tumba de Lázaro. Solo Él podía resucitar a Lázaro. Nadie más. Aun así, había un problema. Una piedra tapaba la entrada de la puerta. Jesús no dijo: «Piedra, ponte a un lado...». La piedra se hubiera movido mágicamente. ¡No! Jesús les dijo a los hombres que estaban allí: «Quitad la piedra». Y la quitaron. Lo que puedes hacer, Dios no lo hará por ti. Después que removieron la piedra, Jesús hizo el milagro.

El milagro no se hará en tu vida hasta que planees y tengas sabiduría en tus finanzas. Este mito es totalmente contrario a la Escritura, pues aquellos que dan esta excusa lo hacen porque realmente no tienen disciplina en sus finanzas personales o ministeriales. Por esta razón espiritualizan el tema de la preparación y del planeamiento. Dicen ellos que si Dios les quiere bendecir sencillamente echará una bolsa de dinero en la puerta de sus casas. ¡Esto nunca sucederá! ¡Jamás!

Hay cristianos que dicen que debemos dejarlo todo en las manos de Dios y que no es necesario trazar planes económicos. ¡Eso no es verdad! Lo que puede hacer Dios no lo hace por ti. Algunos no lo hacen porque no son disciplinados en sus finanzas personales o ministeriales. Por esta razón, espiritualizan el tema de la preparación y del planeamiento. Sin embargo, en Lucas 14:28-30 Cristo habló de la necesidad de planear para alcanzar las metas. Dijo: «¿Quién de vosotros, queriendo edificar una torre, no se sienta primero y calcula los gastos, a ver si tiene lo que necesita para acabarla? No sea que después que haya puesto el cimiento, y no pueda acabarla, todos los que lo vean comiencen a hacer burla de él, diciendo: Este hombre comenzó a edificar, y no pudo acabar».

¿Qué te parece? ¿Hablaba Jesús de dejarlo todo en las manos de Dios? ¡Claro que no! Eso solo lo hacen los perezosos y los negligentes que terminan viviendo del gobierno y de los demás porque nunca fueron buenos administradores de las finanzas que Dios puso en sus manos.

Sexto concepto errado: Los ricos no heredarán el reino de los cielos

Hay personas que toman las parábolas del rico y Lázaro (Lucas 16:19-31), la del joven rico (Marcos 10:17-22), la del rico insensato (Lucas 12:16-21) y otros pasajes de las Escrituras para afirmar que los ricos no heredarán la vida eterna. Hay muchos cristianos alrededor del mundo que son empresarios, médicos, abogados, ingenieros que Dios ha bendecido mucho. Algunos son ricos y sirven al Señor. Muchos ricos sostienen la obra de Dios, las misiones y los misioneros con millones y millones de dólares, aunque son una minoría.

Sé que a los ricos les es muy difícil poner su fe en Cristo debido a las riquezas. A ellos el Señor les advirtió cuando dijo: «Porque ¿qué aprovechará al hombre, si ganare todo el mundo, y perdiere su alma?

¿O qué recompensa dará el hombre por su alma?» (Mateo 16:26). Muchos ricos no entrarán en el Reino de los cielos; habrá sus excepciones, pero será muy difícil (Marcos 10:23). Es difícil, ¡pero no imposible! Mateo 27:57-58 dice que «cuando llegó la noche, un hombre rico de Arimatea, llamado José, que también había sido discípulo de Jesús [...] fue a Pilato y pidió el cuerpo de Jesús». Y algunas mujeres, que eran ricas también, sirvieron al Señor Jesús durante su ministerio: «Juana, mujer de Chuza intendente de Herodes, y Susana, y otras muchas que le servían de sus bienes» (Lucas 8:3). Andrew Carnegie, que hizo su fortuna vendiendo acero, dijo una vez: «El único propósito [legítimo] de ser rico es dar dinero y ayudar a los demás». ¡Eso es verdad!

Séptimo concepto errado: El que tiene dinero confía en sus posesiones

Algunos creyentes creen que las personas que Dios les bendice con dinero ponen su corazón, confianza y fe en ellos. Algunos quizá, pero por regla general no es verdad. La fe de un cristiano verdadero que Dios ha bendecido económicamente está en el Señor. La amonestación de Pablo en 1 Timoteo 6:17 es para todos: «A los ricos de este siglo [a los que Dios ha bendecido con dinero] manda que no sean altivos, ni pongan la esperanza en las riquezas, las cuales son inciertas, sino en el Dios vivo, que nos da todas las cosas en abundancia para que las disfrutemos». Entonces, ¿se opone a la bendición económica?

Octavo concepto errado: Dios no quiere que prosperemos

No hay nada más lejos de la verdad que esta afirmación absurda. ¿Cómo se va a financiar la obra de Dios si el pueblo de Dios vive en la pobreza? ¿Solo por la oración y la fe? Dios siempre usa a una persona. ¿Y cómo puede usar a esa persona si no le da recursos económicos? Uno no puede dar de lo que no tiene. Por eso, el apóstol Juan dice: «Amado, yo deseo que tú seas prosperado en todas las cosas» (3 Juan 2). «Prosperado en todas las cosas» implica prosperidad espiritual, física y material, tanto a nivel personal como ministerial.

Noveno concepto errado: Tener dinero es ser orgulloso

La gente piensa muchas veces que el rico es orgulloso y que el pobre humilde. Yo, al contrario, he visto pobres orgullosos y ricos humildes.

Si la persona que Dios bendice económicamente es madura y de carácter sólido no tendrá problemas con esto, pues es un asunto de actitud del corazón, interna y no externa. David, él nuevamente reconocía las bendiciones de Dios y se mantuvo humilde. Según 1 Crónicas 29:10-13: «Se alegró mucho el rey David, y bendijo a Jehová delante de toda la congregación; y dijo David: Bendito seas tú, oh Jehová, Dios de Israel nuestro padre, desde el siglo y hasta el siglo. Tuya es, oh Jehová, la magnificencia y el poder, la gloria, la victoria y el honor; porque todas las cosas que están en los cielos y en la tierra son tuyas. Tuyo, oh Jehová, es el reino, y tú eres excelso sobre todos. Las riquezas y la gloria proceden de ti, y tú dominas sobre todo; en tu mano está la fuerza y el poder, y en tu mano el hacer grande y el dar poder a todos. Ahora pues, Dios nuestro, nosotros alabamos y loamos tu glorioso nombre».

Lee también en 1 Crónicas 29:3, que dice: «Además de esto, por cuanto tengo mi afecto en la casa de mi Dios, yo guardo en mi tesoro particular oro y plata que, además de todas las cosas que he preparado para la casa del santuario, he dado para la casa de mi Dios». Nunca David tuvo altivez, soberbia, orgullo y arrogancia. Al contrario, en el Salmo 19:13 él dice: «Preserva también a tu siervo de las soberbias; que no se enseñoreen de mí; entonces seré íntegro, y estaré limpio de gran rebelión». ¿Es esto ser orgulloso? ¡Muy por el contrario! Si la persona que Dios bendice financieramente es madura y de carácter sólido, no tendrá problemas con esto, pues es cuestión de actitud del corazón, interna y no externa. Volviendo una vez más a David, vemos que reconoce las bendiciones de Dios y cuánto lo había prosperado, a la vez que se mantenía humilde.

Décimo concepto errado: El dinero es querer lucir, exhibir, ser ostentoso

Los que no conocen a Cristo podrán tener esta actitud, pero no un cristiano verdadero. A los inconversos que la tienen, Santiago 5:1-3 les dice: «¡Vamos ahora, ricos! Llorad y aullad por las miserias que os vendrán. Vuestras riquezas están podridas, y vuestras ropas están comidas de polilla. Vuestro oro y plata están enmohecidos; y su moho testificará contra vosotros, y devorará del todo vuestras carnes como fuego. Habéis acumulado tesoros para los días postreros». ¡Esto si está mal!

Un hermano a quien Dios ha bendecido y prosperado no tiene esta actitud, pues sabe que todo lo que tiene procede de Dios. Claro, todas las reglas tienen su excepción. He visto algunos cristianos que hacen gala de lo que tienen para que los demás lo vean, y eso no está bien. Es señal de orgullo, de falta de carácter y de inmadurez. Por fortuna, Colosenses 3:12 nos dice cómo actuar cuando tenemos prosperidad económica: «Vestíos, pues, como escogidos de Dios, santos y amados, de entrañable misericordia, de benignidad, de humildad, de mansedumbre, de paciencia».

A Dámaris y a mí nos han invitado a cenar personas cristianas y ricas, empresarios y dueños de negocios, y estos no han sido ostentosos. Tienen muchísimo dinero y no aparentan tenerlo, porque sus corazones son sencillos y humildes delante de Dios. No hay por qué ser ostentativos si fue Dios el que se los dio todo, y todo es de Él y para Él.

La Biblia dice que debemos ser como Cristo y seguir su ejemplo. En Filipenses 2:3-11, Pablo nos enseña cómo debemos ser por mucho que Dios nos haya bendecido y prosperado: «Nada hagáis por contienda o por vanagloria; antes bien con humildad, estimando cada uno a los demás como superiores a él mismo; no mirando cada uno por lo suyo propio, sino cada cual también por lo de los otros. Haya, pues, en vosotros este sentir que hubo también en Cristo Jesús, el cual, siendo en forma de Dios, no estimó el ser igual a Dios como cosa a que aferrarse, sino que se despojó a sí mismo, tomando forma de siervo, hecho semejante a los hombres; y estando en la condición de hombre, se humilló a sí mismo, haciéndose obediente hasta la muerte, y muerte de cruz. Por lo cual Dios también le exaltó hasta lo sumo, y le dio un nombre que es sobre todo nombre, para que en el nombre de Jesús se doble toda rodilla de los que están en los cielos, y en la tierra, y debajo de la tierra; y toda lengua confiese que Jesucristo es el Señor, para gloria de Dios Padre».

¡Aleluya! Esta debe ser nuestra actitud, por más que Dios nos bendiga. ¡Debemos ser como Él!

Conceptos acertados y bíblicos sobre el dinero

Hay cristianos sabios, entendidos, inteligentes y con la mentalidad de Cristo que han estudiado las Escrituras y saben que todo no acontece por al azar, sino que se formulan, se analizan y se desarrollan. Para que tengas éxito en tus finanzas, sigue estos consejos bíblicos:

Primer concepto: Desarrolla una actitud positiva y divina en cuanto al dinero que te da Dios

Si no crees que el dinero es malo, estás en buen camino. El «amor» al dinero es la raíz de todos los males: «Raíz de todos los males es el amor al dinero, el cual codiciando algunos, se extraviaron de la fe, y fueron traspasados de muchos dolores» (1 Timoteo 6:10).

Segundo concepto: Reconoce que Dios usa las finanzas para cuidar y dirigir tu vida

Dios promete bendecirte si siembras en su Reino. Si lo haces, Él te devolverá mucho más de lo que hayas sembrado y dado para su obra: «No nos cansemos, pues, de hacer bien; porque a su tiempo segaremos, si no desmayamos» (Gálatas 6:9).

Tercer concepto: Dios usa el dinero para demostrar su poder

Dios siempre te ayudará en tus problemas, pruebas y necesidades económicas. Todo lo que tienes que hacer es creer en Él y confiar en su Palabra: «Sacrifica a Dios alabanza, y paga tus votos al Altísimo; e invócame en el día de la angustia; te libraré, y tú me honrarás» (Salmo 50:14-15).

Cuarto concepto: El Señor te suple el dinero para que ayudes a los que están en necesidad

¿Cómo podemos dar de lo que no tenemos? Primero recibes bendiciones y entonces ayudas a los necesitados, los pobres y los que están en necesidad: «No faltarán menesterosos en medio de la tierra; por eso yo te mando, diciendo: Abrirás tu mano a tu hermano, al pobre y al menesteroso en tu tierra» (Deuteronomio 15:11).

Quinto concepto: Dios desea que pienses en tu futuro

Debes orar que Dios te dé sabiduría en cuanto a tus asuntos económicos de hoy y de mañana. Examínate a ver si falta algo que debes poner en orden en tu hogar. Aprende a manejar tus deudas, tus ofrendas, tus diezmos, tus impuestos, tus cuentas, etc. «El corazón del hombre piensa su camino; mas Jehová endereza sus pasos» (Proverbios 16:9).

Necesitamos del Señor

Necesitamos del Señor para identificar los pensamientos, conceptos e ideas equivocadas en cuanto al dinero y aplicar en nuestra vida los conceptos correctos y bíblicos que podrán ayudarnos a recibir bendiciones y prosperar. Debemos tratar de evitar la influencia de los cristianos que no creen en la bendición económica, pero al mismo tiempo enseñarles con mansedumbre, cariño y humildad lo que Dios mismo dice sobre esto. Romanos 8:32 nos anima: «El que no escatimó ni a su propio Hijo, sino que lo entregó por todos nosotros, ¿cómo no nos dará también con él todas las cosas?».

Para recibir sus bendiciones es necesario vivir una vida disciplinada de ahorros e inversiones para estar tranquilos el día de mañana. Por más que el Señor nos bendiga, sea espiritualmente en nuestras almas con poder y unción, físicamente con buena salud y materialmente en nuestras finanzas personales y ministeriales, nunca debemos dejar de tener una actitud de reconocimiento de que Dios es el que nos ha dado todo y siempre con sencillez y humildad debemos darle a Él la honra y la gloria, pues 1 Pedro 5:5-6 nos recuerda:

> Revestíos de humildad; porque: Dios resiste a los soberbios, y da gracia a los humildes. Humillaos, pues, bajo la poderosa mano de Dios, para que él os exalte cuando fuere tiempo.

Para que Él te exalte, para que te bendiga económicamente, tienes que buscar la dirección divina y tomar decisiones sabias en cuanto al futuro y los años en que ha de llegar la jubilación. Nosotros los ministros debemos predicar hasta nuestra vejez, como lo ha hecho la mayoría. Al final, cuando ya no dispongamos de energía física, hemos de pasar la antorcha a nuestros hijos y nietos, a la nueva generación hasta que nuestro bendito y amado Salvador Jesucristo regrese.

Mi deseo y mi oración es que el Señor nos conceda a Dámaris y a mí lo que dice el Salmo 92:12-15:

> El justo florecerá como la palmera; crecerá como cedro en el Líbano. Plantados en la casa de Jehová, en los atrios de nuestro Dios florecerán. Aun en la vejez fructificarán; estarán vigorosos y verdes,

para anunciar que Jehová mi fortaleza es recto, y que en él no hay injusticia.

Queremos que el Señor, Él en su misericordia nos conceda ver los hijos de nuestros hijos y que nos dé salud y fuerza para seguir hasta el final predicando su bendita y gloriosa Palabra. ¡Aleluya!

CAPÍTULO 9

LA PROMESA DIVINA Y LA VERDADERA PROSPERIDAD SEGÚN LAS ESCRITURAS

> Ahora, pues, Israel, ¿qué pide Jehová tu Dios de ti, sino que temas a Jehová tu Dios, que andes en todos sus caminos, y que lo ames, y sirvas a Jehová tu Dios con todo tu corazón y con toda tu alma; que guardes los mandamientos de Jehová y sus estatutos, que yo te prescribo hoy, para que tengas prosperidad? (Deuteronomio 10:12-13)

De acuerdo a las Escrituras, Dios desea prosperarnos y bendecirnos, pero en años recientes la Iglesia ha sido bombardeada con ideas erróneas en cuanto a ejercitar la fe para recibir bendiciones económicas. Han torcido las Escrituras. No es una cuestión de creer intelectualmente, sino de obedecer. Sabemos que Dios nos puede bendecir, pero si no actuamos y obedecemos lo que está escrito en cuanto a los diezmos y las ofrendas, nunca seremos bendecidos. Es necesario creer, pero también serle fiel al Señor con las finanzas y Él cumplirá su parte.

Algunas iglesias juzgan la espiritualidad interna de una persona por su apariencia de prosperidad. ¡Eso es absurdo y antibíblico! Creen que la voluntad de Dios es que los cristianos reciban bendiciones materiales en abundancia. Creen que si un creyente no tiene lo suficiente, le falta la fe, o su fe es débil, inmadura, o no ha aprendido a ejercitar su fe en cuanto a las finanzas.

La prosperidad económica no es una señal de espiritualidad. Jesús dijo estas palabras que todos debemos aprender: «Y les dijo: Mirad, y **guardaos** de toda avaricia; porque la vida del hombre no consiste en la abundancia de los bienes que posee» (Lucas 12:15, énfasis añadido). La verdadera prosperidad y la bendición económica van más más allá de acumular riquezas. La verdadera señal de bendición de Dios sobre un cristiano es su crecimiento espiritual, moral y ético, además de su salud física y la de sus familiares. Dios le da todo lo que necesita. Es decir, le envía bendiciones espirituales y materiales en abundancia.

No me malentiendas. Según Malaquías, Dios quiere bendecir a su pueblo en todo, pero cada cosa en su lugar y en su tiempo. Esta no es nuestra prioridad lo material. Nuestro corazón no debe estar en esto. Creo en la bendición económica y la prosperidad de acuerdo a las Escrituras y no de acuerdo a las enseñanzas torcidas de muchas iglesias de hoy. Mateo 6:33 dice sin rodeos: «Buscad primeramente el reino de Dios y su justicia, y todas estas cosas os serán añadidas». ¡Te serán añadidas! Dios te bendecirá, te añadirá, después que lo busques a Él en oración, ayuno, lectura y estudio de la Biblia, de buenos libros cristianos, después que cumplas con tus responsabilidades espirituales en ganar almas, servir a los demás en tu iglesia, discipular los nuevos convertidos, ayudar a tu pastor, etc.

Tienes que procurar que no te agarren desprevenido y engañen tu corazón en cuanto a las riquezas, pues no debes amarlas, sino usarlas, disfrutarlas y emplearlas para extender el Reino de Dios sobre la tierra. Donde esté tu tesoro, allí estará tu corazón. Tenemos que hacer tesoros en los cielos y tener mucho, pero ten cuidado con las cosas materiales y la codicia que pueden alejarte del Señor, como les ha sucedido a muchas iglesias y ministros. Recuerda que Dios nos bendice para su honra y gloria, no para que vivamos en deleites y placeres. Mantén los ojos en Cristo.

La promesa de la verdadera prosperidad en las Escrituras

Dios desea prosperar y bendecir a su pueblo, siempre y cuando reconozcamos que nuestra prioridad es servir al Señor y no acumular riquezas para nosotros mismos, sino ser bendecidos para la extensión del Reino de Dios en la tierra mediante la predicación y las misiones mundiales. Las Escrituras están llenas de promesas de prosperidad para nosotros, que es la prosperidad bíblica y divina y no algunas enseñanzas contrarias a la Palabra de Dios que tenemos hoy en muchas iglesias. Dios anhela bendecir a su pueblo y a sus ministros que viven en integridad, honestidad y rectitud en sus diezmos y ofrendas. Estoy seguro de que los siguientes pasajes bíblicos hablarán profundamente a tu corazón. Solo citaré algunas promesas bíblicas en cuanto a tu prosperidad personal y ministerial. Pon estas palabras en tu corazón.

1. Génesis 24:40: «Entonces él me respondió: Jehová, en cuya presencia he andado, enviará su ángel contigo, y prosperará tu camino». Él prosperará nuestros caminos, nuestra familia, nuestras finanzas, nuestros trabajos.

2. Génesis 24:42: «Llegué, pues, hoy a la fuente, y dije: Jehová, Dios de mi señor Abraham, si tú prosperas ahora mi camino por el cual ando». Dios nos prosperará en todos nuestros caminos.

3. Génesis 24:56: «Y él les dijo: No me detengáis, ya que Jehová ha prosperado mi camino». El Señor ya ha prosperado nuestros caminos. Él promete y Él cumple.

4. Génesis 26:12-13: «Y sembró Isaac en aquella tierra, y cosechó aquel año ciento por uno; y le bendijo Jehová. El varón se enriqueció, y fue prosperado, y se engrandeció hasta hacerse muy poderoso». Tú y yo podemos recibir bendiciones y prosperar si aprendemos a sembrar, a ser fieles en nuestros diezmos y ofrendas.

5. Génesis 39:3: «Y vio su amo que Jehová estaba con él, y que todo lo que él hacía, Jehová lo hacía prosperar en su mano». Dios nos prosperará y nos bendecirá.

6. Éxodo 1:21: «Y por haber las parteras temido a Dios, él prosperó sus familias». Teme al Señor y sé fiel en tus diezmos y ofrendas.

7. Éxodo 23:25: «Mas a Jehová vuestro Dios serviréis, y él bendecirá tu pan y tus aguas». Dios promete bendecir y prosperar a los que lo sirven.

8. Deuteronomio 29:9: «Guardaréis, pues, las palabras de este pacto, y las pondréis por obra, para que prosperes en todo lo que hiciereis». Guarda y obedece la Palabra de Dios y recibirás bendiciones y prosperidad. Esta es la promesa de las Escrituras.

9. Josué 1:7-8: «Esfuérzate y sé muy valiente, para cuidar de hacer conforme a toda la ley que mi siervo Moisés te mandó; no te apartes de ella ni a diestra ni a siniestra, para que seas prosperado en todas las cosas que emprendas. Nunca se apartará de tu boca este libro de la ley, sino que de día y de noche meditarás en él, para que guardes y hagas conforme a todo lo que en él está escrito; porque entonces harás prosperar tu camino, y todo te saldrá bien». Dios le prometió a Josué, y también a nosotros en nuestros ministerios, que si estudiamos y meditamos en la Palabra de Dios y vivimos en integridad, veremos la prosperidad económica en nuestras vidas.

10. Jueces 17:13: «Y Micaía dijo: Ahora sé que Jehová me prosperará». Dios nos prosperará a la medida de nuestra obediencia y rectitud hacia Él.

11. Jueces 18:5: «Ellos le dijeron: Pregunta, pues, ahora a Dios, para que sepamos si ha de prosperar este viaje que hacemos». Pregúntale a Dios en oración y ayuno cómo manejar tus finanzas, y sé fiel en tus diezmos y ofrendas y verás la bendición fluir en tu vida.

12. 1 Reyes 2:3: «Guarda los preceptos de Jehová tu Dios, andando en sus caminos, y observando sus estatutos y mandamientos, sus decretos y sus testimonios, de la manera que está escrito en la ley de Moisés, para que prosperes en todo lo que hagas y en todo aquello que emprendas». Guarda la Palabra de Dios y ponla en práctica en tu vida y prosperarás.

13. 2 Reyes 18:7: «Y Jehová estaba con él; y adondequiera que salía, prosperaba». Dios te prosperará dondequiera que estés y lo que hagas, siempre que actúes conforme a Palabra de Dios.

14. 1 Crónicas 22:11: «Ahora pues, hijo mío, Jehová esté contigo, y seas prosperado y edifiques casa a Jehová tu Dios, como él ha dicho de ti». Ministro del Señor, edifica tu ministerio, trabaja y esfuérzate y serás prosperado económicamente.

15. 1 Crónicas 29:23: «Y se sentó Salomón en lugar de David su padre, y fue prosperado; y le obedeció todo Israel». Dios, de la misma manera, te bendecirá en tu ministerio y cumplirá en ti su Palabra. Es su promesa.

16. 2 Crónicas 7:11: «Terminó, pues, Salomón la casa de Jehová, y la casa del rey; y todo lo que Salomón se propuso hacer en la casa de Jehová, y en su propia casa, fue prosperado». Termina todo lo que Dios ha puesto en tu corazón hacer, en lo personal y en tu ministerio y serás prosperado.

17. 2 Crónicas 13:12: «Dios está con nosotros por jefe, y sus sacerdotes con las trompetas del júbilo para que suenen contra vosotros. Oh hijos de Israel, no peleéis contra Jehová el Dios de vuestros padres, porque no prosperaréis». No hagas nada que esté contra la voluntad de Dios, no violes la Palabra de Dios, no la desobedezcas y Dios te prosperará.

18. 2 Crónicas 14:7: «Dijo, por tanto, a Judá: Edifiquemos estas ciudades, y cerquémoslas de muros con torres, puertas y barras, ya que la tierra es nuestra; porque hemos buscado a Jehová nuestro Dios; le hemos buscado, y él nos ha dado paz por todas partes. Edificaron, pues, y fueron prosperados». Busca al Señor y edifica, construye lo que Él ha puesto en tu corazón y Él te prosperará.

19. 2 Crónicas 20:20: «Creed en Jehová vuestro Dios, y estaréis seguros; creed a sus profetas, y seréis prosperados». Cree, respeta y obedece a tus líderes y pastores y serás bendecido y prosperado.

20. 2 Crónicas 26:5: «Y persistió en buscar a Dios en los días de Zacarías, entendido en visiones de Dios; y en estos días en que buscó a Jehová, él le prosperó». Busca a Dios en oración y ayuno y sé fiel en tus finanzas a Él y Él prosperará tu ministerio.

21. 2 Crónicas 31:21: «En todo cuanto emprendió en el servicio de la casa de Dios, de acuerdo con la ley y los mandamientos, buscó a su Dios, lo hizo de todo corazón, y fue prosperado». Todo lo que hagas, hazlo para Dios y búscalo, y habrá prosperidad en tu vida y en tu ministerio. Es su promesa.

22. 2 Crónicas 32:30: «Este Ezequías cubrió los manantiales de Gihón la de arriba, y condujo el agua hacia el occidente de la ciudad de David. Y fue prosperado Ezequías en todo lo que hizo». Si en todo lo que haces está la bendición de Dios debido a tu obediencia, serás prosperado.

23. Esdras 5:8: «Sea notorio al rey, que fuimos a la provincia de Judea, a la casa del gran Dios, la cual se edifica con piedras grandes; y ya los maderos están puestos en las paredes, y la obra se hace de prisa, y prospera en sus manos». Todo lo que hagas con dedicación y temor de Dios prosperará. Es su promesa.

24. Esdras 6:14: «Y los ancianos de los judíos edificaban y prosperaban, conforme a la profecía del profeta Hageo y de Zacarías hijo de Iddo. Edificaron, pues, y terminaron, por orden del Dios de Israel». Tendrás prosperidad si trabajas para Dios de corazón y terminarás su obra.

25. Nehemías 2:20: «El Dios de los cielos, él nos prosperará, y nosotros sus siervos nos levantaremos y edificaremos, porque vosotros no tenéis parte ni derecho ni memoria en Jerusalén». Reprende a los enemigos del Señor, levántate, trabaja con fidelidad y Dios te prosperará.

26. Salmo 68:6: «Dios hace habitar en familia a los desamparados; saca a los cautivos a prosperidad». Si algo en tu vida espiritual está cautivo, pide ayuda al Señor en oración y ayuno y Él te prosperará espiritualmente.

27. Salmo 118:25: «Oh Jehová, sálvanos ahora, te ruego; te ruego, oh Jehová, que nos hagas prosperar ahora». El Señor nos guardará y nos prosperará en lo personal y en nuestro ministerio. Hoy es el día de tu bendición.

28. Proverbios 11:25: «El alma generosa será prosperada; y el que saciare, él también será saciado». Sé generoso siempre con Dios y con los demás. Sé fiel en tus diezmos y ofrendas y verás la prosperidad y la bendición de Dios derramarse en tu vida.

29. Proverbios 13:4: «El alma del perezoso desea, y nada alcanza; mas el alma de los diligentes será prosperada». Trabaja, no seas haragán ni perezoso, sino diligente en todos los asuntos de tu vida. Sé cumplidor, responsable, honesto, íntegro y fiel al Señor y Él te prosperará.

30. Proverbios 28:13: «El que encubre sus pecados no prosperará; mas el que los confiesa y se aparta alcanzará misericordia». Nunca encubras ningún aspecto de tu vida espiritual ni vivas en pecado. Al contrario, confiésalo, apártate, da la media vuelta y no permitas nada que te separe del Señor. Acércate a Él y su prosperidad invadirá tu alma y te bendecirá económicamente.

31. Proverbios 28:25: «El altivo de ánimo suscita contiendas; mas el que confía en Jehová prosperará». Camina siempre en humildad y sencillez. Reconoce que Dios es la fuente de todas las bendiciones. Confía siempre en Él y la prosperidad divina vendrá a tu vida.

32. Isaías 48:15: «Yo, yo hablé, y le llamé y le traje, por tanto, será prosperado su camino». Dios ha confirmado tu llamado y ministerio. ¡Manos a la obra! Dios nos dice que Él nos llamó, nos trajo y nos puso donde estamos ahora, y que bendecirá nuestro trabajo en el ministerio.

34. Isaías 52:13: «He aquí que mi siervo será prosperado, será engrandecido y exaltado, y será puesto muy en alto». Camina con sencillez y humildad, y Dios te enaltecerá. Él promete que nos usará y hará crecer nuestro ministerio.

35. Isaías 53:10: «Con todo eso, Jehová quiso quebrantarlo, sujetándole a padecimiento. Cuando haya puesto su vida en expiación por el pecado, verá linaje, vivirá por largos días, y la voluntad de Jehová será en su mano prosperada». Así como la obra de Cristo el Calvario prosperó y concluyó en bendición, todo lo que haremos concluirá en bendición y prosperidad.

36. Isaías 54:17: «Ninguna arma forjada contra ti prosperará, y condenarás toda lengua que se levante contra ti en juicio. Esta es la herencia de los siervos de Jehová, y su salvación de mí vendrá, dijo Jehová». Ninguna maldición, palabra, ni acto dirigido en contra de nosotros, por medio de nuestros enemigos, prosperará para destruir nuestras vidas o nuestros ministerios. Todo lo contrario, seremos bendecidos.

37. Isaías 55:11: «Así será mi palabra que sale de mi boca; no volverá a mí vacía, sino que hará lo que yo quiero, y será prosperada en aquello para que la envié». La Palabra de Dios enviada a nosotros hará que prosperen todos nuestros caminos, incluyendo las finanzas.

38. Jeremías 10:21: «Porque los pastores se infatuaron, y no buscaron a Jehová; por tanto, no prosperaron, y todo su ganado se esparció». Tengamos cuidado nosotros los ministros de no dejar de buscar al Señor y perder la bendición y su prosperidad por nuestra negligencia.

39. Jeremías 20:11: «Mas Jehová está conmigo como poderoso gigante; por tanto, los que me persiguen tropezarán, y no prevalecerán; serán avergonzados en gran manera, porque no prosperarán; tendrán perpetua confusión que jamás será olvidada». Nunca Dios permitirá, mientras vivamos rectamente, que alguien nos haga daño y triunfen sus maquinaciones contra nosotros.

40. Jeremías 46:27: «Y tú no temas, siervo mío Jacob, ni desmayes, Israel; porque he aquí yo te salvaré de lejos, y a tu descendencia de la tierra de su cautividad. Y volverá Jacob, y descansará y será prosperado, y no habrá quién lo atemorice». Toma posesión de esta Palabra por fe. Dios nos promete salvación, descanso, bendiciones y seguridad. Es su promesa.

41. Daniel 6:28: «Y este Daniel prosperó durante el reinado de Darío y durante el reinado de Ciro el persa». Dios bendijo al profeta Daniel y su ministerio durante la cautividad de Israel, y nos prosperará siempre en todas las etapas de nuestro ministerio.

42. Hageo 2:19: «Ni la vid, ni la higuera, ni el granado, ni el árbol de olivo ha florecido todavía; mas desde este día os bendeciré [prosperaré]».

Dios les promete bendición y prosperidad a sus siervos que regresaron del exilio y que iban a reconstruir su templo. Trabaja, gana a los perdidos para Cristo y reconstruye sus almas dañadas por el pecado. Dios les promete bendición y prosperidad a sus siervos.

43. Romanos 1:10: «Rogando que de alguna manera tenga al fin, por la voluntad de Dios, un próspero viaje para ir a vosotros». Dios ha prosperado en estos treinta años de ministerio todos los viajes que he hecho alrededor del mundo. Dios te guardará y te prosperará de igual manera.

44. 1 Corintios 15:58: «Así que, hermanos míos amados, estad firmes y constantes, creciendo [prosperando] en la obra del Señor siempre, sabiendo que vuestro trabajo en el Señor no es en vano». El apóstol Pablo nos exhorta a seguir firmes como ministros, pues podemos esperar crecimiento y bendiciones en el ministerio. Todo lo que hagas para Dios tendrá recompensa y galardón. ¡Trabaja!

Podemos ser prosperados como es debido

El Salmo 104:27-28 dice: «Todos ellos esperan en ti...abres tu mano, se sacian de bien». Dios te prosperará, en tu caminar diario con Cristo, y te llevará a una madurez espiritual más profunda cada día. Además, te prosperará en tus finanzas siempre que seas fiel en tus diezmos y ofrendas. Y de igual manera te prosperará en tu ministerio. La Biblia dice que debemos esperar en Dios, pues de Él fluyen todas las bendiciones. Juan escribió: «Amado, yo deseo que tú seas prosperado en todas las cosas, y que tengas salud, así como prospera tu alma» (3 Juan 2). La voluntad de Dios es bendecirnos y prosperarnos espiritual y materialmente (y también en nuestro ministerio) si somos fieles a los preceptos que estableció en cuanto a los diezmos y las ofrendas. Se lo prometió a Abraham (Génesis 22:17), como ya hemos comentado. Y ahora nos lo promete a nosotros. Si somos fieles en todo, seremos «como árbol plantado junto a corrientes de aguas, que da su fruto en su tiempo, y su hoja no cae; y todo lo que hace prosperará» (Salmo 1:3). Somos plantíos de Jehová, árboles suyos plantados en Cristo, y tendremos fruto en su tiempo. Debe recordar que es de Dios de donde provienen todas las bendiciones. Como dice Deuteronomio 8:12, 14, 17 y 18:

> No suceda que comas y te sacies, y edifiques buenas casas en que habites [...] y se enorgullezca tu corazón, y te olvides de Jehová tu Dios, que te sacó de tierra de Egipto, de casa de servidumbre [...] y digas en tu corazón: Mi poder y la fuerza de mi mano me han traído esta riqueza. Sino acuérdate de Jehová tu Dios, porque él te da el poder para hacer las riquezas.

Dios nos da el trabajo, la fuerza y la sabiduría para trabajar. Todo lo hemos recibido de sus manos. Además, si amamos lo que Él ama, Dios nos bendecirá y prosperará. El Salmo 122:6 dice: «Pedid por la paz de Jerusalén, sean prosperados los que te aman». Si amamos al pueblo de Dios, Israel, y su ciudad eterna, Jerusalén, y oramos por su paz y ayudamos económicamente a las organizaciones cristianas que tratan de llevar a los judíos a Cristo, seremos prosperados.

La prosperidad equivocada es engañosa

Uno de los hombres más ricos del mundo en su época, dijo: «He ganado millones y millones de dólares, pero el dinero no me ha dado la felicidad». La verdadera felicidad, el gozo y la paz están en Cristo, no en el dinero. El dinero solo es un instrumento de intercambio económico para comprar o pagar algo. El dinero no es malo como muchos cristianos creen. Como ya vimos, el amor al dinero es la raíz de todos los males, no el dinero en sí mismo.

Ahora bien, mucha gente compra cosas que no necesita con dinero que no tienen y lo hacen para impresionar a otros. Los que caen en la trampa de buscar las riquezas pasajeras y temporales, terminan endeudados al máximo, con matrimonios destrozados y muchos acaban declarándose en bancarrota.

«Si se aumentan las riquezas, no pongáis el corazón en ellas», aconseja el salmo 62:10. No pongas su corazón en las cosas de la tierra, sino en las celestiales, en las eternas. No confíes demasiado en lo que tienes acumulado, porque como dice Proverbios 11:28, «el que confía en sus riquezas caerá». Tu confianza debe estar en Cristo y en Su poder, no en tus bienes materiales. «El que ama el dinero, no se saciará de dinero; y el que ama el mucho tener, no sacará fruto» (Eclesiastés 5:10). Amar el dinero. Esto es lo incorrecto y es peligroso. ¿No es eso lo que Pablo advirtió en 1 Timoteo 6:7-10? El problema no es que tengas dinero, sino que el dinero te tenga a ti.

Tu dinero quedará aquí

Daniel King, en su libro *The Power of the Seed* [El poder de la semilla], cuenta algo muy chistoso y triste al mismo tiempo en cuanto a lo que estamos hablando.

Un hombre quería llevarse su dinero cuando muriera. Así que les pidió a su médico, su pastor y su abogado que fueran a verlo en su lecho de enfermo. Le dio a cada uno de ellos una bolsa con billetes de cien dólares y les pidió que los pusieran en su ataúd cuando muriera. Durante el funeral, los tres hombres trajeron sus bolsas y las pusieron en las manos del fallecido mucho antes de que bajaran la caja.

Cuando todo terminó y mientras ellos regresaban a sus autos, el médico les hizo una confesión a los demás:

—Me siento mal. Cambié el dinero del paquete por papel periódico y lo usé para construir cuartos adicionales en el hospital.

Entonces el pastor al oír esto, se sintió culpable y confesó:

—Yo hice lo mismo y envié el dinero a muchos misioneros que conozco.

El abogado se enojó mucho contra los otros dos y les dijo:

—¿Cómo se atrevieron a tomar el dinero de nuestro amigo? Quiero decirles que fui absolutamente sincero. Deposité el dinero en mi cuenta de banco y le escribí un cheque a su nombre por la misma cantidad.

Aquel hombre no pudo llevarse nada. Nadie puede hacerlo. Cuando Dios nos bendice y prospera, no debemos acumular riquezas. Es mejor sembrar, dar, ofrendar, diezmar y hacer un impacto en el mundo espiritual y físico con nuestras finanzas. Lo que acumulamos ahora lo podremos dejar a nuestros hijos cuando partamos, pero lo que demos a los necesitados y a la obra del Señor nos lo estaremos llevando al morir. Dice 2 Corintios 5:10 que «es necesario que todos nosotros comparezcamos ante el tribunal de Cristo, para que cada uno reciba según lo que haya hecho mientras estaba en el cuerpo, sea bueno o sea malo». Todo lo que hacemos para Dios permanecerá. Entonces, esforcémonos, trabajemos arduamente y sigamos dando al Señor. No podemos olvidar las palabras de Cristo: ¡Dad, y se os dará!

¿Cómo podemos ser bendecidos y prosperados financieramente y de acuerdo a las Escrituras? ¡Debemos ser generosos y Dios nos bendecirá!

CAPÍTULO 10

LA GENEROSIDAD EN EL ANTIGUO Y EL NUEVO TESTAMENTO

> El alma generosa será prosperada; y el que saciare, él también será saciado. (Proverbios 11:25)

Además del arduo trabajo que debemos realizar en el mundo secular o en el ministerio, debemos ser generosos en todo delante del Señor. La generosidad en un cristiano es evidencia de un carácter maduro y de una experiencia sólida con Dios. Es algo que se adquiere estudiando la Biblia y sembrando sin restricciones en todo lo que se refiere a la obra del Señor y a la extensión del reino de Dios sobre la tierra.

La generosidad divina en la creación y redención

Si eres cristiano y no estás siendo generoso con Dios y con los demás, necesitas reconsiderar tu actitud, porque Dios fue generoso con nosotros al dar a su Hijo para morir en la Cruz por nuestros pecados (Juan 3:16). Él es el ser más generoso del universo. La Biblia dice en Mateo 7:11 lo siguiente: «Si vosotros, siendo malos, sabéis dar buenas dádivas a vuestros hijos, ¿cuánto más vuestro Padre que está en los cielos dará buenas cosas a los que le pidan?». A Dios le encanta dar a sus hijos, y es Su carácter y es la generosidad uno de sus atributos más conocidos.

La Biblia declara dos importantes maneras que resumen la generosidad de Dios. Él es Creador y Redentor. Dios es el que nos da la vida física (Génesis 1:1) y el que nos da la vida espiritual (Colosenses 2:13). Y también es nuestro Redentor, el que «nos ha librado de la potestad de las tinieblas, y trasladado al reino de su amado Hijo, en quien tenemos redención por su sangre, el perdón de pecados» (Colosenses 1:13-14). Romanos 8:32 declara enfáticamente que Dios «no escatimó ni a su propio Hijo, sino que lo entregó por todos nosotros, ¿cómo no nos dará también con él todas las cosas?». Una gran misionera a la India, Amy Carmichael, dijo estas palabras en cuanto a ser generosos como lo es Dios: «Tú puedes dar sin amar, pero no puedes amar y dejar de dar». Dios nos entregó a su Hijo porque nos ama. ¡Gracias, Señor!

Aquí está el regalo de Dios, su generosidad, al darnos su redención por medio de Cristo. Efesios 1:6-7 también nos confirma: «Para alabanza de la gloria de su gracia, con la cual nos hizo aceptos en el Amado [Cristo] en quien tenemos redención por su sangre, el perdón de pecados según las riquezas de su gracia». Él es nuestro redentor, el que nos redimió, nos compró para Él. Tito 2:14 de igual manera nos habla: «Quien se dio a sí mismo por nosotros para redimirnos de toda iniquidad y purificar para sí un pueblo propio, celoso de buenas obras». La gran dádiva, el regalo, la generosidad de Dios hacia nosotros está en su Hijo. Nuevamente el apóstol nos recuerda en 1 Timoteo 2:6 que: «El cual [Cristo] se dio a sí mismo en rescate por todos, de lo cual se dio testimonio a su debido tiempo». Él se dio, se ofreció, se entregó. Este es el carácter de nuestro Dios y de su Hijo, es basado en la generosidad de dar, regalar. Dios da porque nos ama, sean bendiciones espirituales o materiales.

La generosidad en el Antiguo Testamento

El Antiguo Testamento contiene muchos ejemplos de generosidad. Veremos solo algunos:

Dios: Como ya vimos, es el ser más generoso del universo.

Caín y Abel: Donde los dos dieron a Dios, pero Dios miró con agrado a la ofrenda de Abel. Dice Hebreos 11:4 que «por la fe Abel ofreció a Dios más excelente sacrificio que Caín».

Abraham: Le dio a Lot el mejor territorio (Génesis 13:5-18). Le dio el diezmo del botín a Melquisedec (Génesis 14:17-24). Les dio hospitalidad a los visitantes (Génesis 18:1-15). Estuvo dispuesto a sacrificar a su hijo (Génesis 22).

Booz: Permitió que Rut trabajara en su campo, y le dio mucho más de lo que exigía la ley.

David: Dio con generosidad para edificar la casa de Dios, aunque la construyó Salomón (1 Crónicas 22:2-16 y el capítulo 29).

Abdías: Era mayordomo del rey Acab, y poniendo en riesgo su vida, escondió y proveyó generosamente para cien profetas del Señor cuando la perversa reina Jezabel procuraba matar a todos los profetas de Dios.

Principios de dar en el Antiguo Testamento

¿Cuál es la diferencia entre un espíritu de avaricia y un espíritu de generosidad? Avaricia es el deseo de tener más de lo que uno merece o ya tiene. Generosidad es dar hasta más de lo que uno puede. La avaricia es querer tener más y no dar. La generosidad es dar sin recibir. La avaricia toma, la generosidad da. El dar requiere sacrificio. Debemos siempre darle a Dios lo mejor con acción de gracias. Debemos dar a los siervos de Dios, a los pobres, a los indigentes. Tenemos que hacer de la hospitalidad una prioridad en nuestras vidas. Tenemos que recordar que dar a Dios es la esencia de nuestra adoración. Si damos hoy, podemos esperar que Dios supla en el futuro nuestras necesidades. Aun así, no solo debe haber el deseo y la intención en nosotros. Como dijera el pastor y escritor Robb Thompson: «Solo se nos recompensa por nuestras acciones y nunca por nuestras intenciones».

La generosidad en el Nuevo Testamento

El Nuevo Testamento contiene muchos ejemplos de personas generosas que podemos aplicar y aprender en cuanto al dar. Veremos algunos:

Los sabios: Visitaron a María y a José cuando Jesús nació, y le dieron generosamente oro, incienso y mirra (Mateo 2:11).

La mujer de Betania: Tomó un vaso de alabastro lleno de perfume de gran precio y lo derramó sobre Jesús. El propio Cristo dijo que en cualquier parte que se predicara el evangelio a ella la mencionarían como ejemplo de generosidad. Esta fascinante historia acerca de dar de esta mujer está registrada en los cuatro Evangelios (Mateo 26:6-13, Marcos 14:3-9, Lucas 7:36-50 y Juan 12:1-11).

Marta, María y Lázaro: Estos amigos de Cristo eran muy generosos y lo hospedaron muchas veces durante su ministerio (Juan 11:1-45).

José de Arimatea: Era un hombre rico, generoso y discípulo del Señor (Mateo 27:57-60). Pidió el cuerpo de Cristo para ponerlo en una tumba de su propiedad.

Nicodemo: Llegó a ser discípulo de Cristo y ayudó generosamente a José de Arimatea con el cuerpo del Señor (Juan 19:38-40).

Zaqueo: Devolvió cuadruplicado todo lo que tomó de manera ilícita (Lucas 19:1-10).

Un muchacho: Es un ejemplo de generosidad, pues le dio al Señor sus panes y sus pescaditos para que Él los multiplicara (Marcos 6:30-44).

La viuda pobre: Es uno de los grandes ejemplos de generosidad en la Escritura, pues hasta Cristo la alabó y reconoció su acción. No conocemos su nombre, pero se le menciona en Marcos 12:41-44 y Lucas 21:1-4. Aquí la palabra «pobre» en griego es **«penichros»,** que quiere decir «conspicuamente pobre», «muy pobre», «extremamente pobre», «bajo el nivel de la pobreza». También quiere decir que «trabajaba duramente» para ganar su sostén y su pan diario. Ella dio de su necesidad, de lo que no tenía, mientras los ricos daban de su abundancia y de lo que les sobraban.

Juan el Bautista: Enseñó la generosidad (Lucas 3:10-11).

El centurión de Capernaum: Era generoso y amaba a la nación de Israel, y lo demostró construyéndoles a los judíos un lugar de adoración, una sinagoga (Lucas 7:1-5).

Jesús y la generosidad

Jesús enseñó sobre la generosidad en muchas parábolas. Presentaba ejemplos de otras personas, del Padre y de sí mismo:

1. El pedido de un hijo a su padre (Mateo 7:9. 11 y Lucas 11:11-13)
2. La oveja perdida (Mateo 18:12-14 y Lucas 15:4-7)
3. Los trabajadores en la viña (Mateo 20:1-16)
4. El banquete de bodas (Mateo 22:2-14)
5. El prestador, acreedor de dinero (Lucas 7:41-43)
6. El buen samaritano (Lucas 10:30-37)
7. El amigo en necesidad (Lucas 11:5-10)
8. El gran banquete, la gran cena (Lucas 14:16-24)
9. La moneda perdida (Lucas 15:8-10)
10. El hijo pródigo (Lucas 15:11-32)

También Jesús enseñó muchas otras cosas sobre la generosidad y el dar. Demostró su gran amor al darles ayuda espiritual a los demás, así como salud física y vida eterna. Habló mucho sobre la generosidad del Padre al darnos todas las cosas.

1. Mateo 7:7: «Pedid, y se os dará; buscad, y hallaréis; llamad, y se os abrirá».

2. Mateo 10:8: «Sanad enfermos, limpiad leprosos, resucitad muertos, echad fuera demonios; de gracia recibisteis, dad de gracia».

3. Mateo 10:42: «Y cualquiera que dé a uno de estos pequeñitos un vaso de agua fría solamente, por cuanto es discípulo, de cierto os digo que no perderá su recompensa».

4. Mateo 14:16: «Jesús les dijo: No tienen necesidad de irse; dadles vosotros de comer».

5. Mateo 19:21: «Jesús le dijo: Si quieres ser perfecto, anda, vende lo que tienes, y dalo a los pobres, y tendrás tesoro en el cielo; y ven y sígueme».

6. Mateo 22:21: «Le dijeron: De César. Y les dijo: Dad, pues, a César lo que es de César, y a Dios lo que es de Dios».

7. Mateo 25:34-40: «Entonces el Rey dirá a los de su derecha: Venid, benditos de mi Padre, heredad el reino preparado para vosotros desde la fundación del mundo. Porque tuve hambre, y me disteis de comer; tuve sed, y me disteis de beber; fui forastero, y me recogisteis; estuve desnudo, y me cubristeis; enfermo, y me visitasteis; en la cárcel, y vinisteis a mí. Entonces los justos le responderán diciendo: Señor, ¿cuándo te vimos hambriento, y te sustentamos, o sediento, y te dimos de beber? ¿Y cuándo te vimos forastero, y te recogimos, o desnudo, y te cubrimos? ¿O cuándo te vimos enfermo, o en la cárcel, y vinimos a ti? Y respondiendo el Rey, les dirá: De cierto os digo que en cuanto lo hicisteis a uno de estos mis hermanos más pequeños, a mí lo hicisteis».

8. Mateo 26:26: «Y mientras comían, tomó Jesús el pan, y bendijo, y lo partió, y dio a sus discípulos, y dijo: Tomad, comed; esto es mi cuerpo».

9. Marcos 4:11: «Y les dijo: A vosotros os es dado saber el misterio del reino de Dios; mas a los que están fuera, por parábolas todas las cosas».

10. Marcos 4:25: «Porque al que tiene, se le dará; y al que no tiene, aun lo que tiene se le quitará».

11. Marcos 5:43: «Pero él les mandó mucho que nadie lo supiese, y dijo que se le diese de comer».

12. Marcos 10:45: «Porque el Hijo del Hombre no vino para ser servido, sino para servir, y para dar su vida en rescate por muchos».

13. Lucas 4:18: «El Espíritu del Señor está sobre mí, por cuanto me ha ungido para dar buenas nuevas a los pobres; me ha enviado a sanar a los quebrantados de corazón; a pregonar libertad a los cautivos, y vista a los ciegos; a poner en libertad a los oprimidos».

14. Lucas 6:30: «A cualquiera que te pida, dale; y al que tome lo que es tuyo, no pidas que te lo devuelva».

15. Lucas 6:38: «Dad, y se os dará; medida buena, apretada, remecida y rebosando darán en vuestro regazo; porque con la misma medida con que medís, os volverán a medir».

16. Lucas 7:21: «En esa misma hora sanó a muchos de enfermedades y plagas, y de espíritus malos, y a muchos ciegos les dio la vista».

17. Lucas 8:18: «Mirad, pues, cómo oís; porque a todo el que tiene, se le dará; y a todo el que no tiene, aun lo que piensa tener se le quitará».

18. Lucas 9:16: «Y tomando los cinco panes y los dos pescados, levantando los ojos al cielo, los bendijo, y los partió, y dio a sus discípulos para que los pusiesen delante de la gente».

19. Lucas 10:7: «Y posad en aquella misma casa, comiendo y bebiendo lo que os den; porque el obrero es digno de su salario. No os paséis de casa en casa».

20. Lucas 12:32: «No temáis, manada pequeña, porque a vuestro Padre le ha placido daros el reino».

21. Lucas 12:33: «Vended lo que poseéis, y dad limosna; haceos bolsas que no se envejezcan, tesoro en los cielos que no se agote, donde ladrón no llega, ni polilla destruye».

22. Juan 4:10: «Respondió Jesús y le dijo: Si conocieras el don de Dios, y quién es el que te dice: Dame de beber; tú le pedirías, y él te daría agua viva».

169

23. Juan 4:14: «Mas el que bebiere del agua que yo le daré, no tendrá sed jamás; sino que el agua que yo le daré será en él una fuente de agua que salte para vida eterna».

24. Juan 5:21: «Porque como el Padre levanta a los muertos, y les da vida, así también el Hijo a los que quiere da vida».

25. Juan 6:27: «Trabajad, no por la comida que perece, sino por la comida que a vida eterna permanece, la cual el Hijo del Hombre os dará; porque a éste señaló Dios el Padre».

26. Juan 6:31-33: «Nuestros padres comieron el maná en el desierto, como está escrito: Pan del cielo les dio a comer. Y Jesús les dijo: De cierto, de cierto os digo: No os dio Moisés el pan del cielo, mas mi Padre os da el verdadero pan del cielo. Porque el pan de Dios es aquel que descendió del cielo y da vida al mundo».

27. Juan 6:51: «Yo soy el pan vivo que descendió del cielo; si alguno comiere de este pan, vivirá para siempre; y el pan que yo daré es mi carne, la cual yo daré por la vida del mundo».

28. Juan 10:11: «Yo soy el buen pastor; el buen pastor su vida da por las ovejas».

29. Juan 10:28-29: «Y yo les doy vida eterna; y no perecerán jamás, ni nadie las arrebatará de mi mano. Mi Padre que me las dio, es mayor que todos, y nadie las puede arrebatar de la mano de mi Padre».

30. Juan 11:22: «Mas también sé ahora que todo lo que pidas a Dios, Dios te lo dará».

31. Juan 11:41: «Entonces quitaron la piedra de donde había sido puesto el muerto. Y Jesús, alzando los ojos a lo alto, dijo: Padre, gracias te doy por haberme oído».

32. Juan 13:3: «Sabiendo Jesús que el Padre le había dado todas las cosas en las manos, y que había salido de Dios, y a Dios iba».

33. Juan 14:16: «Y yo rogaré al Padre, y os dará otro Consolador, para que esté con vosotros para siempre».

34. Juan 14:27: «La paz os dejo, mi paz os doy; yo no os la doy como el mundo la da. No se turbe vuestro corazón, ni tenga miedo».

35. Juan 15:16: «No me elegisteis vosotros a mí, sino que yo os elegí a vosotros, y os he puesto para que vayáis y llevéis fruto, y vuestro fruto permanezca; para que todo lo que pidiereis al Padre en mi nombre, él os lo dé».

36. Juan 16:23: «En aquel día no me preguntaréis nada. De cierto, de cierto os digo, que todo cuanto pidiereis al Padre en mi nombre, os lo dará».

37. Juan 17:2: «Como le has dado potestad sobre toda carne, para que dé vida eterna a todos los que le diste».

38. Juan 17:6-7: «He manifestado tu nombre a los hombres que del mundo me diste; tuyos eran, y me los diste, y han guardado tu palabra. Ahora han conocido que todas las cosas que me has dado, proceden de ti».

39. Juan 17:14: «Yo les he dado tu palabra; y el mundo los aborreció, porque no son del mundo, como tampoco yo soy del mundo».

40. Juan 17:22, 24: «La gloria que me diste, yo les he dado, para que sean uno, así como nosotros somos uno [...] Padre, aquellos que me has dado, quiero que donde yo estoy, también ellos estén conmigo, para que vean mi gloria que me has dado; porque me has amado desde antes de la fundación del mundo».

41. Juan 17:26: «Y les he dado a conocer tu nombre, y lo daré a conocer aún, para que el amor con que me has amado, esté en ellos, y yo en ellos».

42. Juan 18:9: «Para que se cumpliese aquello que había dicho: De los que me diste, no perdí ninguno».

43. Juan 21:13: «Vino, pues, Jesús, y tomó el pan y les dio, y asimismo del pescado».

Jesús también enseñó muchas más cosas y otras parábolas sobre el uso apropiado del dinero, parábolas sobre la administración y la mayordomía. Estas enseñanzas las verás en el próximo capítulo sobre la mayordomía y la administración eficiente de tus finanzas.

La iglesia primitiva y la generosidad

Había un gran espíritu de unidad y generosidad en medio de la primera iglesia. Hechos 2:44-46 nos dice: «Todos los que habían creído estaban juntos, y tenían en común todas las cosas; y vendían sus propiedades y sus bienes, y lo repartían a todos según la necesidad de cada uno. Y perseverando unánimes cada día en el templo, y partiendo el pan en las casas, comían juntos con alegría y sencillez de corazón». Eran dadivosos, generosos.

Los apóstoles no eran ricos, pero daban de lo que tenían. Hechos 3:3-8 relata:

> Este [el cojo] cuando vio a Pedro y a Juan que iban a entrar en el templo, les rogaba que le diesen limosna. Pedro, con Juan, fijando en él los ojos, le dijo: Míranos. Entonces él les estuvo atento, esperando recibir de ellos algo. Mas Pedro dijo: No tengo plata ni oro, pero lo que tengo te doy; en el nombre de Jesucristo de Nazaret, levántate y anda. Y tomándole por la mano derecha lo levantó; y al momento se le afirmaron los pies y tobillos; y saltando, se puso en pie y anduvo; y entró con ellos en el templo, andando, y saltando, y alabando a Dios.

Según Hechos 4:32-35, «la multitud de los que habían creído era de un corazón y un alma; y ninguno decía ser suyo propio nada de lo que poseía, sino que tenían todas las cosas en común. Y con gran poder los apóstoles daban testimonio de la resurrección del Señor Jesús, y abundante gracia era sobre todos ellos. Así que no había entre ellos ningún necesitado; porque todos los que poseían heredades o casas, las vendían, y traían el precio de lo vendido, y lo ponían a los pies de los apóstoles; y se repartía a cada uno según su necesidad». Que gran diferencia se haría en nuestras iglesias hoy si, llenos de amor, imitáramos la generosidad y la abnegación de aquellos.

José, después conocido como Bernabé, fue muy generoso al vender su propiedad y darles el dinero a los apóstoles para suplir las necesidades de los santos (Hechos 4:36-37) ¡Qué demostración de amor y generosidad!

Hechos 9:36-39 cuenta que había «en Jope una discípula llamada Tabita, que traducido quiere decir, Dorcas. Esta abundaba en buenas obras y en limosnas que hacía». El caso es que Tabita murió, y cuando Pedro llegó, se encontró a las mujeres llorando y mostrando las túnicas y los vestidos que Dorcas les hacía. Por cierto, el pasaje relata que Pedro oró por ella y la mujer resucitó.

Hechos 10 habla de «Cornelio, centurión de la compañía llamada la Italiana, piadoso y temeroso de Dios con toda su casa, y que hacía muchas limosnas al pueblo, y oraba a Dios siempre». Dios le envió a Pedro. Como resultado, Cornelio y toda su familia fueron salvos. Este episodio nos hace recordar las palabras del Salmo 20:1-3: «Jehová te oiga en el día de conflicto; el nombre del Dios de Jacob te defienda. Te envíe ayuda desde el santuario, y desde Sion te sostenga. Haga memoria de todas tus ofrendas, y acepte tu holocausto».

En cierta ocasión, Pablo y Bernabé estaban predicando en Antioquía, y la iglesia decidió dar con generosidad:

> En aquellos días unos profetas descendieron de Jerusalén a Antioquía. Y levantándose uno de ellos, llamado Agabo, daba a entender por el Espíritu, que vendría una gran hambre en toda la tierra habitada; la cual sucedió en tiempo de Claudio. Entonces los discípulos, cada uno conforme a lo que tenía, determinaron enviar socorro a los hermanos que habitaban en Judea; lo cual en efecto hicieron, enviándolo a los ancianos por mano de Bernabé y de Saulo. (Hechos 11:27-30)

Los líderes de la iglesia primitiva eran conscientes de que todas las bendiciones las concedía Dios. Pablo dijo en una ocasión: «En todo os he enseñado que, trabajando así, se debe ayudar a los necesitados, y recordar las palabras del Señor Jesús, que dijo: Más bienaventurado es dar que recibir» (Hechos 20:35).

Pablo y la generosidad

Pablo enseñó que los que siembran con generosidad la Palabra, los que predican y ministran e invierten su tiempo, esfuerzo físico y espiritual en los demás, tienen el derecho de cosechar lo material lo dice muy bien:

¿Quién fue jamás soldado a sus propias expensas? ¿Quién planta viña y no come de su fruto? ¿O quién apacienta el rebaño y no toma de la leche del rebaño? ¿Digo esto sólo como hombre? ¿No dice esto también la ley? Porque en la ley de Moisés está escrito: No pondrás bozal al buey que trilla. ¿Tiene Dios cuidado de los bueyes, o lo dice enteramente por nosotros? Pues por nosotros se escribió; porque con esperanza debe arar el que ara, y el que trilla, con esperanza de recibir del fruto. Si nosotros sembramos entre vosotros lo espiritual, ¿es gran cosa si segáremos de vosotros lo material? Si otros participan de este derecho sobre vosotros, ¿cuánto más nosotros? Pero no hemos usado de este derecho, sino que lo soportamos todo, por no poner ningún obstáculo al evangelio de Cristo. ¿No sabéis que los que trabajan en las cosas sagradas, comen del templo, y que los que sirven al altar, del altar participan? Así también ordenó el Señor a los que anuncian el evangelio, que vivan del evangelio. (1 Corintios 9:7-14)

Pablo después menciona la gran generosidad de la iglesia de Macedonia:

Asimismo, hermanos, os hacemos saber la gracia de Dios que se ha dado a las iglesias de Macedonia; que en grande prueba de tribulación, la abundancia de su gozo y su profunda pobreza abundaron en riquezas de su generosidad. Pues doy testimonio de que con agrado han dado conforme a sus fuerzas, y aun más allá de sus fuerzas, pidiéndonos con muchos ruegos que les concediésemos el privilegio de participar en este servicio para los santos. Y no como lo esperábamos, sino que a sí mismos se dieron primeramente al Señor, y luego a nosotros por la voluntad de Dios. (2 Corintios 8:1-5)

Aquel gran ejemplo de las iglesias de Macedonia debería ser un reto para nosotros. Pablo menciona el ejemplo de Cristo «que por amor a vosotros se hizo pobre, siendo rico, para que vosotros con su pobreza fueseis enriquecidos» (2 Corintios 8:9). Además, les dice que continúen con los planes que se habían trazado: «Y en esto doy mi consejo; porque esto os conviene a vosotros, que comenzasteis antes, no sólo a hacerlo, sino también a quererlo, desde el año pasado. Ahora, pues, llevad también a cabo el hacerlo, para que como estuvisteis prontos a querer, así también lo estéis en cumplir conforme a lo que tengáis. Porque si primero hay la voluntad dispuesta, será acepta según lo que uno tiene, no según lo que no tiene» (2 Corintios 8:10-12).

El apóstol habla del resultado de la generosidad en el versículo 14: «Sino para que en este tiempo, con igualdad, la abundancia vuestra supla la escasez de ellos, para que también la abundancia de ellos supla la necesidad vuestra, para que haya igualdad». Y concluye el mensaje de este capítulo diciendo: «Y no sólo esto, sino que también fue designado por las iglesias como compañero de nuestra peregrinación para llevar este donativo, que es administrado por nosotros para gloria del Señor mismo, y para demostrar vuestra buena voluntad; evitando que nadie nos censure en cuanto a esta ofrenda abundante que administramos, procurando hacer las cosas honradamente, no sólo delante del Señor sino también delante de los hombres» (vv. 19 al 21).

En 2 Corintios 9, el apóstol les da la clave a los corintios para la bendición económica: «El que siembra escasamente, también segará escasamente; y el que siembra generosamente, generosamente también segará» (v. 6). En el versículo 7 les dice la manera apropiada de dar: «Cada uno dé como propuso en su corazón; no con tristeza, ni por necesidad, porque Dios ama al dador alegre». Luego, en el versículo 8, les dice que si daban, tendrían siempre: «Poderoso es Dios para hacer que abunde en vosotros toda gracia, a fin de que, teniendo siempre en todas las cosas todo lo suficiente, abundéis para toda buena obra». En el siguiente versículo, les recuerda que Dios es el que les da para que puedan darles a los demás: «El que da semilla al que siembra, y pan al que come, proveerá y multiplicará vuestra sementera, y aumentará los frutos de vuestra justicia» (v. 10).

El resultado de la generosidad lo expresa en el versículo 11: «Para que estéis enriquecidos en todo para toda liberalidad, la cual produce por medio de nosotros acción de gracias a Dios». Y termina diciendo que suplir a los santos es acción de gracias hacia Dios: «La ministración de este servicio no solamente suple lo que a los santos falta, sino que también abunda en muchas acciones de gracias a Dios; pues por la experiencia de esta ministración glorifican a Dios por la obediencia que profesáis al evangelio de Cristo, y por la liberalidad de vuestra contribución para ellos y para todos; asimismo en la oración de ellos por vosotros, a quienes aman a causa de la superabundante gracia de Dios en vosotros» (vv. 12-14).

Significados de la generosidad y de dar

Cito de nuevo al evangelista y amigo Daniel King que, en su libro *The Power of The Seed* [El poder de la semilla], nos añade el siguiente comentario sobre el punto de vista de Pablo en cuanto a la generosidad. En los capítulos 8 y 9 de 2 Corintios, Pablo usa varias palabras en el griego para describir lo que se refiere a la ofrenda y la siembra. Escogió estas palabras con mucho cuidado y estas representan hoy una de las bases bíblicas más sólidas en cuanto al dar.

La palabra «**charis**» se usa diez veces en estos dos capítulos que se refieren «a la gracia de dar». Quiere decir gracia, pues cuando Dios nos da de su gracia no la merecemos, pues es un regalo del corazón de Dios. Y como esta gracia ha sido grandemente derramada sobre nosotros, damos a Dios en agradecimiento por lo que Él ha hecho por nosotros. La raíz de la Palabra «**charis**» es de donde tenemos la palabra «carismático», que sirve para describir a los cristianos que creen en los dones del Espíritu Santo. Sin embargo, en estos capítulos Pablo la usa para describir «una ofrenda que abunda en gracia». Esto quiere decir que no solamente los cristianos deben gozarse y desfrutar de la presencia y los dones del Espíritu Santo, sino también ser las personas más generosas, porque así como Dios nos dio de Su Espíritu, debemos nosotros dar de vuelta a Dios de las bendiciones recibidas. En 2 Corintios 8:4 dice: «Pidiéndonos con muchos ruegos que les concediésemos el privilegio de participar en este servicio para los santos».

La palabra griega es «**diakonía**», que es «servicio», o «ministerio», también que «dar es un ministerio a los demás, un servicio», que es también usada en 2 Corintios 9:13 que dice: «Pues por la experiencia de esta ministración glorifican a Dios por la obediencia que profesáis al evangelio de Cristo, y por la liberalidad de vuestra contribución para ellos y para todos». También aquí Pablo usa la palabra **«doxa»,** que es «gloria». Nuestra ofrenda gozosa y alegre glorifica al Señor, pues Pablo dijo: «Por la experiencia de esta ministración glorifican a Dios». ¿De qué manera se glorifica a Dios? ¡Dando nuestra ofrenda!

En 2 Corintios 8:5 dice: «Y no como lo esperábamos, sino que a sí mismos se dieron primeramente al Señor, y luego a nosotros por la voluntad de Dios». Aquí la palabra griega es **«didomi»,** que quiere decir «dar o entregar un regalo, una dádiva».

En 2 Corintios 8:4 y 9:13 Pablo usa de nuevo otra palabra griega que es **«koinonía»,** que quiere decir «comunión». Dar es un acto de «comunión con los demás y con Dios». En 2 Corintios 9:12 cita: «Porque la ministración de este servicio no solamente suple lo que a los santos falta, sino que también abunda en muchas acciones de gracias a Dios». Y Pablo usa otra palabra griega, **«leitourgia»,** que de esta palabra tenemos la palabra «liturgia». En muchas iglesias una «liturgia» específica es mantenida en la manera de la adoración al Señor. Esta palabra se usaba también para describir el «servicio o trabajo de los sacerdotes en la adoración en el templo del Señor. El trabajo de ellos consistía en adorar al Señor todo el tiempo. Pablo usa esta palabra para enseñarnos que dar y ser generosos también es un acto de adoración al Señor. Toda nuestra vida es una demostración de adoración y fe al Señor. Si levantas la mano en adoración en el tiempo de la alabanza y cantas, pero no das su ofrenda no estás adorando enteramente al Señor, porque la ofrenda y la generosidad son partes de nuestra adoración. Pongamos en el corazón estos capítulos 8 y 9 de 2 Corintios y vivamos una vida generosa al dar abundantemente al Señor de la mucha abundancia que Él ya nos ha dado.

El libro de Hebreos y la generosidad

Hebreos 13:3 nos exhorta: «Acordaos de los presos, como si estuvierais presos juntamente con ellos; y de los maltratados, como que también vosotros mismos estáis en el cuerpo». El capítulo 11 de Hebreos nos habla del sacrificio que aquellos hombres y mujeres de Dios hicieron al darlo todo, a veces la vida, por no negar al Señor y su Palabra.

Todos ellos llevaron a cabo y terminaron sus misiones delegadas por Dios y que finalmente agradaron al Señor en todo y recibieron su recompensa en los cielos.

A propósito, Hebreos 10:34 dice que debemos compadecernos de los que están en las prisiones: «De los presos también os compadecisteis». Pues bien, nuestro ministerio envía cada año miles de Biblias y libros gratuitamente a cárceles de Estados Unidos. Hemos recibido miles de cartas con pedidos de Biblias y libros, y otras miles más de agradecimiento de presos que han recibido el material y que nos hablan de cómo Cristo los ha perdonado y transformado. ¡Aleluya! A este ministerio lo llamamos «Esperanza a las Prisiones». No sabes cómo nos gozamos al enviar estos materiales. No importa lo que gastamos. Visita nuestra página en la Internet (www.josueyrion. org), y comprueba lo que estamos haciendo. Recuerda: ¡Con Dios no se gasta, se invierte!

Lo que Dios nos dará en el futuro

Tan infinita es la generosidad divina hacia nosotros que, aparte de lo que ya nos ha dado, todavía en el futuro Dios nos dará muchas cosas más, pues así nos lo promete en su Palabra. A los que vencen les ha prometido:

1. Apocalipsis 2:7: «El que tiene oído, oiga lo que el Espíritu dice a las Iglesias. Al que venciere, le daré a comer del árbol de la vida, el cual está en medio del paraíso de Dios».

2. Apocalipsis 2:10-11: «No temas en nada lo que vas a padecer. He aquí, el diablo echará a algunos de vosotros en la cárcel, para que seáis probados, y tendréis tribulación por diez días. Sé fiel hasta la muerte, y yo te daré la corona de la vida. El que tiene oído, oiga lo que el Espíritu dice a las Iglesias. El que venciere, no sufrirá daño de la segunda muerte».

3. Apocalipsis 2:17: «El que tiene oído, oiga lo que el Espíritu dice a las Iglesias. Al que venciere, daré a comer del maná escondido, y le daré una piedrecita blanca, y en la piedrecita escrito un nombre nuevo, el cual ninguno conoce sino aquel que lo recibe».

4. Apocalipsis 2:26-28: «Al que venciere y guardare mis obras hasta el fin, yo le daré autoridad sobre las naciones, y las regirá con vara de hierro, y serán quebradas como vaso de alfarero; como yo también la he recibido de mi Padre; y le daré la estrella de la mañana».

5. Apocalipsis 3:5: «El que venciere será vestido de vestiduras blancas; y no borraré su nombre del libro de la vida, y confesaré su nombre delante de mi Padre, y delante de sus ángeles».

6. Apocalipsis 3:11-12: «He aquí, yo vengo pronto; retén lo que tienes, para que ninguno tome tu corona. Al que venciere, yo lo haré columna en el templo de mi Dios, y nunca más saldrá de allí; y escribiré sobre él el nombre de mi Dios, y el nombre de la ciudad de mi Dios, la nueva Jerusalén, la cual desciende del cielo, de mi Dios, y mi nombre nuevo».

7. Apocalipsis 3:21: «Al que venciere, le daré que se siente conmigo en mi trono, así como yo he vencido, y me he sentado con mi Padre en su trono».

8. Apocalipsis 21:6-7: «Y me dijo: Hecho está. Yo soy el Alfa y la Omega, el principio y el fin. Al que tuviere sed, yo le daré gratuitamente de la fuente del agua de la vida. El que venciere heredará todas las cosas, y yo seré su Dios, y él será mi hijo».

9. Apocalipsis 22:7: «¡He aquí, vengo pronto! Bienaventurado (recibiremos la vida eterna) el que guarda las palabras de la profecía de este libro».

10. Apocalipsis 22:12: «He aquí yo vengo pronto, y mi galardón conmigo, para recompensar a cada uno según sea su obra».

Principios de dar en el Nuevo Testamento

¡Qué gran amor es el de Dios! No merecemos sus misericordias, sus dones ni sus regalos. ¡Cuánto nos ama! ¡Gracias Señor! Y de acuerdo a lo que hemos aprendido, en cuanto el dar, la generosidad del Nuevo

Testamento, debemos siempre dar lo mejor de nosotros a Dios, a sus siervos, a su iglesia y a los demás.

Dar es el fruto del agradecimiento del corazón. Como somos seguidores del Señor, damos porque Él nos dio primero. El hecho de dar quiebra la avaricia en nuestras vidas, y podemos esperar grandes bendiciones de Dios. Si damos en secreto, como dijo Jesús, seremos recompensados en público. Mateo 6:3-4 dice: «Mas cuando tú des limosna [ofrenda], no sepa tu izquierda lo que hace tu derecha, para que sea tu limosna en secreto; y tu Padre que ve en lo secreto te recompensará en público». Debemos dar hospitalidad a los siervos de Dios y a los necesitados. Cuando ayudamos a los demás, y los bendecimos dándoles y siendo generosos con ellos, al mismo Señor le estamos dando. Dar es la esencia de nuestra adoración. De acuerdo a lo que damos recibiremos y de acuerdo a nuestra generosidad seremos bendecidos. Si lo hacemos generosamente, recibiremos abundantemente, si lo hacemos escasamente, recibiremos poco.

Dios puede usar lo poco que tenemos y transformar nuestra siembra en una gran cosecha. Si actuamos guiados por el Espíritu Santo, daremos lo correcto y en la voluntad de Dios. Tenemos la responsabilidad de dar a nuestra iglesia y también sostener a las misiones locales, nacionales y mundiales. Recuerde que es más bienaventurado dar que recibir, como dijo Jesús. Cuando damos lo debemos hacer con un propósito específico y Dios nos bendecirá grandemente.

¿Es así que damos?

Cierta vez una familia fue a la iglesia un domingo por la mañana. Cuando regresaban después del culto en su carro, la esposa comentó:

—¡El predicador fue muy largo en su mensaje!

— Sí, es verdad —dijo el esposo—, ¡y gritaba mucho!

—¡El coro cantó horrible! —dijo la niña que los escuchaba.

Y el niño más pequeño dijo:

—A pesar de eso, creo que estuvo bueno... y solo nos costó un dólar.

Estaban quejándose, y solo le dieron al Señor un dólar de ofrenda. Esta es la triste realidad de muchas de nuestras iglesias.

Sugerencias prácticas para una vida generosa

Para que vivas una vida generosa y hagas de eso una realidad continua en tu vida, procede así:

1. Reprende esos temores

Rechaza todo espíritu de incredulidad y temores en cuanto a la provisión de Dios a tu vida. Tal vez no creas que puedas regocijarte en dar, pero cuando empieces a hacerlo, verás que tu corazón rebosará de alegría. Todos los que lo hacemos experimentamos esta bienaventuranza y este sentimiento inexplicable de bendecir a los demás, a la iglesia, a sus siervos y a Dios en cuanto a la extensión de su Reino sobre la tierra por medio de las misiones mundiales. Quizá creas que tiene muy poco y no puedes dar. ¡Esto no es verdad! Si tienes algo, es porque te lo ha dado Dios. Reconoce que estos sentimientos internos de miedo y de temor son espíritus malignos enviados en contra tuya para que no des y no seas bendecido económicamente. Reconoce la realidad que expresa Romanos 14:23: «El que duda sobre lo que come, es condenado, porque no lo hace con fe; y todo lo que no proviene de fe, es pecado».

2. Reconoce la gracia de Dios

Muchos cristianos se apresuran y dicen que son salvos por gracias y, por lo tanto, no necesitan dar. En cambio, olvidan que todo lo que tienen es también por gracia y no le devuelven al Señor, a través de sus diezmos y ofrendas, lo que le pertenece a Él. No hemos hecho nada para merecer los bienes materiales que nos ha dado por su gran generosidad. Recuerda lo que Romanos 11:36 nos dice: «De él, y por él, y para él, son todas las cosas. A él sea la gloria por los siglos. Amén».

3. Habla de dinero con honestidad

Si estamos libres del poder esclavizador de don Dinero (y somos dadores, sembradores, personas generosas), podremos hablar de las finanzas y no nos veremos bajo la influencia negativa debido a que nuestra madurez nos habrá librado de la esclavitud de ese señor. Si el dinero no te domina, y sabes que el problema no es tener dinero, sino el amor al dinero, vivirás una vida de libertad y abundancia, siempre confiado en la provisión sobrenatural de Dios.

Nuestros ojos deben estar en Cristo, sin importar cuán bendecidos estemos materialmente. Si sabemos que el dinero es un recurso que usa Dios para bendecirnos y para la extensión de su Reino, tendremos paz en Él. Colosenses 3:1-2 nos exhorta: «Si, pues, habéis resucitado con Cristo, buscad las cosas de arriba, donde está Cristo sentado a la diestra de Dios. Poned la mira en las cosas de arriba, no en las de la tierra».

4. Confía en Dios en cuanto a tus finanzas

Si quieres llegar a ser un dador alegre, gozoso, tendrás que aprender a creer y confiar en que Dios suplirá siempre tus necesidades. La generosidad se torna fácil cuando uno sabe que no tiene que preocuparse del mañana. Creer y confiar que Él es todo lo que necesitas, nada más y nada menos. Jesús nos enseñó en Mateo 6:25-26, 31-32 que no debemos preocuparnos: «Por tanto os digo: No os afanéis por vuestra vida, qué habéis de comer o qué habéis de beber; ni por vuestro cuerpo, qué habéis de vestir. ¿No es la vida más que el alimento, y el cuerpo más que el vestido? Mirad las aves del cielo, que no siembran, ni siegan, ni recogen en graneros; y vuestro Padre celestial las alimenta. ¿No valéis vosotros mucho más que ellas? [...] No os afanéis, pues, diciendo: ¿Qué comeremos, o qué beberemos, o qué vestiremos? Porque los gentiles buscan todas estas cosas; pero vuestro Padre celestial sabe que tenéis necesidad de todas estas cosas».

5. Guárdate de amar el dinero.

Como ya hemos visto, «los que quieren enriquecerse caen en tentación y lazo, y en muchas codicias necias y dañosas, que hunden a los hombres en destrucción y perdición; porque raíz de todos los males es el **amor al dinero**, el cual codiciando algunos, se extraviaron de la fe, y fueron traspasados de muchos dolores» (1 Timoteo 6:9-10, énfasis añadido).

El dinero no se ama, sino que se usa, se disfruta. El dinero no es malo ni bueno, sino solo un recurso que usa Dios. Puedes tener dinero, siempre que el dinero no te tenga a ti. Todos los problemas que sufre el mundo (la prostitución, el tráfico de drogas, los asesinatos, los asaltos, los robos, las guerras, el juego, las apuestas, las loterías, los casinos, el entretenimiento mundano, etc.), tienen sus raíces en el amor al dinero. Todo esto y mucho más están bajo el control del sistema económico mundano, de su avaricia y de su deseo de poseer cada vez más. Nosotros los cristianos teniendo un trabajo, una familia, entradas de dinero, un auto para trabajar, ropa, comida y vivienda, estamos bien. Sin embargo, el mundo no piensa igual, y allí reside el problema.

¿Y cuál es nuestra motivación al dar?

Basados en el concepto de que el dinero es solo un instrumento que Dios usa para suplir nuestras necesidades y al mismo tiempo bendecir su obra, y que no debemos amarlo, ni servirlo, ¿qué debe motivarnos a ser generosos? Nuestras ofrendas salen del noventa por ciento que nos queda después de entregarle los diezmos al Señor. Es allí donde empieza nuestra generosidad.

Hay muchos tipos de ofrendas que describe el Antiguo Testamento: La ofrenda por el pecado (en respuesta por recibir el perdón); la ofrenda de agradecimiento por la protección, la salud, el sustento y la prosperidad; la ofrenda para los pobres con que todo Israel debía ayudar a sus hermanos israelitas; y las ofrendas voluntarias para construir y mantener los lugares de adoración.

Muchas veces Israel ofrendaba más allá de los diezmos. En repetidas ocasiones su generosidad sobrepasaba lo que le pedía Dios. Lee lo que nos dice y enseña Éxodo 35:21-29:

Y vino todo varón a quien su corazón estimuló, y todo aquel a quien su espíritu le dio voluntad, con ofrenda a Jehová para la obra del tabernáculo de reunión y para toda su obra, y para las sagradas vestiduras. Vinieron así hombres como mujeres, todos los voluntarios de corazón, y trajeron cadenas y zarcillos, anillos y brazaletes y toda clase de joyas de oro; y todos presentaban ofrenda de oro a Jehová. Todo hombre que tenía azul, púrpura, carmesí, lino fino, pelo de cabras, pieles de carneros teñidas de rojo, o pieles de tejones, lo traía. Todo el que ofrecía ofrenda de plata o de bronce traía a Jehová la ofrenda; y todo el que tenía madera de acacia la traía para toda la obra del servicio. Además todas las mujeres sabias de corazón hilaban con sus manos, y traían lo que habían hilado: azul, púrpura, carmesí o lino fino. Y todas las mujeres cuyo corazón las impulsó en sabiduría hilaron pelo de cabra. Los príncipes trajeron piedras de ónice, y las piedras de los engastes para el efod y el pectoral, y las especias aromáticas, y el aceite para el alumbrado, y para el aceite de la unción, y para el incienso aromático. De los hijos de Israel, así hombres como mujeres, todos los que tuvieron corazón voluntario para traer para toda la obra, que Jehová había mandado por medio de Moisés que hiciesen, trajeron ofrenda voluntaria a Jehová.

Los israelitas dieron mucho más de lo que se les pidió. ¿Cuándo veremos esto en nuestras iglesias? Mira lo que dice Éxodo 36:3-7 que nos hace preguntar por qué no hacemos nosotros lo mismo hoy en día:

Y tomaron de delante de Moisés toda la ofrenda que los hijos de Israel habían traído para la obra del servicio del santuario, a fin de hacerla. Y ellos seguían trayéndole ofrenda voluntaria cada mañana. Tanto, que vinieron todos los maestros que hacían toda la obra del santuario, cada uno de la obra que hacía, y hablaron a Moisés, diciendo: El pueblo trae mucho más de lo que se necesita para la obra que Jehová ha mandado que se haga. Entonces Moisés mandó pregonar por el campamento, diciendo: Ningún hombre ni mujer haga más para la ofrenda del santuario. Así se le impidió al pueblo ofrecer más; pues tenían material abundante para hacer toda la obra, y sobraba.

¡Qué hermoso y difícil de creer! Nuestra motivación debe ser el agradecimiento a Dios. Estamos agradecidos a Dios y lo demostramos al dar al Señor y su obra lo mejor de nosotros mismos.

1. La generosidad sigue a la visión y no solo al mandato

La generosidad de nuestro corazón se basa en sentimiento y no solo en el deber de hacerlo. Se basa en la visión que tenemos de extender el reino de Dios en la tierra y la pasión de ganar las almas para el Señor. En Hechos 26:19, Pablo afirmó que no quiso ser rebelde a la visión celestial. Cuando sientas que Dios te pide dar, hazlo con generosidad.

2. La generosidad sigue a la misión y no solo a la organización

Nuestra generosidad debe estar fundamentada en nuestro llamado a cambiar el mundo para Cristo. No estamos siguiendo la estructura de

184

una denominación, sino algo mucho más profundo y real: la Gran Comisión de Mateo 28:19-20 de ir a todo el mundo y anunciar las buenas nuevas: «Por tanto, id, y haced discípulos a todas las naciones, bautizándolos en el nombre del Padre, y del Hijo, y del Espíritu Santo; enseñándoles que guarden todas las cosas que os he mandado; y he aquí yo estoy con vosotros todos los días, hasta el fin del mundo. Amén».

3. La generosidad sigue al liderazgo y no solo a los programas

La generosidad de nuestro corazón reconoce que Dios es un Dios personal. Necesitamos entonces saber que es necesario estar envueltos con el liderazgo, con la gente que servimos, con los ministros, pastores, evangelistas y misioneros que están haciendo la obra. Nuestra generosidad estará motivada con gente trabajadora y eficiente. En 1 Corintios 11:1, Pablo dijo: «Sed imitadores de mí, así como yo de Cristo». Y también, en Filipenses 4:9, afirmó: «Lo que aprendisteis y recibisteis y oísteis y visteis en mí, esto haced». ¿Será que podemos decir esto como él?

4. La generosidad brota de la pasión y no de la presión

La generosidad de nuestro corazón no nace de la presión que nos pongan para que demos, ni de las insistencias que oímos cada vez que vamos a los cultos. Damos porque sabemos nuestra responsabilidad, además la pasión que sentimos por la obra de Dios. Colosenses 3:23-24 nos aclara: «Y todo lo que hagáis hacedlo de corazón, como para el Señor y no para los hombres; sabiendo que del Señor recibiréis la recompensa de la herencia, porque a Cristo el Señor servís». Todo lo que hacemos en cuanto a la generosidad económica refleja el nivel espiritual nuestro.

5. La generosidad no solo procura que la obra de Dios se mantenga, sino que crezca

Deseamos que la obra crezca, que se ganen almas, que las están discipulando, que haya equipos de evangelismo en las calles. Queremos ver programas de misiones, que nuestras Iglesias sostengan a los misioneros y comiencen obras nuevas. Si no vemos crecimiento, la obra está estancada o algo no anda bien. Debemos sembrar nuestra generosidad en terreno fértil, que da frutos y no en terrenos secos y sin vida. Dios quiere crecimiento conforme a 1 Corintios 3:5-8: «¿Qué, pues, es Pablo, y qué es Apolos? Servidores por medio de los cuales habéis creído; y eso según lo que a cada uno concedió el Señor. Yo planté, Apolos regó; pero el crecimiento lo ha dado Dios. Así que ni el que planta es algo, ni el que riega, sino Dios, que da el crecimiento. Y el que planta y el que riega son una misma cosa; aunque cada uno recibirá su recompensa conforme a su labor».

Recibiremos nuestra recompensa de acuerdo a nuestra generosidad, pero la obra de Dios tiene que crecer. Teníamos veintiún misioneros cuando la crisis económica llegó a Estados Unidos en 2009. Por fe seguimos ayudando a sostener económicamente a esos hombres y mujeres de Dios, así que hoy, en el año 2013 y todavía en medio de la crisis, ya tenemos cuarenta misioneros alrededor del mundo que ayudamos económicamente y seguiremos creciendo.

6. La generosidad la produce la convicción del Espíritu Santo y no la manipulación

Nadie debe ofrendar bajo ningún tipo de manipulación o presión. La ofrenda debe darse en una demostración de amor al ver la credibilidad del que está pidiendo y la causa que esa persona representa. Debe tenerse en cuenta su misión, su ministerio, su organización su integridad, su honestidad, su transparencia y los años que está sirviendo al Señor, y la reputación que se haya labrado entre los líderes y el cuerpo ministerial.

En 1 Timoteo 3:1-7, Pablo habla del carácter y de la reputación que debe tener el que quiera servir al Señor:

Palabra fiel: Si alguno anhela obispado, buena obra desea. Pero es necesario que el obispo sea irreprensible, marido de una sola mujer, sobrio, prudente, decoroso, hospedador, apto para enseñar; no dado al vino, no pendenciero, no codicioso de ganancias deshonestas, sino amable, apacible, no avaro; que gobierne bien su casa, que tenga a sus hijos en sujeción con toda honestidad (pues el que no sabe gobernar su propia casa, ¿cómo cuidará de la iglesia de Dios?); no un neófito, no sea que envaneciéndose caiga en la condenación del diablo. También es necesario que tenga buen testimonio de los de afuera, para que no caiga en descrédito y en lazo del diablo.

Lo peor que a un ministro le puede suceder es caer en descrédito, perder su reputación, su carácter, su integridad en asuntos morales o económicos. Si eso sucede, lo ha perdido todo.

Por nuestra parte, sembramos en ministerios íntegros, de buena reputación tras años y años y años sirviendo al Señor. Todos los días aparecen en nuestras iglesias lobos vestidos de ovejas personas que engañan y roban a los hermanos y a las iglesias con «proyectos fantasmas». Primero debemos averiguar quiénes son, orar, pedir la dirección del Señor y la convicción del Espíritu Santo. Así solo daremos a proyectos reales, específicos, que estén enfocados en la salvación de las almas y en prestar ayuda a las necesidades de los demás.

¿Y por qué dar?

Hay muchos motivos por los que debemos expresar nuestra generosidad dando de nuestro dinero y posesiones. Veamos algunos.

1. Porque el Señor dio, da y dará

Como ya hemos visto en las Escrituras, Dios es el ser más generoso del universo. Eso habla de su carácter y sus atributos de bondad y fidelidad. Él creo el cielo, la tierra, el mar, los planetas, el sol, la luna, el ser humano, los animales, etc. Y también fue el forjador de la redención del hombre por medio de Cristo. Queremos ser como Él es; queremos pensar como Él piensa y actuar como Él actúa. Por eso debemos ser generosos en nuestras ofrendas. Él fue tan generoso, «de tal manera amó Dios al mundo, que ha dado a su Hijo unigénito, para que todo aquel que en él cree, no se pierda, mas tenga vida eterna» (Juan 3:16).

2. Porque Dios dijo que debemos dar

Dios dijo a Israel como nación en el Antiguo Testamento que el dar, la generosidad, sería una parte central de su adoración y de su relación nacional, personal y familiar con Él. Deuteronomio 16:16-17 dice: «Y ninguno se presentará delante de Jehová con las manos vacías; cada uno con la ofrenda de su mano, conforme a la bendición que Jehová tu Dios te hubiere dado». Las instrucciones de Cristo a sus discípulos en el Nuevo Testamento dicen lo mismo y aun más. Así que: «Dad, y se os dará» (Lucas 6:38).

3. Porque somos agradecidos

Esta es la razón primordial y absoluta. Damos porque Él nos dio primero. Todas las demás razones son añadiduras a este principio. Los judíos ofrecían sacrificios para expresar agradecimiento. Nosotros, porque reconocemos que todo proviene de Él: Colosenses 3:15 dice: «Sed agradecidos».

4. Porque queremos ver a los perdidos aceptar a Cristo

La salvación de las almas debe ser una de nuestras prioridades. Y para que oigan el evangelio se necesita dinero para pagar por los pasajes de aviones, los hoteles, la comida, los estadios, las Biblias, los libros, etc. El Señor quiere «que todos procedan al arrepentimiento» (2 Pedro 3:9).

5. Porque debemos dar a una necesidad específica de los demás

Hay varias necesidades que suplir en el cuerpo de Cristo. Desde la construcción de un templo o edificio hasta lo más básico que son alimentos y ropas para hermanos en necesidad. La Biblia habla con claridad que debemos ayudar a nuestros hermanos en la fe. Santiago 2:15-18 dice: «Y si un hermano o una hermana están desnudos, y tienen necesidad del mantenimiento de cada día, y alguno de vosotros les dice: Id en paz, calentaos y saciaos, pero no les dais las cosas que son necesarias para el cuerpo, ¿de qué aprovecha? Así también la fe, si no tiene obras, es muerta en sí misma. Pero alguno dirá: Tú tienes fe, y yo tengo obras. Muéstrame tu fe sin tus obras, y yo te mostraré mi fe por mis obras».

6. Porque las misiones son el sentir y el pulsar del corazón de Dios

La predicación del evangelio en el mundo debe ocupar la mente de los cristianos. El sostén de los misioneros debe ser una de nuestras prioridades. Pablo dijo en Romanos 10:14-15: «¿Cómo oirán sin haber quién les predique? ¿Y cómo predicarán si no fueren enviados?». Sin embargo, el envío de misioneros requiere el respaldo económico.

7. Porque queremos acumular tesoros en los cielos y no en la tierra

Todos hemos oído de las promesas maravillosas de Dios y la recompensa que recibiremos en el cielo. Todos queremos estar allí. Los que fueron generosos y dieron para los demás, para el sostenimiento de la obra de Dios, para las misiones y para la evangelización, disfrutarán ricas bendiciones de Dios en la eternidad. Recuerda lo que dice Mateo 6:19-20.

8. Porque queremos que Dios siga supliendo nuestras necesidades

Dios suple todas nuestras necesidades cuando damos a la manera de Dios y somos generosos. Algunos cristianos pasan años buscando en vano tener suficiente dinero para cubrir sus necesidades sin reconocer que no tendrían ningún problema si le hubieran dado al Señor desde el principio. De modo que muchos creyentes nunca aprenden a dar y viven en la pobreza y la necesidad todos los días, con problemas de salud y mucho más, por el simple hecho de desobedecer a Dios y ser avaros. Olvidan Filipenses 4:19: «Mi Dios, pues, suplirá todo lo que os falta conforme a sus riquezas en gloria en Cristo Jesús».

¿Y cómo dar?

Muchos cristianos dan al Señor de la misma forma en que pagan sus impuestos: por obligación, sin gozo, sin alegría. Sin embargo, nosotros tenemos el llamado a dar con felicidad, satisfacción y regocijo. Eso es lo que dice la Palabra de Dios respecto a dar con alegría, sin tristeza o necesidad, porque Dios ama al dador alegre. Así que, ¿cómo debes dar?

1. Da con generosidad

«Hay quienes reparten, y les es añadido más; y hay quienes retienen más de lo que es justo, pero vienen a pobreza. El alma generosa será prosperada; el que saciare, él también será saciado» (Proverbios 11:24-25). Además, el agradecimiento por lo que Dios ha hecho por nosotros se refleja en la generosidad con que damos.

2. Da como es debido

«En gran manera me gocé en el Señor de que ya al fin habéis revivido vuestro cuidado de mí; de lo cual también estabais solícitos, pero os faltaba la oportunidad» (Filipenses 4:10). Debemos dar adecuadamente, según nos dirija Dios. Sostener a quienes están en el ministerio, como era el caso del apóstol Pablo, debe ser una de nuestras prioridades. Debemos darles a otros, pero sobre todo debemos darles a los que están involucrados en el ministerio.

3. Da con esfuerzo

«Yo con todas mis fuerzas he preparado para la casa de mi Dios, oro para las cosas de oro, plata para las cosas de plata, bronce para las de bronce, hierro para las de hierro, y madera para las de madera; y piedras de ónice, piedras preciosas, piedras negras, piedras de diversos colores, y toda clase de piedras preciosas, y piedras de mármol en abundancia» (1 Crónicas 29:2). Así que da con todas tus fuerzas, con pleno entendimiento y con toda entrega y pasión.

4. Da de lo que tienes para ti

«Además de esto, por cuanto tengo mi afecto en la casa de mi Dios, yo guardo en mi tesoro particular oro y plata que, además de todas las cosas que he preparado para la casa del santuario, he dado para la casa de mi Dios» (1 Crónicas 29:3). Da de lo que tienes para ti. Ora y pregúntale a Dios lo que debes hacer.

5. Da voluntariamente

«Entonces los jefes de familia, y los príncipes de las tribus de Israel, jefes de millares y de centenas, con los administradores de la hacienda del rey, ofrecieron voluntariamente» (1 Crónicas 29:6). Dona de una forma voluntaria y una voluntad rendida hacia a Dios.

6. Da para la obra del Señor

«Y dieron para el servicio de la casa de Dios cinco mil talentos y diez mil dracmas de oro, diez mil talentos de plata, dieciocho mil talentos de bronce, y cinco mil talentos de hierro» (1 Crónicas 29:7). Da para el crecimiento de la obra de Dios y siembra en ministerios de integridad, reputación y carácter.

7. Da cosas que valgan

«Y todo el que tenía piedras preciosas las dio para el tesoro de la casa de Jehová, en mano de Jehiel gersonita» (1 Crónicas 29:8). Las cosas de oro, plata y de piedras preciosas que ya no uses, siémbralas para la obra de Dios. No dejes que caigan en manos de extraños ni de ladrones. Entrégalas a la causa del evangelio. Los hermanos norteamericanos han donado casas, apartamentos, propiedades, terrenos, barcos, automóviles, herencias y muchas otras cosas de gran valor. Esta es una de las razones por las que han recibido tantas bendiciones y han prosperado. Aprendamos de ellos. Tienen grandes iglesias y grandes ministerios porque han aprendido a dar, y como dan, también reciben... y porque reciben, dan.

8. Da con alegría

«Y se alegró el pueblo por haber contribuido voluntariamente; porque de todo corazón ofrecieron a Jehová voluntariamente» (1 Crónicas 29:9). ¡Dios ama al dador alegre! ¡Está escrito! Haz del dar una ocasión de celebración y enséñales a tus hijos a dar desde pequeños, y ellos y tú serán grandemente usados por Dios.

9. Da en reconocimiento de la grandeza de Dios

«Asimismo se alegró mucho el rey David, y bendijo a Jehová delante de toda la congregación; y dijo David: Bendito seas tú, oh Jehová, Dios de Israel nuestro padre, desde el siglo y hasta el siglo. Tuya es, oh Jehová, la magnificencia y el poder, la gloria, la victoria y el honor; porque todas las cosas que están en los cielos y en la tierra son tuyas. Tuyo, oh Jehová, es el reino, y tú eres excelso sobre todos. Las riquezas y la gloria proceden de ti, y tú dominas sobre todo; en tu mano está la fuerza y el poder, y en tu mano el hacer grande y el dar poder a todos. Ahora pues, Dios nuestro, nosotros alabamos y loamos tu glorioso nombre» (1 Crónicas 29:10-13). Cuando reconocemos la grandeza de Dios, eso nos hace dar con una actitud de humildad al comparar cuán grande es el Señor y cuan pequeños somos nosotros.

10. Da en reconocimiento de que todo le pertenece a Dios

«¿Quién soy yo, y quién es mi pueblo, para que pudiésemos ofrecer voluntariamente cosas semejantes? Pues todo es tuyo, y de lo recibido de tu mano te damos. Porque nosotros, extranjeros y advenedizos somos delante de ti, como todos nuestros padres; y nuestros días sobre la tierra, cual sombra que no dura. Oh Jehová Dios nuestro, toda esta abundancia que hemos preparado para edificar casa a tu santo nombre, de tu mano es, y todo es tuyo» (1 Crónicas 29:14-16). También cuando damos en reconocimiento de que de Él lo hemos recibido, todos nuestros méritos desaparecen. No podemos dar de lo que no hemos recibido, y si hemos recibido es de parte de Dios. Le damos de lo que Él nos dio.

11. Da por aprecio y honra al Señor

«Honra a Jehová con tus bienes, y con las primicias de todos tus frutos; y serán llenos tus graneros con abundancia, y tus lagares rebosarán de mosto» (Proverbios 3:9-10). Este es el secreto para tu bendición y la prosperidad económica. Da al Señor primero. Antes de pagar o gastar algo, da tus diezmos, ofrenda, y verás la manera gloriosa en que Dios va a bendecir tu vida.

¿Y a quiénes debes dar?

Quizá esta sea una de las preguntas más importantes. Como ya hemos dicho, debemos ser sabios y entendidos, y dar con entendimiento y bajo la dirección del Espíritu Santo. Ahora bien, ¿a quiénes debes dar?

1. A tu iglesia

Lo primero es diezmar a tu iglesia local, para que pueda mantener al pastor y sufragar los gastos generales. Malaquías 3:10 dice: «Traed todos los diezmos al alfolí y haya alimento en mi casa». Esto se refiere a la iglesia a la que asistes domingo tras domingo, y donde te alimentan con la Palabra de Dios.

2. A las necesidades locales, nacionales y mundiales

Esto incluye la proclamación del evangelio en cualquier lugar del mundo, los orfelinatos, las casas de recuperación de drogadictos, los asilos para leprosos y ancianos, las casas para madres solteras, niños desamparados e indigentes, y los comedores para desempleados pobres, etc. Ayudar a los menos afortunados es una demostración de amor. Si queremos, podemos hacerlo, como dice 2 Corintios 8:10-12: «Y en esto doy mi consejo; porque esto os conviene a vosotros, que comenzasteis antes, no sólo a hacerlo, sino también a quererlo, desde el año pasado. Ahora, pues, llevad también a cabo el hacerlo, para que como estuvisteis prontos a querer, así también lo estéis en cumplir conforme a lo que tengáis. Porque si primero hay la voluntad dispuesta, será acepta según lo que uno tiene, no según lo que no tiene».

3. A los ministerios que te han sido de bendición espiritual

Después del diezmo que es lo primero, nuestra responsabilidad es bendecir económicamente a los ministerios, pastores, ministros, evangelistas y misioneros que nos han bendecido espiritualmente y nos han alimentado con la Palabra de Dios. Gálatas 6:6 nos deja saber que debemos bendecir a estas personas: «El que es enseñado en la palabra, haga partícipe de toda cosa buena al que lo instruye». ¿Está claro? Los macedonios y los filipenses colaboraban económicamente con el ministerio de Pablo.

Todo ministerio necesita tales colaboradores. Nosotros tenemos lo que llamamos «sembradores». ¿Por qué? ¡Porque están sembrando, como ya hemos visto! No pueden viajar conmigo alrededor del mundo, pero pueden orar y colaborar económicamente con nuestros ministerios. A veces nos ayudan a comprar libros y Biblias para enviar a los presos. Nos ayudan a pagar por las cruzadas y de muchas otras maneras. De los macedonios Pablo dijo en 2 Corintios 8.1-5 estas palabras conmovedoras:

> Asimismo, hermanos, os hacemos saber la gracia de Dios que se ha dado a las iglesias de Macedonia; que en grande prueba de tribulación, la abundancia de su gozo y su profunda pobreza abundaron en riquezas de su generosidad. Pues doy testimonio de que con agrado han dado conforme a sus fuerzas, y aun más allá de sus fuerzas, pidiéndonos con muchos ruegos que les concediésemos el privilegio de participar en este servicio para los santos. Y no como lo esperábamos, sino que a sí mismos se dieron primeramente al Señor, y luego a nosotros por la voluntad de Dios.

¡Qué gran demostración de amor y de entrega! Con «sembradores» como estos se puede alcanzar el mundo para Cristo.

Pablo le dijo estas palabras de reconocimiento a la iglesia de Filipos: «Y sabéis también vosotros, oh filipenses, que al principio de la predicación del evangelio, cuando partí de Macedonia, ninguna Iglesia participó conmigo en razón de dar y recibir, sino vosotros solos;

pues aun a Tesalónica me enviasteis una y otra vez para mis necesidades. No es que busque dádivas, sino que busco fruto que abunde en vuestra cuenta» (Filipenses 4:15-17). Pablo había pasado por muchos lugares, pero solo los macedonios y los filipenses lo ayudaban.

Yo he predicado en todos los continentes del mundo en centenares de iglesias y eventos, y solo algunas nos apoyan económicamente. Entiendo que cada iglesia tiene sus propios proyectos y planes. En cambio, si cada iglesia nos ayudara en nuestros esfuerzos al menos con treinta dólares al mes, o sea, un dólar al día, ¡cuánto más pudiéramos hacer! Pablo dijo en 1 Corintios 9:11: «Si nosotros sembramos entre vosotros lo espiritual, ¿es gran cosa si segáremos de vosotros lo material?».

Bendice a tu iglesia, a tu líder espiritual, a tu pastor. Sorpréndelo con una ofrenda especial, un traje nuevo, una corbata, o lo que sea. Reconoce mientras vivan el trabajo de esos hombres y mujeres de Dios y lo que han hecho por ti. Después que estén muertos, ¿para que los reconocimientos? ¡Sé generoso ahora! Hebreos 13:7 nos exhorta: «Acordaos de vuestros pastores, que os hablaron la palabra de Dios». Así que ¡acuérdate hoy!

4. A los visitantes

Somos llamados a dar hospitalidad a los siervos de Dios, a los ministerios itinerantes. El Nuevo Testamento nos dice que debemos ser hospitalarios. Romanos 12:13 dice: «Compartiendo para las necesidades de los santos; practicando la hospitalidad». Cuando acogemos a un hermano en Cristo, acogemos a Dios. Hebreos 13:2 nos hace esta exhortación: «No os olvidéis de la hospitalidad, porque por ella algunos, sin saberlo, hospedaron ángeles».

5. A los pobres

Todos los cristianos tienen la responsabilidad de ser generosos con los pobres. El Antiguo Testamento habla a los judíos de la responsabilidad que tenían con sus hermanos. Una de las promesas de Dios en el ANTIGUO TESTAMENTO y de su bendición se encuentra en el Salmo 41:1-3 que dice: «Bienaventurado el que piensa en el pobre; en el día malo lo librará Jehová. Jehová lo guardará, y le dará vida; será bienaventurado en la tierra, Y no lo entregarás a la voluntad de sus enemigos. Jehová lo sustentará sobre el lecho del dolor; mullirás toda su cama en su enfermedad».

El Nuevo Testamento habla la responsabilidad que tenemos con nuestros hermanos en la fe y cualquier otra persona en general. Una de las promesas de Dios en el Nuevo Testamento son en las palabras de Cristo en Mateo 25:35-40:

Entonces el Rey dirá a los de su derecha: Venid, benditos de mi Padre, heredad el reino preparado para vosotros desde la fundación del mundo. Porque tuve hambre, y me disteis de comer; tuve sed, y me disteis de beber; fui forastero, y me recogisteis; estuve desnudo, y me cubristeis; enfermo, y me visitasteis; en la cárcel, y vinisteis a mí. Entonces los justos le responderán diciendo: Señor, ¿cuándo te vimos hambriento, y te sustentamos, o sediento, y te dimos de beber? ¿Y cuándo te vimos forastero, y te recogimos, o desnudo, y te cubrimos? ¿O cuándo te vimos enfermo, o en la cárcel, y vinimos a ti? Y respondiendo el Rey, les dirá: De cierto os digo que en cuanto lo hicisteis a uno de estos mis hermanos más pequeños, a mí lo hicisteis.

Nuestra actitud de generosidad hacia las minorías y hacia los rechazados por la sociedad debe ser una de las más grandes prioridades de nuestra vida. Muchas iglesias y ministerios han perdido la sensibilidad hacia los pobres. Debemos dar a organizaciones de reputación, carácter y testimonio. Nuestro ministerio ayuda económicamente una de las organizaciones más grandes de todos los Estados Unidos y de gran credibilidad que trabaja alimentando y cubriendo a los pobres desde la década de 1940. Se trata de la *Fred Jordan Mission*, aquí en Los Ángeles. No obstante, tú puedes ayudar a otras organizaciones que Dios ponga en tu corazón.

La promesa del Señor es clara a nosotros en Proverbios 28:27: «El que da al pobre no tendrá pobreza; mas el que aparta sus ojos tendrá muchas maldiciones». No damos a los pobres para que Dios nos bendiga, sino porque Dios ya nos ha bendecido. Cuando les damos le estamos dando a Dios mismo.

Pensamos que solo hay necesidad en Asia, en África o en Latinoamérica. ¡Pues no! Aquí en Estados Unidos hay millones de personas desempleadas y miles de pobres e indigentes que necesitan ayuda. Otra cosa, en Santiago 2:1-5 se nos advierte que no debemos desatender, y mucho menos menospreciar, a los pobres:

Hermanos míos, que vuestra fe en nuestro glorioso Señor Jesucristo sea sin acepción de personas. Porque si en vuestra congregación entra un hombre con anillo de oro y con ropa espléndida, y también entra un pobre con vestido andrajoso, y miráis con agrado al que trae la ropa espléndida y le decís: Siéntate tú aquí en buen lugar; y decís al pobre: Estate tú allí en pie, o siéntate aquí bajo mi estrado; ¿no hacéis distinciones entre vosotros mismos, y venís a ser jueces con malos pensamientos? Hermanos míos amados, oíd: ¿No ha elegido Dios a los pobres de este mundo, para que sean ricos en fe y herederos del reino que ha prometido a los que le aman?

Dios ama a los pobres y no debemos menospreciarlos, sino ayudarlos. Jesús dijo que siempre tendríamos a los pobres con nosotros. Tenemos que amarlos, cuidarlos y ayudarlos.

6. A Israel

Según Pablo, tenemos una deuda eterna con los judíos. ¿Dónde estaríamos sin ellos? El Antiguo Testamento nos llegó a través de los judíos. Jesús dijo que «la salvación viene de los judíos» (Juan 4:22). Los primeros cristianos fueron judíos. Casi toda la Biblia la escribieron los judíos. Las mentes más brillantes e inteligentes del mundo. Una enorme cantidad de ganadores del Premio Nobel de ciencias, matemáticas, físicas, medicina, literatura, etc., han sido judíos. Sin embargo, en vez de mostrarles agradecimiento, a través de los siglos las naciones los han perseguido.

Creo de todo corazón que Dios nos bendecirá mucho si mandamos ofrendas a ministerios que predican a los judíos y al pueblo de Israel. Nuestro ministerio apoya a dos de las más grandes y respetables organizaciones del mundo para el alcance judío, se llaman *Jew For Jesus*, y el ministerio de Morris Cerullo llamado Evangelismo Mundial, que además de realizar grandes cruzadas alrededor del mundo y entrenar a miles y miles de líderes y pastores, también se enfocan en ganar para Cristo al pueblo de Israel.

No olvidemos las Palabras de Dios a Abraham en Génesis 12:3: «Bendeciré a los que te bendijeren, y a los que te maldijeren maldeciré; y serán benditas en ti todas las familias de la tierra». Una de las razones por las que Estados Unidos ha sido tan bendecido es por su amistad y su ayuda incondicional a Israel. ¡Hagamos lo mismo!

7. A Dios

Estoy seguro que todos queremos dar más a Dios porque estamos agradecidos por lo que ha hecho por nosotros. Cuando damos a una persona, estamos dando a Dios. Cuando sembramos generosamente en una iglesia, cuando cooperamos con las misiones y con los diferentes ministerios y ministros; a los visitantes, cuando ayudamos a los pobres y a Israel, estamos dando a Dios. Él vela por todos esos ministerios y se interesa en las necesidades individuales. Cuando damos de esta manera, lo hacemos a Dios (Éxodo 35:5). ¡Demos, pues, a Dios!

¿Y qué esperar después de dar?

Muchos creen que no debemos esperar nada después de dar. Eso no es lo que dice la Palabra de Dios. Por supuesto, no damos solo para recibir, sino porque hemos recibido. Incluso, el propio Jesús dijo: «Dad, y se os dará». También en Marcos 10:29-30 encontramos: «Respondió Jesús y dijo: De cierto os digo que no hay ninguno que haya dejado casa, o hermanos, o hermanas, o padre, o madre, o mujer, o hijos, o tierras, por causa de mí y del evangelio, que no **reciba** cien veces más ahora en este tiempo; casas, hermanos, hermanas, madres, hijos, y tierras, con persecuciones; y en el siglo venidero la vida eterna» (énfasis añadido). Dios nos recompensará por nuestro trabajo, pues estamos llenos de promesas bíblicas respecto a que si damos, también recibiremos como ya vimos muchas veces antes.

En 1 Corintios 9:9-14 Pablo dice:

En la ley de Moisés está escrito: No pondrás bozal al buey que trilla. ¿Tiene Dios cuidado de los bueyes, o lo dice enteramente por nosotros? Pues por nosotros se escribió; porque con esperanza debe arar el que ara, y el que trilla, con esperanza de recibir del fruto. Si nosotros sembramos entre vosotros lo espiritual, ¿es gran cosa si segáremos de vosotros lo material? Si otros participan de este derecho sobre vosotros, ¿cuánto más nosotros? Pero no hemos usado de este derecho, sino que lo soportamos todo, por no poner ningún obstáculo al evangelio de Cristo. ¿No sabéis que los que trabajan en las cosas sagradas, comen del templo, y que los que sirven al altar, del altar participan? Así también ordenó el Señor a los que anuncian el evangelio, que vivan del evangelio.

Pablo se refiere a que los ministros cosecharemos lo que hayamos sembrado. Para los demás cristianos que siembran, la promesa es la misma en Gálatas 6:7-9: «Todo lo que el hombre sembrare, eso también segará. Porque el que siembra para su carne, de la carne segará corrupción; mas el que siembra para el Espíritu, del Espíritu segará vida eterna. No nos cansemos, pues, de hacer bien; porque a su tiempo segaremos, si no desmayamos».

Un granjero que mira por la ventana de su casa después de haber sembrado y ve que nada ha crecido en su tierra todavía, no se desanima. Sabe que a su tiempo segará su fruto. ¡Está escrito, cosecharemos! Como Deuteronomio 14:29 lo declara, Dios nos bendecirá: «Comerán y serán saciados; para que Jehová tu Dios te bendiga en toda obra que tus manos hicieren». ¡Nos saciaremos! Esto es cosechar lo que hemos sembrado.

Si eres cristiano y empresario, o si tienes un negocio pequeño o grande, prosperarás si eres fiel al Señor con tus finanzas. Podrás ayudar a los ministerios a seguir proclamando la Palabra en todo el mundo. Abre las manos y da para la obra de Dios, los ministerios, los indigentes y los pobres, y verás que Dios te abre las ventanas del cielo y te bendice de una manera que jamás has experimentado. La promesa de Isaías 58:6-11, 14 se cumplirá:

> ¿No es más bien el ayuno que yo escogí, desatar las ligaduras de impiedad, soltar las cargas de opresión, y dejar ir libres a los quebrantados, y que rompáis todo yugo? ¿No es que partas tu pan con el hambriento, y a los pobres errantes albergues en casa; que cuando veas al desnudo, lo cubras, y no te escondas de tu hermano? Entonces nacerá tu luz como el alba, y tu salvación se dejará ver pronto; e irá tu justicia delante de ti, y la gloria de Jehová será tu retaguardia. Entonces invocarás, y te oirá Jehová; clamarás, y dirá él: Heme aquí. Si quitares de en medio de ti el yugo, el dedo amenazador, y el hablar vanidad; y si dieres tu pan al hambriento, y saciares al alma afligida, en las tinieblas nacerá tu luz, y tu oscuridad será como el mediodía. Jehová te pastoreará siempre, y en las sequías saciará tu alma, y dará vigor a tus huesos; y serás como huerto de riego, y como manantial de aguas, cuyas aguas nunca faltan [...] entonces te deleitarás en Jehová; y yo te haré subir sobre las alturas de la tierra, y te daré a comer la heredad de Jacob tu padre; porque la boca de Jehová lo ha hablado.

¡Qué maravilloso es que Dios nos bendiga para bendecir a los demás y que Él nos vuelva a bendecir! ¡Dad, y se os dará!

Seamos generosos

«Siete días celebrarás fiesta solemne a Jehová tu Dios en el lugar que Jehová escogiere; porque te habrá bendecido Jehová tu Dios en todos tus frutos, y en toda la obra de tus manos, y estarás verdaderamente alegre [...] cada uno con la ofrenda de su mano, conforme a la bendición que Jehová tu Dios te hubiere dado» (Deuteronomio 16:15, 17). Dios ya nos ha bendecido; por lo tanto, tenemos el llamado a bendecir a los demás.

«Y respondiendo Ezequías, dijo: Vosotros os habéis consagrado ahora a Jehová; acercaos, pues, y presentad sacrificios y alabanzas en la casa de Jehová. Y la multitud presentó sacrificios y alabanzas; y todos los generosos de corazón trajeron holocaustos» (2 Crónicas 29:31). Seamos así de dadivosos y que podamos dar de lo mucho que nos ha dado Él.

«El generoso pensará generosidades, y por generosidades será exaltado» (Isaías 32:8). El generoso tendrá buena salud y será prosperado en todo lo que da. En la parábola de los trabajadores de la viña, el Señor exhorta a uno de los obreros: «¿No me es lícito hacer lo que quiero con lo mío? ¿O tienes tú envidia, porque yo soy bueno [generoso]?» (Mateo 20:15).

El Padre es generoso, el Señor Jesús es generoso. Nosotros lo debemos ser de igual manera. No hay nada que satisfaga más, no hay sentimiento más noble, ni acción más grande y gloriosa que dar, que ser generoso con Dios, con los demás y con su obra: «Que hagan bien, que sean ricos en buenas obras, dadivosos, generosos» (1 Timoteo 6:18). Este debe ser el pueblo de Dios. De buenas obras, trabajador en la viña del Señor, dadivosos con el corazón y generosos en sus finanzas y con todo lo que Dios les ha bendecido. Si hacemos esto, Dios también será generoso con nosotros eternamente, como en 2 Pedro 1:11 se nos asegura: «De esta manera os será otorgada amplia y generosa entrada en el reino eterno de nuestro Señor y Salvador Jesucristo». Que seamos pues, un pueblo generoso, amable, y que sepamos que todo lo que tenemos lo debemos a Él. ¡Alabado sea su nombre!

Abre las manos

Una niña estaba jugando en la sala de su casa. La mamá tenía un florero en la sala donde ella guardaba el vuelto que le daban en el mercado. De pronto la niña gritó: «Mami, mami, no puedo sacar la mano... No puedo sacar la mano...». La mamá, que sabía que había metido la mano en el florero para sacar las monedas, y sin mirarla le dijo: «Abre la mano, suelta las monedas y podrás sacarla».

¡Abre la mano y suelta las monedas! ¡Sé generoso! ¡Sé dadivoso! Suelta lo que es de Dios y Él te bendecirá mucho. Recuerda las palabras de Cristo: «¡Dad, y se os dará!».

CAPÍTULO 11

LA MAYORDOMÍA Y LA ADMINISTRACIÓN EFICIENTES DE TUS FINANZAS

> Y su señor le dijo: Bien, buen siervo y fiel; sobre poco has sido fiel, sobre mucho te pondré; entra en el gozo de tu señor. (Mateo 25:21)

Después de aprender a sembrar, el siguiente paso para permanecer en el ciclo de la provisión sobrenatural de Dios es aprender a ser un administrador íntegro y honesto en tus finanzas y las finanzas del Señor. Y para saber cómo, vamos a ir a las Escrituras, pues es el mejor manual de economía y la mejor cátedra de economía del mundo.

Todos conocemos la historia de José, y como sus hermanos lo vendieron como esclavo. El fascinante relato de su nueva vida empieza en Génesis 39:1-2:

> Llevado, pues, José a Egipto, Potifar oficial de Faraón, capitán de la guardia, varón egipcio, lo compró de los ismaelitas que lo habían llevado allá. Mas Jehová estaba con José, y fue varón próspero; y estaba en la casa de su amo el egipcio.

Cuando la mujer de Potifar lo tentó y José resistió, esta lo acusó de intento de violación, y lo metieron en la cárcel. Aun preso, el Señor estaba con José y todo lo que hacía prosperaba. Según Génesis 39:23, «no necesitaba atender el jefe de la cárcel cosa alguna de las que estaban al cuidado de José, porque Jehová estaba con José, y lo que él hacía, Jehová lo prosperaba». En la cárcel tuvo la oportunidad de interpretar sus sueños a dos siervos del faraón que estaban prisioneros, interpretación que se cumplió.

Pasaron dos años y el faraón tuvo dos sueños. Entonces José tuvo la oportunidad de interpretarlos. Vendrían siete años de abundancia y prosperidad, pero después vendrían siete años de hambre y padecimiento. Este fue el consejo de José al faraón que lo convirtió en primer ministro de Egipto:

> Por tanto, provéase ahora Faraón de un varón prudente y sabio, y póngalo sobre la tierra de Egipto. Haga esto Faraón, y ponga gobernadores sobre el país, y quinte la tierra de Egipto en los siete años de la abundancia. Y junten toda la provisión de estos buenos años que vienen, y recojan el trigo bajo la mano de Faraón para mantenimiento de las ciudades; y guárdenlo. Y esté aquella provisión en depósito para el país, para los siete años de hambre que habrá en la tierra de Egipto; y el país no perecerá de hambre. (Génesis 41:33-36)

Todos haríamos bien en aprender lo que nos enseña esta historia. Como ya hemos visto, Dios puede bendecirnos y prosperarnos si somos fieles en los diezmos y ofrendas, y ahorramos e invertimos para el mañana y los años difíciles que vendrán o ya están aquí.

La mayordomía

El gran misionero escocés al África, el Dr. David Livingston, dijo una vez: «No pondré valor en nada que yo tenga o posea, excepto en relación con el Reino de Dios. Si alguna cosa que tengo va a adelantar y extender los intereses de este reino, deben ser seguidos e implementados para promover la gloria de Aquel del cual tengo todas mis esperanzas de alcanzar la vida eterna y la recompensa venidera». La Biblia usa la esperanza de la recompensa para motivarnos a ser fieles en nuestras finanzas. Somos llamados a administrar, a ser mayordomos de lo que Dios ha puesto en nuestras manos, tanto a nivel personal como ministerial. Nuestras motivaciones deben ser correctas. El egoísmo, la avaricia y la acumulación de riquezas para utilizarla como arma de poder, influencia y estatus deben descartarse.

El Salmo 19:7-11 nos habla de la fidelidad en guardar, aplicar y obedecer la Palabra de Dios en cuanto a nuestras finanzas. David dice:

> La ley de Jehová es perfecta, que convierte el alma; el testimonio de Jehová es fiel, que hace sabio al sencillo. Los mandamientos de Jehová son rectos, que alegran el corazón; el precepto de Jehová es puro, que alumbra los ojos. El temor de Jehová es limpio, que permanece para siempre; los juicios de Jehová son verdad, todos justos. Deseables son más que el oro, y más que mucho oro afinado; y dulces más que miel, y que la que destila del panal. Tu siervo es además amonestado con ellos; en guardarlos hay grande galardón.

La enseñanza es sencilla: La Palabra de Jehová es perfecta para cualquier asunto de nuestras vidas, incluyendo las finanzas. Sus mandamientos son guías y el temor de Jehová nos preservará de cometer intencionalmente serios errores. Debemos desear conocer a Dios más que el oro, amarlo y obedecerlo y guardar su Palabra porque hay gran galardón, recompensa. Obedecer la Biblia en cuanto a las finanzas y administrarlas con sabiduría nos traerá gozo, felicidad y estabilidad matrimonial, familiar y económica. Eso es mayordomía. Un mayordomo es una persona que maneja propiedades y dinero que no son suyos, sino de su jefe. Los intereses de su jefe se tornan suyos. Es una gran responsabilidad, pero a la vez es una posición de dignidad porque su patrón confía plenamente en esa persona.

Parábola de los talentos

Debemos invertir, multiplicar lo que Dios nos ha puesto en nuestras manos. Esto se llama mayordomía y administración. El trabajo del mayordomo es guardar y administrar el dinero de su señor, patrón o jefe. En otras palabras, su tarea es cuidar algo que no es suyo, que no le pertenece. Así que el trabajo del mayordomo en cuanto al dinero es de hacer algo con las finanzas que se le confió. Por lo tanto, debe:

1. Hacer algo.
2. Ahorrar algo.
3. Invertir algo.
4. Dar algo.
5. Gastar algo.

El mayordomo tiene la responsabilidad de hacer dinero; o sea, de crear oportunidades para aumentar las finanzas de su patrón. Ahorra dinero para el futuro, invierte para multiplicarlo más, le da algo a alguien, al necesitado, y gasta algo cuando es necesario para mejorar el negocio de su jefe.

Jesús habló de la mayordomía varias veces, pero en Mateo 25:14-15, dice: «El reino de los cielos es como un hombre que yéndose lejos, llamó a sus siervos y les entregó sus bienes. A uno dio cinco talentos, y a otro dos, y a otro uno, a cada uno conforme a su capacidad; y luego se fue lejos». Debemos ser mayordomos fieles, administradores rectos, íntegros y honestos de lo que Dios nos ha entregado. En Mateo 25:14-30 podemos leer la parábola de los talentos (unidad monetaria equivalente a más de veinte mil gramos de plata). El siervo que recibió cinco talentos los depositó en el banco y con el interés ganó otros cinco talentos. El segundo, que había recibido dos talentos hizo lo mismo. Estos dos recibieron elogios, pero el tercero, el que tenía un solo talento, lo enterró, no lo invirtió para ganar interés, y el amo le impuso un castigo.

Sin embargo, muchos cristianos están haciendo esto. Han enterrado sus dones y talentos y recursos bajo el temor del fracaso y de la derrota. Dios está interesado en la multiplicación, en que sean usados y añadidos nuestros dones, talentos, finanzas y todo lo demás para su gloria. Pon Efesios 3:20 en tu corazón, pues nos anima a invertir y a multiplicar las finanzas de Dios: «Y a aquel que es poderoso para hacer todas las cosas mucho más abundantemente de lo que pedimos o entendemos, según el poder que actúa en nosotros». Él hará que sean bendecidas todas las obras de tus manos y las finanzas que Él te ha encomendado.

Para que no te ocurra como al siervo que no agradó a su señor, debes asesorarte bien y ahorrar, depositar e invertir parte de tu dinero personal en alguna cuenta de ahorro u otro tipo de inversión. Muchos invierten en propiedades, como un rancho, una granja, apartamentos, casas, terrenos; otros invierten en oro, diamantes, rubíes, etc. Si inviertes con sabiduría lo que el Señor te ha confiado, harás crecer, multiplicar y añadir los recursos que Dios te ha provisto y puesto en tus manos. Eso es mayordomía: cuidar y administrar el dinero de tu Señor.

Jamás seamos como el rico insensato de Lucas 12:16-21. Jesús contó:

> La heredad de un hombre rico había producido mucho. Y él pensaba dentro de sí, diciendo: ¿Qué haré, porque no tengo dónde guardar mis frutos? Y dijo: Esto haré: derribaré mis graneros, y los edificaré mayores, y allí guardaré todos mis frutos y mis bienes; y diré a mi alma: Alma, muchos bienes tienes guardados para muchos años; repósate, come, bebe, regocíjate. Pero Dios le dijo: Necio, esta noche vienen a pedirte tu alma; y lo que has provisto, ¿de quién será? Así es el que hace para sí tesoro, y no es rico para con Dios.

Lo que hizo aquel hombre es exactamente lo contrario de lo que tenemos que hacer. No debemos acumular para nosotros sin pensar en las cosas eternas.

Mientras se acerca el día en el que nosotros también debamos rendir cuentas, se requiere un fiel desempeño de nuestras responsabilidades personales y ministeriales. La disculpa, la excusa del siervo malo, es la misma excusa de muchos cristianos de hoy que esconden, acumulan, amontonan y guardan el dinero para sí mismos sin darle al Señor, sin sembrar, sin diezmar, sin ayudar a los pobres, a las misiones, a sus iglesias, etc. Están atesorando para su propia destrucción.

El Señor le dijo al siervo negligente lo que debió haber hecho: «Debías haber dado mi dinero a los banqueros, y al venir yo, hubiera recibido lo que es mío con los intereses» (Mateo 25:27). Fíjate que su señor le dijo: ¡MI DINERO! No es nuestro, es de Dios, pues el llamado es de Dios, el ministerio es de Dios, los dones son de Dios, los talentos son de Dios, las finanzas son de Dios. En fin, todo es de Dios. Y Jesús mismo, hablando sobre esto en Lucas 16:10 declara: «El que es fiel en lo muy poco, también en lo más es fiel; y el que en lo muy poco es injusto [infiel], también en lo más es injusto [infiel]». Dios nunca te confiará las cosas grandes, ya sea la bendición personal de una sólida prosperidad económica o un gran ministerio, si no eres fiel en lo poco primero. Si administras poco dinero ahora y eres un fiel mayordomo ahora, lo serás después cuando administres grandes cosas que Dios te entregará en tus manos. No obstante, si eres infiel en lo más mínimo y poco ahora, lo serás después de igual manera. Si eres fiel en lo poco, también lo serás en lo mucho. Además, si eres infiel en lo poco, serás infiel en lo mucho. El versículo 11 afirma: «Pues si en las riquezas injustas no fuisteis fieles, ¿quién os confiará lo verdadero?». El haber administrado equivocadamente el dinero secular también hará que esta persona administre mal y sea un mayordomo infiel de las cosas del Señor, como su llamado y ministerio. El versículo 12 observa: «Y si en lo ajeno no fuisteis fieles, ¿quién os dará lo que es vuestro?». El error de no cuidar fielmente lo que es de otro, lo que pertenece a otro, de ser un infiel mayordomo de lo ajeno, también hará que esta persona le sea infiel a lo que es suyo.

Parábolas de Cristo sobre el uso apropiado de las finanzas y la mayordomía

Cristo enseñó varias cosas acerca de la buena administración del dinero, tales como la mayordomía, la inversión, la rectitud, la integridad y la honestidad en cuanto a las mismas, y habló también sobre cómo evitar la manera equivocada de manejar el dinero. Algunas otras son:

1. El rico insensato: Lucas 12:16-21
2. El mayordomo hábil, sagaz, perspicaz y listo: Lucas 16:1-18
3. El siervo fiel y prudente: Mateo 24:45-51 y Lucas 12:42-48
4. Las minas: Lucas 19:11-27
5. Las ovejas y los cabritos: Mateo 25:31-46
6. Los inquilinos: Mateo 21:33-43, Marcos 12:1-11 y Lucas 20:9-18
7. Los siervos vigilantes: Marcos 13:34-37 y Lucas 12:35-40
8. El señor, el patrón y sus siervos: Lucas 17:7-10

Sería bueno que leyeras y estudiaras estas parábolas. En el capítulo anterior repasamos otras parábolas y enseñanzas de Cristo en cuanto a la generosidad. Estudia todas estas parábolas y aprenderás a manejar, administrar y a ser un mayordomo fiel en tus finanzas personales y las del Señor.

La manera adecuada de administrar y vivir

Recuerda que algún día daremos cuenta de todo al Señor, pues Mateo 25:19 nos hace meditar en esto: «Después de mucho tiempo vino el señor de aquellos siervos, y arregló cuentas con ellos». Dios nos pedirá cuentas. Esto es tan cierto como que el día procede al amanecer. La forma adecuada de la mayordomía fiel, íntegra y honesta de nuestras finanzas es reconocer que Dios es el dueño de todo. Solo somos administradores de lo que es suyo. Todo le pertenece. Él es nuestro Dios y Padre. Su Espíritu nos guía.

Nuestra tarea es mundial y nuestra labor es enorme en cuanto a la evangelización. Necesitamos dinero, herramientas y equipos, para cumplir con nuestra responsabilidad. Daremos cuenta a Dios de la administración de nuestra vida, de nuestro llamado al ministerio, así como de los dones, talentos, tiempo, dinero y posesiones. Es la intención de nuestros corazones lo que cuenta para Dios. Nuestra generosidad es la demonstración externa de madurez, sabiduría, integridad y consagración a Cristo. Como dice Santiago en su libro, nuestra fe es muerta si no se manifiesta en obras. Nuestra fe debe estar acompañada de esfuerzo y sacrificio al trabajar en la viña del Señor diezmando, ofrendando, administrando y predicando la bendita Palabra de Dios.

Los pastores y los líderes han enseñado con ahínco y dedicación estos principios bíblicos a sus iglesias en los últimos años, y han instruido a muchos en cuanto a la fidelidad en la mayordomía económica a sus miembros. La gente está aplicando conceptos bíblicos a su manera de vivir, sus finanzas, sus negocios, y están creciendo, siendo bendecidos y prosperando en todo en un espíritu de generosidad hacia los demás y sus iglesias. Están experimentando la paz de Dios en sus corazones, y dejando a un lado la ansiedad, el afán y la preocupación. Los problemas matrimoniales de cristianos por cuestiones de dinero están desapareciendo debido a las enseñanzas acogidas por parejas que han entendido el principio de la mayordomía fiel de sus finanzas.

Vamos entonces a mantener los ojos en el premio soberano de la fe. Nuestro tesoro estará donde está nuestro corazón, y el tesoro más preciado es Cristo. La administración y la mayordomía cristiana sabia y fiel empiezan con el Señor Jesucristo y terminan con Él. Un día escucharemos estas palabras gloriosas: «Bien, buen siervo y fiel;

sobre poco has sido fiel, sobre mucho te pondré; entra en el gozo de tu señor» (Mateo 25:21). ¡Aleluya!

Recuerda las palabras de Cristo: «¡Dad, y se os dará!».

CAPÍTULO 12

CONSEJOS FINALES SOBRE NUESTRAS FINANZAS

> Para recibir el consejo de prudencia, justicia, juicio y equidad [...] Oirá el sabio, y aumentará el saber, y el entendido adquirirá consejo [...] Adquiere sabiduría, adquiere inteligencia; no te olvides ni te apartes de las razones de mi boca; no la dejes, y ella te guardará; ámala, y te conservará. Sabiduría ante todo; adquiere sabiduría; y sobre todas tus posesiones adquiere inteligencia. (Proverbios 1:3, 5; 4:5-7)

Al terminar con este último capítulo, habrás recibido consejos sabios basados en las Escrituras y, con inteligencia, discernimiento y destreza, podrás aplicar todo lo que has leído, aprendido y memorizado. La bendición económica y la prosperidad divina deben estar en manos sabias o no serán de buen provecho:

> Bienaventurado el hombre que halla la sabiduría, y que obtiene la inteligencia; porque su ganancia es mejor que la ganancia de la plata, y sus frutos más que el oro fino. Más preciosa es que las piedras preciosas; y todo lo que puedes desear, no se puede comparar a ella. Largura de días está en su mano derecha; en su izquierda, riquezas y honra. (Proverbios 3:13-16)

La sabiduría suprema es Cristo. Si lo tenemos, todas las decisiones económicas de nuestra vida serán acertadas siempre que permitamos que el Señor las guíe. Proverbios 8:11 dice: «Mejor es la sabiduría que las piedras preciosas; y todo cuanto se puede desear, no es de compararse con ella». Con Cristo y su sabiduría en nosotros seremos bendecidos victoriosos en todo. A la postre, sin Él todo es fracaso y derrota.

Proverbios 13:16 dice: «Todo hombre prudente procede con sabiduría». Proceder con sabiduría es orar, meditar, ayunar, actuar, tomar decisiones bajo la dirección del Espíritu Santo. Así no nos equivocaremos nunca y todo será para la gloria de Dios.

Proverbios 14:6 afirma: «Busca el escarnecedor la sabiduría y no la halla; mas al hombre entendido la sabiduría le es fácil». ¡Entendido! ¡Sabio! ¡Estudiado! ¡Preparado!

Proverbios 16:16 declara que la sabiduría vale más que todo lo que podamos tener: «Mejor es adquirir sabiduría que oro preciado; y adquirir inteligencia vale más que la plata». El Señor es lo más grande que podamos tener. Él es la fuente de todas nuestras bendiciones y ningún cristiano recibe bendiciones, ni prospera económicamente sin Él. ¡Es imposible!

Proverbios 18:15 nos asegura: «El corazón del entendido adquiere sabiduría; y el oído de los sabios busca la ciencia». Debemos buscar, estudiar, pesquisar, analizar y leer libros, estudios y conferencias sobre las finanzas y su impacto en la vida. Nadie puede hablar de lo que no sabe. Dios quiere bendecirnos, pero es necesario que hagamos nuestra parte.

Proverbios 22:17 nos declara: «Inclina tu oído y oye las palabras de los sabios, y aplica tu corazón a mi sabiduría». Aplicar el corazón es dedicarse a aprender, a oír de los que tienen más experiencia sobre algún determinado asunto; en este caso, sobre las finanzas. Inclinar el oído es tener humildad y estar dispuesto a aprender y aplicar lo que enseña este libro, ¡Dad, y se os dará!

Proverbios 23:12 dice casi lo mismo que el versículo anterior: «Aplica tu corazón a la enseñanza, y tus oídos a las palabras de sabiduría». Decídete a obedecer lo que has aprendido y serás muy bendecido en todo.

Proverbios 24:3-4 afirma: «Con sabiduría se edificará la casa, y con prudencia se afirmará; y con ciencia se llenarán las cámaras de todo bien preciado y agradable». Es con sabiduría que se edifica una familia económicamente sólida. Es con prudencia que se levanta y se edifica un ministro y su ministerio en cuanto a las finanzas. El prudente hace las cosas como se deben hacer: con una buena administración y una fiel mayordomía. Es con conocimiento, inteligencia y sabiduría que recibiremos todo bien preciado, y toda bendición espiritual. Y por último...

Proverbios 24:5 nos habla del poder que tiene la persona sabia, ya sea hombre o mujer: «El hombre sabio es fuerte, y de pujante vigor el hombre docto».

La sabiduría

Aplica los siguientes consejos sabios y serás fuerte, saludable, bendecido y próspero. ¡Está escrito! Están basados en la sabiduría de la Palabra Dios.

1. Sé sabio y reconoce que Dios es el dueño de tus finanzas y de todo

El Salmo 24:1 nos deja claro: «De Jehová es la tierra y su plenitud; el mundo, y los que en él habitan». El Salmo 50:12 dice: «Mío es el mundo y su plenitud». Asimismo, 1 Crónicas 29:14 es interesante: «¿Quién soy yo, y quién es mi pueblo, para que pudiésemos ofrecer voluntariamente cosas semejantes? Pues todo es tuyo, y de lo recibido de tu mano te damos». Estos versículos no dejan duda de que nada hemos traído y nada nos vamos a llevar. Mientras vivamos en este mundo no somos más que mayordomos de lo que Dios nos ha encomendado, incluyendo nuestras finanzas.

2. Sé sabio y reconoce que Dios debe estar en primer lugar en tus finanzas

En Proverbios 3:5-6 se observa: «Fíate de Jehová de todo tu corazón, y no te apoyes en tu propia prudencia. Reconócelo en todos tus caminos, y él enderezará tus veredas». También Mateo 6:33 nos aconseja: «Buscad primeramente el reino de Dios y su justicia, y todas estas cosas os serán añadidas». Dios conoce nuestras vidas de principio a fin, y sabe lo que es mejor para nosotros. Si lo ponemos a Él en primer lugar en todo recibiremos grandes bendiciones, incluso en nuestras finanzas.

3. Sé sabio y reconoce que Dios debe glorificarse en tus finanzas

Mateo 5:16 define: «Así alumbre vuestra luz delante de los hombres, para que vean vuestras buenas obras, y glorifiquen a vuestro Padre que está en los cielos». También 1 Corintios 10:31 nos hace pensar: «Si, pues, coméis o bebéis, o hacéis otra cosa, hacedlo todo para la gloria de Dios». El mundo ve la prosperidad económica para acumular y gastar en sus propios deseos. Los cristianos la vemos para suplir nuestras necesidades y extender el Reino de Dios de todas las formas posibles. Que Dios sea glorificado en todo lo que hacemos, incluso en nuestras finanzas.

4. Sé sabio y reconoce que la bendición y la prosperidad divinas es tener lo que necesitas, cuando lo necesitas y a la hora que lo necesitas

En Filipenses 4:19 se nos promete: «Mi Dios, pues, suplirá todo lo que os falta conforme a sus riquezas en gloria en Cristo Jesús». Y nos consuela al saber que en Él tendremos paz y que Él suplirá todo lo que necesitamos: «Tú guardarás en completa paz a aquel cuyo pensamiento en ti persevera; porque en ti ha confiado» (Isaías 26:3) Basta confiar en Él en todo, incluso en nuestras finanzas.

5. Sé sabio y reconoce que estar endeudado no es bueno

Proverbios 22:7 se nos dice que «el que toma prestado es siervo del que presta». También Romanos 13:8 nos advierte: «No debáis a nadie nada, sino el amaros unos a otros». No gastes más de lo que recibes, y ahorra e invierte para el futuro. Seamos sabios en todo, incluso en nuestras finanzas.

6. Sé sabio y reconoce que entregar tus diezmos al Señor es honrarlo

Proverbios 3:9-10 promete: «Honra a Jehová con tus bienes, y con las primicias de todos tus frutos; y serán llenos tus graneros con abundancia, y tus lagares rebosarán de mosto». Da al Señor primero y verás lo que Él hará contigo. Dios permita que Él sea el primero en todo, incluso en nuestras finanzas.

7. Sé sabio y reconoce en tus finanzas que la ofrenda es una demostración de gratitud al Señor

En 1 Crónicas 29:9 se nos cuenta: «Y se alegró el pueblo por haber contribuido voluntariamente; porque de todo corazón ofrecieron a Jehová voluntariamente». Damos porque Él nos ha dado primero. Cuando le ofrendamos aún después de haber dado nuestros diezmos, estamos dejando saber al Señor que estamos más que agradecidos por todo lo que ha hecho por nosotros. Vivamos una vida dadivosa y generosa, incluso en nuestras finanzas.

8. Sé sabio y reconoce que todos daremos cuentas a Dios de nuestro dinero y de nuestras decisiones

En las parábolas de los talentos (Mateo 25:19) se nos aconseja a estar preparados para dar cuentas al Señor de lo que hemos hecho con nuestro dinero y el de nuestro ministerio: «Después de mucho tiempo vino el señor de aquellos siervos, y arregló cuentas con ellos». Debemos estar preparados para esto. Pablo también nos dice en 2 Corintios 5:10 que «es necesario que todos nosotros comparezcamos ante el tribunal de Cristo, para que cada uno reciba según lo que haya hecho mientras estaba en el cuerpo, sea bueno o sea malo». Y en Apocalipsis 22:12 el Señor anuncia: «Vengo pronto, y mi galardón conmigo, para recompensar a cada uno según sea su obra». Sepamos pues que Dios nos pedirá cuenta de todo lo que hayamos hecho, incluso con nuestras finanzas.

9. Sé sabio y reconoce que la ley irrevocable de Dios de la siembra y de la cosecha no se puede cambiar

Génesis 1:11-12, 29: «Después dijo Dios: Produzca la tierra hierba verde, hierba que dé semilla; árbol de fruto que dé fruto según su género, que su semilla esté en él, sobre la tierra. Y fue así. Produjo, pues, la tierra hierba verde, hierba que da semilla según su naturaleza, y árbol que da fruto, cuya semilla está en él, según su género. Y vio Dios que era bueno. Y dijo Dios: He aquí que os he dado toda planta que da semilla, que está sobre toda la tierra, y todo árbol en que hay fruto y que da semilla; os serán para comer». Desde el principio, Dios estableció esta ley incambiable, irrevocable y permanente de la siembra y de la cosecha. Lo que sembramos vamos a cosechar. Y Dios mismo dijo que esta ley permanecerá para siempre: «Mientras la tierra permanezca, no cesarán la sementera y la siega, el frío y el calor, el verano y el invierno, y el día y la noche» (Génesis 8:22). Por lo tanto, sin excepción, cosecharemos lo que sembremos, tanto en el mundo físico como en el mundo espiritual.

José le dio al pueblo el ochenta por ciento para sembrar y cosechar, así como para vivir de sus tierras, y dejó el veinte por ciento para Faraón. Dios nos ha dicho que nos quedemos con el noventa por ciento y que a Él solo le demos el diez por ciento:

> Y José dijo al pueblo: He aquí os he comprado hoy, a vosotros y a vuestra tierra, para Faraón; ved aquí semilla, y sembraréis la tierra. De los frutos daréis el quinto a Faraón, y las cuatro partes serán vuestras para sembrar las tierras, y para vuestro mantenimiento, y de los que están en vuestras casas, y para que coman vuestros niños. (Génesis 47:23-24)

¡Los predicadores siempre estamos sembrando la gloriosa semilla del evangelio en la vida de los demás, y su promesa en el ámbito espiritual es la misma! El Salmo 126:5-6 nos anima a seguir sembrando y predicando porque cosecharemos almas: «Los que sembraron con lágrimas, con regocijo segarán. Irá andando y llorando el que lleva la preciosa semilla; mas volverá a venir con regocijo, trayendo sus gavillas». Las «gavillas» son las preciosas almas rescatadas del mundo vil y del pecado y lavadas en la sangre de Cristo. ¡Aleluya! Sembramos la Palabra en lo espiritual y cosechamos almas en lo espiritual.

Habrá un continuo suplir de Dios en un ciclo sobrenatural y milagroso de la provisión divina sobre nuestras vidas. Dios tiene el propósito de bendecirnos: la extensión y la predicación de la Palabra de Dios y el establecimiento de su reino en la tierra. Dios hará descender lluvias de bendición. Seamos pues fieles en nuestros diezmos y ofrendas y sembremos en la tierra fértil de ministerios, ministros, organizaciones, misioneros, en las misiones mundiales y ciertamente cosecharemos grandemente. ¡Él lo ha prometido! Recuerde las palabras de Jesús: ¡Dad y se os dará!

10. Sé sabio y reconoce que Dios multiplicará tu semilla y te añadirá mucho más de lo que sembraste

Dios es un Dios de multiplicación y crecimiento. En el nivel físico, Dios ordenó la multiplicación de los seres que creó (Génesis 1:22, 28). Génesis 9:1 dice que «bendijo Dios a Noé y a sus hijos, y les dijo: Fructificad y multiplicaos, y llenad la tierra». La misma promesa de multiplicación se la hizo a Abraham en Génesis 16:10: «Multiplicaré tanto tu descendencia, que no podrá ser contada a causa de la multitud». Y así sucedió.

Dios quiere multiplicarnos en todo lo que hacemos. A nivel espiritual, prometió la multiplicación de su Iglesia, y así ha sucedido desde Hechos 6:7 hasta nuestros días. Y en el nivel económico, Dios prometió la multiplicación de nuestra economía, como hemos estudiado en este libro. Pablo nos habla de esa multiplicación en 2 Corintios 9:10-11: «Y el que da semilla al que siembra, y pan al que come, proveerá y multiplicará vuestra sementera, y aumentará los frutos de vuestra justicia, para que estéis enriquecidos en todo para toda liberalidad, la cual produce por medio de nosotros acción de gracias a Dios». Por lo tanto, debemos ahorrar e invertir, multiplicar, hacer crecer, añadir aun más lo que nos ha dado Dios. Él quiere multiplicarnos, bendecirnos, hacernos crecer, añadir y prosperarnos en todo, incluyendo nuestras finanzas.

11. Sé sabio y evita las ideas y los conceptos equivocados sobre el dinero

Salmo 112:1-3: «Bienaventurado el hombre que teme a Jehová, y en sus mandamientos se deleita en gran manera. Su descendencia será poderosa en la tierra; la generación de los rectos será bendita. Bienes y riquezas hay en su casa, y su justicia permanece para siempre». Dios quiere bendecirnos espiritual y materialmente. Borra de tu mente el concepto de que el dinero es malo, sucio y corrupto. Es el amor al dinero que es malo, pero no el dinero en sí. Quitemos, pues, todo lo que impide que seamos bendecidos incluso en nuestras finanzas.

12. Sé sabio y reconoce en tus finanzas que un corazón generoso es el camino seguro para la bendición de Dios

Éxodo 25:2: «Di a los hijos de Israel que tomen para mí ofrenda; de todo varón que la diere de su voluntad, de corazón, tomaréis mi ofrenda». Da a los ministerios, a los misioneros, a las organizaciones cristianas, a los ministros, a las misiones locales, nacionales y mundiales, a los pobres, a Israel, a los indigentes. Sé siempre dadivoso y Dios te bendecirá.

13. Sé sabio y reconoce en tus finanzas la necesidad del ahorro y la inversión para el día de mañana

Lucas 14:28-30: «¿Quién de vosotros, queriendo edificar una torre, no se sienta primero y calcula los gastos, a ver si tiene lo que necesita para acabarla? No sea que después que haya puesto el cimiento, y no pueda acabarla, todos los que lo vean comiencen a hacer burla de él, diciendo: Este hombre comenzó a edificar, y no pudo acabar». Es necesario planear, tener metas, propósitos a corto y a largo plazo. Recoger como la hormiga su comida en el verano para tenerla en el invierno. Tenemos que saber que envejeceremos si Dios nos da vida. Hay que pensar en el mañana, en nuestro retiro, cuando ya no tengamos fuerzas suficientes para predicar ni ministrar. Muchos ministros se han quedado solos y abandonados en casas de ancianos porque lo dieron todo para el Señor, pero no se preocuparon de ellos mismos, quizá pensando que los demás o sus familiares los cuidarían al final de sus vidas y no fue así. Planear no es falta de fe y sí una muy buena organización, mayordomía sabia y una administración excelente. Debemos hacer esto en todos los aspectos de nuestra vida, incluyendo las finanzas.

El consejo

Pongamos pues estos consejos en cuanto a nuestras finanzas dentro de nuestros corazones, pues el Salmo 33:11 dice: «El consejo de Jehová permanecerá para siempre; los pensamientos de su corazón por todas las generaciones». El consejo del Señor permanecerá, y si estamos arraigados en la Biblia permaneceremos de igual manera.

En Juan 8:31 Jesús ya nos había comentado: «Si vosotros permaneciereis en mi palabra, seréis verdaderamente mis discípulos». La Palabra, el consejo y la sabiduría del Señor nos llevarán a grandes victorias en nuestras familias, ministerios y en el manejo de nuestras finanzas. Si escuchamos al Señor en oración, mediante el estudio de su Palabra y nos dejamos guiar por el Espíritu Santo, seremos victoriosos siempre y Él nos dará de su consejo de cómo administrar nuestras finanzas, pues solo Él conoce el día de mañana. Proverbios 11:14 cita: «Donde no hay dirección sabia, caerá el pueblo; más en la multitud de consejeros hay seguridad». Apliquemos esto a nuestra situación económica: La dirección de Dios es sabia y con muchos consejeros tendremos éxito y seguridad.

Nuestros consejeros tienen que ser personas preparadas sobre este asunto, a fin de que los oigamos, para después orar y tomar una buena decisión. No debemos enfocarnos en nuestras opiniones sin oír a los demás. La doctrina sana del evangelio en la cual creemos es una cosa, esto sí no es negociable; pero en cuanto al asunto económico, tenemos que oír a los expertos que nos enseñan basados en el conocimiento que han adquirido. Es más, debemos oírlos y aplicar sus ideas y conceptos a nuestra vida, siempre y cuando no vayan en contra de la Palabra de Dios, por supuesto.

Proverbios 13:18 nos advierte: «Pobreza y vergüenza tendrá el que menosprecia el consejo; mas el que guarda la corrección recibirá honra». El dicho popular lo diría así: «El que oye consejos llegará a viejo». Entonces, podríamos afirmar: «llegará a viejo, pero con éxito, bendecido y prosperado». Y podríamos decir también que «el que rechaza, menosprecia el consejo morirá viejo, pero en pobreza y en miseria». Si guardamos la instrucción, la corrección y la enseñanza obtendremos honra, bendiciones, salud, prosperidad divina económica y viviremos en paz, tranquilidad y extenderemos el Reino de Dios sobre la tierra.

Proverbios 15:22 afirma: «Los pensamientos son frustrados donde no hay consejo; mas en la multitud de consejeros se afirman». Nuestras ideas y nuestros planeamientos se derrotarán, no tendrán fruto y se frustrarán cuando no procuremos escuchar a los demás expertos en un determinado asunto, ya sea en el ámbito espiritual o en el material. En cambio, si cedemos y nos humillamos a escuchar consejos de personas íntegras, honestas y prósperas, tendremos éxito, bendición y prosperidad económica, ¿pues quién podrá hablar de lo que no sabe?

Proverbios 19:20 dice: «Escucha el consejo, y recibe la corrección, para que seas sabio en tu vejez». Si escuchamos y damos el oído para aprender, terminaremos nuestros días como Job: viejo y lleno de días (lee Job 42:16-17). Si obedecemos sabiamente el consejo del Señor, Él seguirá derramando sus bendiciones sobre nosotros, no solo en las finanzas, sino en todo, puesto que Él ya nos ha bendecido en gran medida y lo seguirá haciendo aun más.

Somos y seremos para siempre bendecidos en todos los niveles

Hemos visto como Dios nos ha bendecido y nos bendecirá aún. Y con la sabiduría y dirección del consejo del Señor, con consejeros personales cercanos a nosotros, y con oración y ayuno por nuestras necesidades espirituales, físicas, seculares, materiales y económicas, seremos bendecidos por Dios siempre, sea ahora y por la eternidad.

Escribí este libro porque creo que la iglesia de habla hispana necesita un mejor entendimiento en cuanto a las finanzas, su administración, su mayordomía, sus diezmos, sus ofrendas, y en cuanto a la siembra, el dar y el recibir. Si entendemos lo que Dios nos dijo bíblicamente por medio de estas páginas, podremos bendecir la obra del Señor y ser bendecidos al mismo tiempo.

Ora conmigo a fin de que Dios nos bendiga en todo, y a nuestras familias, hijos, nietos, bisnietos, nuestra descendencia, su obra, sus ministros, sus iglesias, sus ministerios, las misiones, los misioneros, etc. Oremos que el Señor nos bendiga tanto en el nivel espiritual como en el nivel material y económico. Antes de orar, mira la promesa de Dios del Salmo 20:1-3: «Jehová te oiga en el día de conflicto; el nombre del Dios de Jacob te defienda. Te envíe ayuda desde el santuario, y desde Sion te sostenga. Haga memoria de todas tus ofrendas, y acepte tu holocausto». Todos los cristianos fieles en sus diezmos y ofrendas, íntegros, rectos, que viven una vida espiritual en oración y ayuno; que estudian la Palabra de Dios y crecen a diario en sus conocimiento, que son ganadores de almas y tienen buen testimonio, y todo el que ama al Señor, vamos a orar para recibir las bendiciones que Dios nos ha prometido en el plano espiritual:

1. Por la salvación de nuestros familiares, amigos y vecinos. Por la reconciliación con Cristo de todo familiar y conocido que esté descarriado.

2. Por la liberación de personas que conocemos, o de algún familiar, de todo vicio (de las drogas, del alcoholismo, de la pornografía, de la prostitución, del robo, etc.).

3. Por la salud de nuestros cuerpos.

4. Por la restauración de matrimonios separados y a punto de divorciarse.

5. Por cualquier experiencia triste del pasado en nuestras vidas. Que podamos sacar toda raíz de amargura, resentimiento y falta de perdón.

6. Por una relación más cercana con el Señor en nuestro caminar cristiano.

7. Por sabiduría al guiar a nuestros familiares y al pueblo de Dios.

8. Por el bautismo del Espíritu Santo y la repartición de los dones espirituales ahora mismo a cada uno de nosotros los que creemos en su Palabra.

9. Por el poder y la unción del Espíritu Santo en la vida de cada persona que cree en la Biblia.

10. Por los ministros, pastores, evangelistas y misioneros alrededor del mundo, por sus familias y ministerios.

Hay muchas más oraciones que podemos elevar en este nivel. Estas son solo algunas de las que puedes orar y pedirle al Señor de acuerdo a tus necesidades espirituales.

Ahora vamos a orar para recibir las bendiciones que Él nos ha prometido en el plano secular, físico, económico y material:

1. Por la situación migratoria y la legalización de los papeles de millones de cristianos en Estados Unidos.

2. Por las finanzas de nuestras familias, mejores empleos, trabajos, promociones y posiciones.

3. Por aumento de salario y bonos extras y beneficios en los trabajos y por comisiones más altas.

4. Por acuerdos favorables para ti y tus negocios en cuanto a la relación con los demás.

5. Por recibir herencias, tierras, propiedades, casas, haciendas que Dios tenga para nosotros y que serán transformados en millones de dólares para usarlos para la extensión del Reino de Dios en la tierra por medio de la predicación de su Palabra.

6. Que lo negocios de muchos cristianos prosperen, y estos se tornen grandes empresarios que sostengan la obra de Dios y las misiones mundiales.

7. Por cheques inesperados y milagros económicos.

8. Por mejores casas, barrios y escuelas para nuestros hijos.

9. Por un milagro económico para pagar nuestras casas, carros, deudas, etc.

10. Por la multiplicación y bendición en todas los aspectos de nuestras vidas. Que Dios nos dé sabiduría, integridad y rectitud para administrarlas y ser mayordomos fieles a lo que Él nos ha encomendado.

Donde llega el cristianismo llega la bendición divina

Se cuenta que una vez el Dr. Peabody, profesor en la Universidad de Harvard, en uno de sus viajes al Oriente Medio y al Lejano Oriente estaba pasando por varios lugares. El guía lo llevó por una carretera muy mala durante muchos y muchos kilómetros. Por todas partes se veían casas destruidas, mucha pobreza, comunidades enteras llenas de latas por las calles, botes de basura por el piso. Todo era sucio, horrible y desalentador.

Después pasaron por otra ciudad. El lugar era diferente. Las casas eran lindas, con autos bonitos estacionados al frente, bellos jardines, los niños jugaban alegremente y la gente estaba muy feliz trabajando, hablando con los demás por las calles y todos parecían contentos. También había bellos templos de lindas iglesias.

Entonces, el Dr. Peabody le preguntó al guía por qué aquella ciudad era diferente de las otras por las que pasaron. El guía le contestó sin vacilar: «Es que a esta ciudad ya llegó el cristianismo. ¡A aquellas otras no!».

Jesús murió para salvarnos de nuestros pecados y darnos vida eterna; y para sanar nuestros cuerpos de toda enfermedad; para darnos una vida abundante, saludable, bendecida y próspera en todos los niveles y para librarnos de la pobreza y la miseria. Como escribió el apóstol Pablo en 2 Corintios 8:9, el propósito de Cristo es salvarnos en todo, cuerpo, alma y espíritu: «Porque ya conocéis la gracia de nuestro Señor Jesucristo, que por amor a vosotros se hizo pobre, siendo rico, para que vosotros con su pobreza fueseis enriquecidos». ¡Está escrito! Enriquecidos en todo: en lo espiritual y en lo material. Dios quiere enriquecernos en todo, pero no para que acumulemos riquezas en este mundo, sino para que las usemos en el financiamiento de la obra de Dios mediante cruzadas, seminarios, conferencias y la enorme y hermosa tarea de las misiones mundiales. Él quiere bendecirnos. ¡Está escrito! Sin embargo, nos bendice para bendecir a los demás de todas las formas y maneras posibles. ¡Aleluya!

PALABRAS FINALES Y AGRADECIMIENTOS

Muchas gracias por haber leído este libro. Por favor, ora por nosotros, por mi querida esposa, Dámaris, por mis hijos Kathryn y Joshua. Y, por favor, ora por este siervo, un simple servidor tuyo y del Señor. Ora por nuestro ministerio, por nuestras campañas y cruzadas alrededor del mundo. Ora para que podamos seguir ayudando a sostener económicamente a los cuarenta misioneros que tenemos hasta ahora en todos los continentes del mundo. Ora también por el Instituto Teológico J.Y. que tenemos en la India, el cual está preparando jóvenes, obreros, pastores, evangelistas y misioneros para alcanzar este enorme desafío que es la India y el continente asiático para Cristo.

Una vez más, muchísimas gracias por leer este libro. Te agradezco profundamente que hayas tomado de tu valioso tiempo y aplicado tu corazón para aprender los principios establecidos aquí que están basados en la poderosa, inmutable e incambiable Palabra de Dios que permanece para siempre.

Espero que la lectura de estas páginas te haya ayudado a comprender mejor el plan de Dios para nosotros en cuanto a nuestra responsabilidad en las finanzas, los diezmos y las ofrendas, así como con relación a nuestra integridad, rectitud y honestidad, y la manera de administrar y ser un mayordomo fiel de lo que Dios ha puesto en nuestras manos.

Mi oración es que todos podamos escuchar aquel día las benditas palabras de Cristo: «Y su señor le dijo: Bien, buen siervo y fiel; sobre poco has sido fiel, sobre mucho te pondré; entra en el gozo de tu señor» (Mateo 25:21). ¡Aleluya!

Por último, recuerda las palabras de Cristo: «¡Dad, y se os dará!». Que Dios te bendiga junto a tu familia, iglesia y ministerio.

En Cristo,

Rvdo. Josué Yrion

Acerca del Autor

El Rvdo. Josué Yrion es un escritor y evangelista internacional que a su edad ha logrado un reconocimiento destacable. Ha predicado en la unción del Espíritu Santo a millones de personas en setenta y dos países de todos los continentes del mundo. Esto ha resultado en la salvación de multitudes para Cristo. En 1985, estuvo en la Unión Soviética y regresó en 1993 para predicar en Rusia, en una base militar soviética de Moscú, adonde su ministerio llevó dieciséis mil Biblias. Ha recibido muchos honores, incluyendo la medalla del Congreso chileno y una placa del gobierno de Chile como Hijo y Visita Ilustre de Viña del Mar.

Fue el primer ministro iberoamericano en predicar en una cruzada en Madrás (Chennai), India, donde setenta mil personas fueron testigos del poder de Dios a través de milagros y prodigios. Es maestro activo y acreditado de misionología del curso «Perspectivas», de la División Latinoamericana de la Universidad William Carey y del Centro Mundial de Misiones en California. Es presidente del Instituto Teológico Josué Yrion en Manipur, India, donde muchos se preparan para alcanzar los países no evangelizados aún del Asia.

En este momento, su ministerio está sosteniendo económicamente a cuarenta misioneros alrededor del mundo, y su organización cuenta con un escritorio en cada continente. Su ministerio está entre las ochocientas veinticinco organizaciones misioneras reconocidas por el Libro de Consulta de Misiones (*Mission Handbook*) del Centro Billy Graham, EMIS (por sus siglas en inglés de Servicio de Información de Evangelismo y Misiones), editado por la Universidad de Wheaton.

El Rvdo. Yrion es autor de los libros: *El poder de la Palabra de Dios, Heme aquí, Señor, envíame a mí, La crisis en la familia de hoy, La fe que mueve la mano de Dios, El secreto de la oración eficaz, La vida espiritual victoriosa, Espíritu Santo, necesito conocerte más* [dos tomos] y este, *«Dad, y se os dará».* Es ministro ordenado del Concilio General de las Asambleas de Dios en los Estados Unidos y fundador y presidente de Josué Yrion Evangelismo y Misiones Mundiales, Inc. Reside con su esposa, Dámaris, y sus hijos Kathryn y Joshua Yrion en Los Ángeles, California, Estados Unidos.

Si deseas recibir un catálogo con los títulos de nuestros libros, nuestros DVD y nuestros CD disponibles en inglés, español y portugués, o alguna otra información de nuestras cruzadas evangelísticas alrededor del mundo, búscanos en nuestra página web: www. josueyrion.org, o escríbenos a la siguiente dirección:

JOSUE YRION EVANGELISMO Y MISIONES MUNDIALES, INC.
P.O. Box 768
La Mirada, CA.90637-0768 U.S.A.
Tel. (562) 928-8892 Fax. (562) 947-2268
www.josueyrion.org
josueyrion@josueyrion.org
josueyrion@msn.com